○闲雅小品丛书○

主编 曹亚瑟

雅人有深致
——清赏小品赏读

王这么 注评

中州古籍出版社
·郑州·

图书在版编目(CIP)数据

雅人有深致：清赏小品赏读 / 王这么著．—郑州：中州古籍出版社，2015.1（2023.6重印）
（闲雅小品丛书）
ISBN 978-7-5348-5109-4

Ⅰ．①雅… Ⅱ．①王… Ⅲ．①士–研究–中国–古代②大夫–研究–中国–古代 Ⅳ．① D691

中国版本图书馆 CIP 数据核字（2014）第 290807 号

YAREN YOU SHEN ZHI: QINGSHANG XIAOPIN SHANGDU

雅人有深致：清赏小品赏读

丛书策划	梁瑞霞
责任编辑	梁瑞霞
责任校对	牛冰岸
装帧设计	知耕书房

出 版 社	中州古籍出版社（地址：郑州市郑东新区祥盛街27号6层 邮编：450016　电话：0371-65723280）
发行单位	河南省新华书店发行集团有限公司
承印单位	郑州市毛庄印刷有限公司
开　　本	890 mm × 1240 mm　A5
印　　张	10.25
字　　数	210 千字
版　　次	2015 年 1 月第 1 版
印　　次	2023 年 6 月第 4 次印刷
定　　价	27.00 元

本书如有印装质量问题，请联系出版社调换。

前言

　　瓦尔登湖边的隐士梭罗曾说过:"有时间改善自己灵魂资产的人享有真正的闲暇之乐。"英国作家萧伯纳则认为:"真正的闲暇并不是说什么也不做,而是能够自由地做自己感兴趣的事情。"在关于"闲"的问题上,中西方的哲人贤士有着惊人的共识。但在中国的古典语境里,闲情所包含的意蕴更复杂,指向更严肃,是一个可以自成体系的文化与人生命题。

　　孔子曰:"饱食终日,无所用心,难矣哉!不有博弈者乎?"明代学者高濂道:"心无驰猎之劳,身无牵臂之役,避俗逃名,顺时安处,世称曰闲。"闲的对立面并非是忙,而是饱食终日、无所用心的空虚无聊。如何在人为物役、杂务缠身的有限生命里,获得并有价值地度过闲暇时光,是体现一位士大夫、一个真正的君子,其所有情趣、性灵、胸襟的关键所在。

明代学者文震亨在《长物志》中正式提出了"长物"的概念——非为物质生活所必需的多余之物，却是精神世界的珍宝。钟鼎卣彝、书画法帖、窑玉古玩、文房器具、投壶博弈、花鸟虫鱼……消磨永日，使人乐而忘饥，不仅是闲暇的填补，更具备情趣与志向上的意义，是阻隔尘俗肮脏的屏障，是个体精神力量的源泉。

闲情被赋予如此正当性、重要性，追本溯源，由自华夏古典的雅文化传统。这种传统，除了涵盖今天我们一般理解的审美意义，亦包含有心怀天下、志向高远的现实积极诉求。正如《诗经·大雅·抑》云："訏谟定命，远犹辰告。"意谓治国的重要政策已经拟定，将要诏告民众。东晋名士谢安认为这句诗真正的有"雅人深致"。很明显，脚踏木屐游山玩水、吟诗下棋只是表象，这位东山隐士骨子里所拥有的仍是"安石不肯出，将如苍生何"的政治宏图。而这也是一切传统中国知识分子与生俱来的抱负与责任。"大雅久不作，吾衰竟谁陈？"连被称作天上谪仙人的李白，"痛饮狂歌空度日，飞扬跋扈为谁雄"，也会抱有文以载道的初心："我志在删述，垂辉映千春。希圣如有立，绝笔于获麟。"

中国雅文化传统大致可说属于儒家体系。孔子恶郑声之乱雅乐，讨厌靡靡之音，而听到传说来自于舜帝时代元声大雅的"韶乐"，则三月而不知肉味。儒家礼乐并重，真正的雅乐，用以教化百姓，提高君子自我修养。这种礼乐观，推而广之，基本上可代表后世儒家思想体系下的艺术观——赏心乐事，无不最终体现中正平和的个人修养，寄托着严肃庄重的政教目的。不可忽视的还有道、释思想的影响，以清玄的哲学魅力，作为补充与调剂，在士大夫阶层中，渐渐形成"出世"与"入世"这种对立统一的人生观，影响着他们的文学创作，也为中国雅文化注入飘逸瑰丽的一缕灵魄。

燕闲多清赏，雅人有深致。在这样厚重的文化土壤与高远的哲思背景下产生的清赏小品，是中国文言小品文中具有别样芳姿逸态的一束鲜花，它张扬人生的闲暇，纵情游艺之乐，醉于器物之美，所反映的又非单纯闲情，它实肇始于传统知识分子的家国之爱，由作者的学养与情操孕育，以真挚而积极的姿态，在浊世中成就一个自由的精神空间。在这里，人的心灵可以高蹈、出世，亦可散淡、守拙，乃至放诞，多怪癖；人的态度可淳朴如葛天氏之民，清冷如太虚仙人，亦可粗陋如野老村夫……

追溯大雅之始，聆听钟声余响，本书在篇目选择上，时间跨度从先秦时代直至晚清，从中我们或可窥见中国雅文化发展的些许脉络。

远在春秋战国，礼、乐、射、御、书、数等"六艺"，圣人已不嫌其"闲"。城邑中的鼓琴之声，孔子用以教化百姓，老庄则借之尽情展示造化神奇。琴、棋、书、画，魏晋时期尚为"末艺",到唐代业已成为文人必备之"四艺"。其时,玩石、品砚、金石、藏书等,亦走上大雅之堂。两宋文风鼎盛,士大夫崇尚风雅,出现了香道、茶道、花道,出现了米芾这样爱物成癖的痴人,出现了苏轼、黄庭坚等集博物与才艺于一身的通家。欧阳修晚年自号"六一居士",一代大儒,与图书、金石、琴、棋、酒偕隐,苏轼盛赞其为"有道者"。宗室赵希鹄的《洞天清录》,开后世闲适玩好之"清赏"专著先河。

元代倪云林以其泠然世外、神骨俱冷,成为名士偶像。明代尤其到中后叶,"存天理,灭人欲"的理学思想统治地位受到挑战,知识阶层开始提倡"童心",重视"性灵",鼓吹个性解放与心灵自由。这也是清赏小品名家辈出的时代。"公安三袁"性灵活泼,徐渭狂怪倔傲,傅山浑朴洒脱,李日华雍容典雅,李流芳清丽深情,钱谦益蕴藉浑厚,张岱骨格清奇、见性传神……

城市手工业、商业的发达,市民文化的兴起,推动本属"雅文化"范畴的清玩清供以各种形式走上商业舞台,催生产业效应。附庸风雅者泛滥,但附庸风雅虽然可笑,亦不失为向风雅的"致敬"。这种情况下,出现了《长物志》《考槃余事》等标榜风雅正宗的清赏名著,也出现了《闲情偶寄》这样面向大众的雅趣普及本。

明末清初,长期的政治高压,改朝换代的巨变,让众多士人远避朝堂,隐志向于识小,托沉痛于幽闲。清玩清供之物,是心灵后花园,也是政治避难所。雅癖与声色共举，高洁与玩世并行，卉集闾苑，织就仙锦云霞般的文坛美景，直至清代中晚期，渐回归于道统的朴素。

随着注释与赏读的深入，于文字之美以外，作为编写者感受最深的，是这些闲情文字中闪现的作者的个性之光，那是时代与个体的命运撞击所激发出的真韵、真才、真情，是浊世中的高贵，沉重肉身让灵魂放飞的优雅，像一束束穿过历史长廊迎向我们的亘远灵光。

因清赏小品题材涉及广泛，内容繁杂，如何为篇目分类以便于读者阅读，很费了一番踌躇。考虑到清赏小品体例，亦可看作古人关于"生活的艺术""生活的美学"的集中阐发，它包含的不仅是静止的"物"，更重要的是鲜活别致的生活本身。长物诚然可贵，然人与物的关系、人的行动、人的姿态，才最终成就"雅人深致"的完整清赏过程。最终尝试着将全书分为八个部分。

"冰玉吾斋"：书斋是闲雅生活的精神中心领地，文房、图书、金石，是书斋中不可或缺的良伴；"幽人是栖"：结庐在人境，居住环境的美学理想与精神诉求；"几案清华"：美石、盆景、瓶花、供果……眼前手边的把玩，虽是小物，寄托深远；"咫尺烟霞"：收藏并亲自创造书画艺术，两宋以来深得雅士欢心，收自然烟霞于一室，纵不能远游，海岳之情不减；"君子于嬉"：虽说业精于勤而荒于嬉，然博弈游戏之事，君子行之有道，圣人不废；"求其友声"：音乐洞悉人生的秘密,联结"自我"与"他者"心灵,不惜歌者苦,但伤知音稀;"其次立言":语出《左传·襄公二十四年》:"太上有立德,其次有立功,其次有立言,虽久不废,此之谓不朽。"君子修身有三不朽,此为雅人宣言、清赏理论;"韵士天成":禀天地灵秀之气而生,千万人中难见其一,奇情雅癖的典型人物,略择若干,作为收篇。总之,希望围绕着雅人清赏生活的各个重要组成部分,尽量做一个丰富立体的展现。

编撰虽云不易,交稿终归忐忑,自知才疏学浅,错漏难免,贻笑方家事小,误导读者事大,还望诸君拨冗阅读之余,不吝批评指正。

卷一　冰玉吾斋

苏　轼　东坡论文房 …………………………… 3
佚　名　后主青石砚 …………………………… 8
李清照　《金石录》后序（节选）……………… 11
方孝孺　试笔说 ………………………………… 16
沈德符　假骨董 ………………………………… 19
钱谦益　题钱叔宝手书《续吴都文粹》……… 25
周亮工　书钿阁女子图章前 …………………… 29

卷二　幽人是栖

王禹偁　黄冈竹楼记 …………………………… 35
黄庭坚　论香四则 ……………………………… 38
陆树声　砚室记 ………………………………… 44
文震亨　位置 …………………………………… 48
屠　隆　山斋 …………………………………… 50
　　　　香 ……………………………………… 53

黄汝亨	浮梅槛记	57
李　渔	厅壁	60
查慎行	种草花说	63
郑　燮	书后又一纸	67

卷三　几案清华

白居易	太湖石记	71
苏　轼	怪石供	76
	石菖蒲赞	79
林　洪	诗筒	83
李日华	日记二则	86
文震亨	蔬果	90
屠　隆	盆玩	93
袁宏道	瓶花引	98
陈贞慧	香橼	101
戴名世	芝石记	104
沈　复	盆景	107
	胸中丘壑	109

卷四　咫尺烟霞

刘义庆	钟荀斗技	115
景　焕	黄筌	118
黄庭坚	书自草《秋浦歌》后	122
米　芾	苏子瞻作墨竹	126
罗大经	东坡画壁	129

徐　渭　为商燕阳题刘雪湖画……………………132
董其昌　米元晖山水…………………………………135
李日华　清明上河图…………………………………139
李流芳　题画为子薪…………………………………145
　　　　跋盆兰卷……………………………………148
侯方域　管夫人画竹记………………………………151
郑　燮　写字作画，亦是俗事………………………156
　　　　板桥润格……………………………………160
金　农　题画…………………………………………163
蒋　坦　秋芙喜绘牡丹………………………………166

卷五　君子于嬉

《晋书》　谢安好棋…………………………………171
佚　名　《九经》集叙………………………………174
宋　白　弈棋序………………………………………177
程　颐　养鱼记………………………………………181
贾似道　促织论………………………………………184
宋　濂　书斗鱼………………………………………187
袁宏道　斗蛛…………………………………………190
卫　泳　缘饰…………………………………………193
周亮工　与何次德……………………………………195
张大复　张灯…………………………………………197
傅　山　请看唱………………………………………202
张　岱　祁止祥癖……………………………………205
吴敏树　说钓…………………………………………209

卷六　求其友声

《礼记》	知乐	215
列御寇	郑师文学鼓琴	217
桓　谭	雍门周以琴见孟尝君	221
刘义庆	王子猷	225
苏　鹗	沈阿翘	228
南　卓	羯鼓	231
段安节	歌	234
	笛	237
欧阳修	三琴记	239
赵希鹄	论弹琴	243
吴从先	销魂之听	247

卷七　其次立言

欧阳修	六一居士传	253
苏　轼	书《六一居士传》后	257
高　濂	《燕闲清赏笺》自序	259
沈春泽	《长物志》序	263
汤显祖	与宜伶罗章二	268
袁宏道	与龚惟长先生书	272
俞琬纶	《打枣竿》小引	276
傅　山	书《张维遇志状》后	279
龚鼎孳	晴窗书事	282

卷八　韵士天成

周　辉　米芾 …………………………………… 287

王　锜　云林遗事 ………………………………… 290

吴从先　韵友 ……………………………………… 293

李日华　梅花驿令 ………………………………… 296

史震林　松痴 ……………………………………… 298

蒋　坦　夏夜苦热 ………………………………… 301

孙道乾　小螺庵病榻忆语（节选）………………… 304

杜文澜　《玉纪》序 ……………………………… 310

卷一

冰玉吾斋

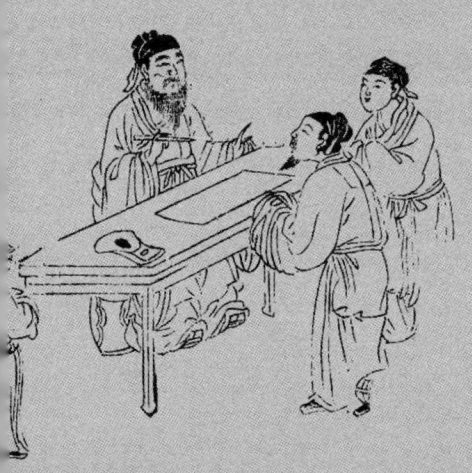

东坡论文房 苏 轼①

记苏秀才遗歙砚

苏钧秀才取歙②民女为妻，宜得歙石之佳者。寄遗此砚，殆亦非绝品，盖寒士无力致之也。然亦发墨滑润，此外当复何求？物既以拔群为贵，则论者不当较精粗于流品③之外。不然，行阳公所谓吏人磨瓮④片，最快便也。

书茶与墨

近时，世人好蓄茶与墨，闲暇辄出二物校胜负，云："茶以白为尚，墨以黑为胜。"予既不能校，则以茶校墨，以墨校茶，未尝不胜也。

又书茶与墨

真松煤⑤远烟，馥然自有龙麝气，初不假二物也。世之嗜者，如滕达道、苏浩然、吕行甫。暇日晴暖，研墨水数合，弄笔之余，少啜饮之。蔡君谟嗜茶，老病不能复饮，则把玩而已。看茶而啜墨，亦事之可笑者也。

书　墨

余蓄墨数百铤，暇日辄出品试之，终无黑者，其间不过一二可人意，以此知世间佳物自是难得。茶欲其白，墨欲其黑，方求黑时嫌漆白，方求白时嫌雪黑，自是人不会事也。

书李公择墨蔽

李公择见墨辄夺，相知间抄取殆遍。近有人从梁、许来，云："悬墨满室。"此亦通人之一蔽⑥也。余尝有诗云："非人磨墨墨磨人。"此语殆可凄然云。

记海南作墨

乙卯腊月二十三日，墨灶火大发，几焚屋。救灭，遂罢作墨。得佳墨大小百五丸，入漆者几百丸，足以了一世著书用。仍以遗人，所不知者何人也。余松明一车，仍以照夜。二十八日二鼓，作此纸。

书石晋笔仙

石晋之末，汝州有一士，不知姓名，每夜作笔十管付其家。至晓，阖户而出，面街凿壁，贯以竹筒，如引水者。有人置三十钱，则一笔跃出，以势力取之莫得也。笔尽，则取钱携一壶买酒，吟啸自若，率尝如此。凡三十载，忽去，不知所在，又数十年，复有见之者，颜貌如故，人谓之笔仙。

《东坡文集》

【注释】

①苏轼（1037~1101）：字子瞻，号东坡居士，眉州眉山（今四川眉山市）人，北宋文豪。诗、词、赋、散文，均成就极高，且善书法和绘画，为中国文学艺术史上罕见的全才。其散文与欧阳修并称"欧苏"，与父亲苏洵、弟苏辙合称"三苏"，同时名列"唐宋八大家"；诗与黄庭坚并称"苏黄"，又与陆游并称"苏陆"；词开豪放一派，与辛弃疾并称"苏辛"；书法与黄庭坚、米芾、蔡襄并称"宋四家"；其画则开创湖州画派。

宋仁宗嘉祐二年进士，累官至端明殿学士兼翰林院侍读学士、礼部尚书。外放各地做地方官时，居官清正，为民兴利除弊，政绩颇多。因反对以王安石为首的新党激进变法，又不同意以司马光为首的旧党尽废新法，故受新旧两党排斥，政途坎坷。曾因"乌台诗案"入狱，几死。晚年更被远贬至惠州、儋州（海南岛）。北还后第二年病逝于常州孙氏馆。谥"文忠"。

②歙：歙县，地名，在今安徽省，简称"歙"。出产名砚。

③流品：品类，等级。

④瓮：盛水或酒的陶器。

⑤松煤：即松烟，松木燃烧后所凝之黑灰，是制松烟墨的原料。与松烟墨相对应的是油烟墨，以桐油、芝麻、豆油等油脂烧烟制成。

⑥蔽：蒙蔽。

【赏读】

笔墨纸砚为文人日常用品，历代以来，其形制与工艺不断推陈出新，精益求精，被称为"文房四宝"，于实用性之上，增添更多观赏性与收藏价值。而案头把玩，同好品鉴，渐成书斋生活一大乐趣。

苏轼论文房，却和别人不同，和时代风气不同，自有不尽洒脱、豪爽之气。数篇小短文，或跋或记，采撷于浩瀚如江海的《东坡文集》，其言虽少，而意味隽永，其语虽淡，而饱含谐趣，读起来，恰如晴窗午后，面听坡公谈笑风生，不禁大呼"爽利"！

歙砚自唐以来便成世间名品，身贵价昂。秀才苏钧，娶歙县民女为妻，得地利，送给苏轼的，也并非绝佳上品。东坡不以为意：第一，知贫寒之士确实无力；第二，这方砚发墨润滑，已是难得佳品，何必再求更好？可见东坡虽爱砚、藏砚、求砚，但总体以"好用""知足"为准则。

这个准则也体现在藏墨上。东坡所处的时代，许多文人有"墨癖"。比如"斗墨"如"斗茶"的。斗茶是宋人雅癖之一，以茶汤上的浮沫雪白为胜；斗墨，则斗的是墨色之黑。这两件事很流行。东坡却说："我把自家的茶和墨放在一块，茶比墨白，墨比茶黑，无论如何，那真是场场必胜啊！"这个冷笑话讲得！

还有写字作画之余，啜几小口墨汁的；老病不宜喝茶，便泡一盏茶，握在手心把玩的——东坡把这些奇怪的爱好，唤作"啜墨"与"看茶"，大发一笑。在东坡看来，对"物"的爱好，可以充分，但爱到走极端，就有些滑稽了。

至于像李公择那样的，简直是因爱好而入了魔。此人脸皮厚，眼疾手快，亲朋好友但凡有块好墨，被他抄起就走。家中"悬墨满室"，东坡不禁叹息道："非人磨墨墨磨人。"人为外物所役，从此失去自我，心灵被困缚，实在是很可哀的事情。

其实东坡也蓄了数百块墨了。闲来一一试验，没一块黑得好的。但他并不强求，因为世间佳物本难得，如果非要"求黑时嫌漆白，求白时嫌雪黑"，这已经不是东西不好，而是这个人太不懂事理了。

晚年被贬谪海南，日子艰苦，东坡倒有兴致自己做墨，日夜鼓捣，结果把房子烧了。天下玩墨爱墨者多，像东坡这样能够亲身试验，干起工匠之活的，却是凤毛麟角。东坡之可爱正在于此。对世俗所谓操"贱业"的手工匠人，他是抱有尊重之心的，笔下的"石晋笔仙"，更是风采卓尔不群，寄托着奇妙而高洁的理想。

爱物，绝不为物累，好雅，而绝不媚雅。从爱好可证人的胸襟，苏东坡，确实是有大智慧、真修养的。

后主青石砚 佚 名

李后主①得青石砚,墨池中有黄石如弹丸,水常满,终日用之不耗。每以自随。后归朝,陶穀②见而异之,砚大不可持,乃取石弹丸去,后主拽其手振臂就取。后主请以宝玩为谢,陶不许。后主曰:"唯此砚能生水,他砚皆不可用。"陶试数十砚,水皆不生。后主索之良苦,陶不能奈,曰:"要,当碎之。"石破,中有小鱼跳地上即死,自是砚无复润泽。

《砚谱》

【注释】

①李后主(937~978):即李煜,南唐末代君主,原名从嘉,字重光,号钟山隐士、钟峰隐者、白莲居士、莲峰居士等。南唐灭亡后,被北宋俘虏,迁居汴京,封违命侯,拜左千牛卫将军。后被宋太宗赵光义下牵机药毒杀。在位时"性骄侈,好声色,又喜浮图,为高谈,不恤政事"。政治虽无建树,却是千古词人中首屈一指的大家。《古今词话》誉其为千古词坛的"南面王"。

②陶穀(903~970):字秀实,邠州新平(今陕西彬县)人。本姓唐,避后晋高祖石敬瑭讳而改姓陶。自幼习学儒家经典,后以文章闻名。历仕后晋、后汉、后周至宋。有《清异录》二卷传世。

【赏读】

很简单的情节，不过是一方奇砚在世上消失了。然而知道了背景之后，故事就变得很凄怆。

李后主，一个亡国之君："四十年来家国，三千里地山河。凤阁龙楼连霄汉，玉树琼枝作烟萝。几曾识干戈。　一旦归为臣虏，沈腰潘鬓消磨。最是仓皇辞庙日，教坊犹奏离别歌。垂泪对宫娥。"生在深宫，长于妇人之手，基本没有政治才能，国破之后，肉袒出降，被俘至北宋京城汴梁，封"违命侯"——一个屈辱的称呼，从此过着表面衣食无忧，实则为阶下囚的日子。

镇日以泪洗面，痛苦无处诉说。小周后，那位当年在情词中出现的娇憨少女，如今的亡国皇后，被赵光义强行霸占，是一个公开的秘密。此事宋人笔记中就已经有了记载。甚至有画家为此事绘下图画："宋人画《熙陵幸小周后图》，太宗戴幞头，面黔色而体肥，周后肢体纤弱，数宫人抱持之，周后作蹙额不胜之状。"（明人沈德符《万历野获编》）偶尔见到故国的臣子，才会忍不住发些牢骚，让歌女唱点哀伤的曲子，结果被臣子向上汇报，惹得宋太宗赵光义大怒，赐下毒药"牵机"，头脚相接地抽搐而死。

但他是千古词坛的"南面王"，且多才多艺，博古通今，擅诗文、书法、鉴赏。好佛，好生戒杀，性格宽柔，以至于其死讯传到故国，百姓"皆巷哭为斋"。他还是推动笔墨纸砚制作技术发展的重要人物。澄心堂纸、李廷珪墨、龙尾石砚，文房四宝史上脍炙人口的珍品，都经由李煜的重视与扶持，才享誉天下。这位醉心于文化艺术的君主，对日日亲近的笔墨纸砚，要求既高，更收藏无数奇珍。比如故事里的这方可以自发生水的青石砚。

青石砚被抢，最终被砸碎，而抢夺者，不过是北宋的一个臣子。胜方的皇帝能抢去你的妻子与爱人，那么，胜方的臣子，当然也能理直气壮来抢一方小小砚台。亡国之君的日子,就是这样,像从藏身于石砚里摔出来的小鱼,还不如立刻死去,胜过在干涸之地苟延残喘。

陶榖,是一个有才华的文人,但史书上风评并不佳。"榖强记嗜学,博通经史,诸子佛老,咸所总览;多蓄法书名画,善隶书。为人隽辨宏博,然奔竞务进,见后学有文采者,必极言以誉之;闻达官有闻望者,则巧诋以排之,其多忌好名类此。"而最关键的是,当年他作为后周使臣出使南唐时,曾与南唐君臣结下了深厚的梁子。

那一年,陶榖来到南唐,因本国势力强盛,遂傲慢无礼,南唐君臣遂订下美人计,让韩熙载家的歌伎秦弱兰冒充馆驿主人的女儿,逗引得本性风流的陶榖心猿意马,百般追求。两人相好后,陶榖还写下情词一阕相赠。到了次日宴席上,秦弱兰率众伎歌舞,唱的就是这支曲子。陶榖目瞪口呆,颜面尽失,当日就匆忙回国了。

这样一个人,对已是大宋"违命侯"的李煜,自然不会存什么仁厚之心。砚重搬不动,便取石丸而走,对方不舍,便将砚砸碎,完全是无赖行径。而李后主以一国之君,却沦落到为了一方砚台,拽着人家的手臂苦苦哀求,实在可怜可叹。国破家亡,还恋恋着一方砚,不知是爱物成痴呢,还是"一江春水向东流"的愁苦岁月中,这伴随自己多年、为灵感提供源源不绝墨汁的砚台,确实是一点难得的慰藉?

《金石录》①后序（节选）　　李清照②

　　余建中辛巳，始归③赵氏。时先君作礼部员外郎，丞相时作吏部侍郎，侯④年二十一，在太学作学生。赵、李族寒，素贫俭。每朔望⑤谒告出，质衣取半千钱，步入相国寺，市碑文、果实归，相对展玩咀嚼，自谓葛天氏之民⑥也。后二年，出仕宦，便有饭蔬、衣练，穷遐方绝域⑦，尽天下古文奇字之志。日就月将，渐益堆积。丞相居政府，亲旧或在馆阁⑧，多有亡诗、逸史，鲁壁⑨、汲冢⑩所未见之书。遂尽力传写，浸觉有味，不能自已。后或见古今名人书画，三代奇器，亦复脱衣市易。尝记崇宁间，有人持徐熙《牡丹图》，求钱二十万。当时虽贵家子弟，求二十万钱，岂易得耶？留信宿，计无所出而还之。夫妇相向惋怅者数日。

　　后屏居乡里十年，仰取俯拾，衣食有余。连守两郡，竭其俸入，以事铅椠⑪。每获一书，即同共勘校，整集签题。得书、画、彝、鼎，亦摩玩舒卷，指摘疵病，夜尽一烛为率⑫。故能纸札精致，字画完整，冠诸收书家。余性偶强记，每饭罢，坐归来堂烹茶，指堆积书史，言某事在某书某卷第几页第几行，以中否角胜负，为饮茶先后。中，即举杯大笑，至茶倾覆怀中，反不得饮而起。甘心老是乡矣！故虽处忧患困穷，而志不屈。

收书既成,归来堂起书库大橱,簿⑬甲乙,置书册。如要讲读,即请钥上簿,关出卷帙。或少损污,必惩责揩完涂改,不复向时之坦夷也。是欲求适意而反取憭栗⑭。余性不耐,始谋食去重肉,衣去重采,首无明珠、翡翠之饰,室无涂金、刺绣之具,遇书史百家字不刓阙⑮、本不讹谬者,辄市之,储作副本。自来家传《周易》《左氏传》,故两家者流,文字最备。于是几案罗列,枕席枕藉,意会心谋,目往神授,乐在声色狗马之上。

《李清照集笺注》

【注释】

①《金石录》:宋代赵明诚撰。共三十卷。著录其所见从上古三代至隋唐五代以来,钟鼎彝器的铭文款识和碑铭墓志等石刻文字,考订精核,评论独具卓识。是中国最早的金石目录和研究专著之一。赵明诚(1081~1129),字德甫,又作德父,密州(今山东诸城)人。宋徽宗时期宰相赵挺之的第三子。建炎元年,知江宁府。三年移知湖州,赴任途中,病殁于建康。

②李清照(1084~1155):号易安居士,山东省章丘人。宋代女词人,婉约词派代表,兼工诗文。有《易安居士文集》《易安词》,已散佚。后人有《漱玉词》辑本。其父李格非,亦为当时文章名家。

③归:古代称女子出嫁为"归"。

④侯:对士大夫的尊称。此处指赵明诚。

⑤朔望:朔日和望日。旧历每月初一日和十五日。亦指每逢朔望朝谒之礼。

⑥葛天氏之民:葛天氏为传说中的上古帝名,上古之治,民风淳朴。陶渊明《五柳先生传》:"衔觞赋诗,以乐其志,无怀氏之

民欤？葛天氏之民欤？"表示不慕功名，甘于淡泊闲适的隐世生活。

⑦遐方绝域：边远偏僻的地区。

⑧馆阁：北宋有昭文馆、史馆、集贤院三馆和秘阁、龙图阁等阁，分掌图书经籍和编修国史等事务，通称"馆阁"。

⑨鲁壁：《〈尚书〉序》："至鲁共王好治宫室，坏孔子旧宅，以广其居，于壁中得先人所藏古文虞、夏、商、周之书及传、《论语》、《孝经》，皆科斗文字。"后以"鲁壁"指孔子故宅藏有古文经传的墙壁。亦借指古代文化典籍。

⑩汲冢：即汲冢书。晋太康二年，汲郡人不準盗发魏襄王墓（或言安釐王冢）所得的数十车竹书，皆先秦科斗文字。此处借指古代文化典籍。

⑪铅椠：本义为古人书写文字的工具。铅，铅粉笔；椠，木板片。后又引申为文章、典籍。

⑫率：标准。

⑬簿：本义为本子、册簿。此处作动词用，意为造册登记。

⑭懔栗：凄怆、不适貌。

⑮刓阙：即"刓缺"，磨损残缺。

【赏读】

"谁念西风独自凉？萧萧黄叶闭疏窗，沉思往事立残阳。被酒莫惊春睡重，赌书消得泼茶香，当时只道是寻常。"清人纳兰性德的这一阕《浣溪沙》，所用典故，便是绝代女词人李清照与其夫婿赵明诚的闺房旧事。世已变，时已逝，而人已去，只留下孤单的那一个，对着西风残阳，追思往事——在那生命中的春天，那赌书、泼茶的欢乐，当时只道都是寻常的事情啊！

"当时只道是寻常"，这样哀婉苍凉的心绪，是才人纳兰性德的发挥。现在，再看看李清照自己是怎么说的。为亡夫平生的心血巨著《金石录》作后序时,李清照已经五十二岁,离嫁入赵家,三十四个年头了。她从头回忆起,最初的少年夫妻,恩爱甜蜜之外,更难得志趣相投。那时丈夫还只是太学士,经济条件不好,两人便常常典当衣物,去购买碑文拓片、书籍文献。另外还捎上些瓜果零食,供展玩文物典籍时"咀嚼"。这个细节很可爱,一对还爱贪个嘴的年轻人,言行中有种不拘小节的活泼与无忧无虑。果然称得上是天真淳朴的"葛天氏之民"。

"赵、李族寒,素贫俭。"赵、李两家其实可称名门望族,赵明诚之父赵挺之,历任朝廷要职,曾为当朝右相。李清照之父李格非,为著名文学家,官至礼部员外郎,历史上有清廉之名。李清照的母亲是号称"三旨相公"的岐国公王珪之女。王珪虽被后人讥为"自执政至宰相,凡十六年,无所建明",然门第显赫,富贵已极。赵、李两家联姻,算得上门当户对、强强联手,绝非寻常清寒士人之家。两家都是士大夫家庭,对子女教育严格,作为大家庭里的小两口,如无自己收入,手上可供"挥霍"的钱财,估计也确实有限。此处李清照的话,一为自谦,另外,也透露着依靠科举起家的士大夫官僚阶层,以"诗书传家"的文化自豪感。正是家庭文化背景的深厚,熏陶出这一对风流俊雅的才子佳人。

然后是渐入中年,夫妻俩"屏居乡里"的十年,及赵明诚两次出任地方官的时光。在李清照的回忆中,这些已非新婚燕尔的岁月,反而更加爆发出生命的光彩,沉淀下爱情的深厚。金石书画中的把玩与沉醉,为共同的志趣工作着,在诗酒茶香中的默契相伴……赌书泼茶,笑得仍然像少年时代一样开心。岁月静好如斯,怎不叫人"甘心老是乡矣"!

要注意的是,那也是赵李两家在政坛上先后失意的时间段。李格非因元祐党祸而受牵连被罢官。赵挺之,本与蔡京勾结,升到右相,不料转遭蔡京排挤也失了势。赵挺之去世后,被追夺赠官,家人受株连。赵明诚夫妇只得搬到青州乡下,一住十三年。失去了长辈的庇佑,这对老天的宠儿,成熟起来,走入了他们人生的丰盈岁月。

这也是《金石录》的资料收集与整理集中进行的时间段。竭心尽力,搜罗勘校,已经不是"雅癖"二字可形容,这是共同的精神追求与理想,是对传统文化薪尽火传般的执着。所以,才有了这八个字的总结:"忧患困穷,而志不屈。"

藏书成规模后,为了方便阅读,又另置副本,更加重了经济负担。遂摒弃一切华服美器,忽略物质上的精致享受,值不值得呢?作者随后给予了答案——"几案罗列,枕席枕藉,意会心谋,目往神授,乐在声色狗马之上。"

人各有所好,各有其志,但凡乐意,一切付出都是值得。全文点滴写来,写出了《金石录》成书的艰辛,字里行间,浸润着伉俪深情。而难以让人忽略的,是贯穿始终的夫妻俩身上的那种传统士大夫的精神力量。

试笔说 方孝孺①

吾居乎乡，客遗善笔二。其一于友人，而用其一。锐而端②，圆而劲，以摹画，咸与心称。爱之不忍妄用，遇佳纸墨洎③文辞则以书，书毕涤而藏之。恣意率手有所作，则用其次者。是以虽甚久而犹新焉。

他日，友人至。问其所得，则曰："敝而弃之矣。"诘其用，则纪钱粟货利卑猥④事，不稍惜，视之与里巷所为偏攲软恶者等，不知其为美也。吾闻而叹之。友人曰："子何叹之细⑤也？以余用斯笔也，而违其任，余则有过矣。虽然，世之用人者，得无有甚于余之用笔者乎？笔易为也，美者易得也，用久必敝，固其职也。今夫所谓贤士君子者，天之生也难，生而不夭死、不疾病，获全其美也尤难。然而用之者，不任之以立政教、修法纪、居庙朝、治海内，而卑位冗职是命，一不快于意，不待其敝而弃之，且加不胜⑥之法焉者亦众矣。不彼之叹而于笔焉惜，是尚为知类⑦也哉？"

吾愧乎其言，谓之曰："笔吾所任也，故吾知爱而叹之。任人非吾事也，吾其敢僭而叹乎？若姑修其可任者，以待人之任己，何暇乎世之叹，而吾之疑邪？"

《逊志斋集》

【注释】

①方孝孺（1357～1402）：字希直，又字希古，世称正学先生。明朝江浙行省台州路宁海县（今浙江宁波）人。明初儒家学者、文学家。为建文帝之重臣，后因参与组织削藩，反对并拒绝与朱棣合作，朱棣篡位后，被杀害。

②端：端正。

③洎（jì）：润色。

④卑猥：卑贱庸俗。

⑤细：细小的事情。

⑥不胜：难以承受。

⑦知类：懂得事物间类比的关系，依类推理。

【赏读】

方孝孺不仅是著名的不怕死的忠臣，还是学养深厚的一代大儒，文章乃海内名家，每每一篇文成，人人传诵。即使死后，明成祖禁毁其文，民间仍有他的文集于地下流传。其文风豪放雄健，后世将其与苏轼、陈亮相提并论。

他主张作文要"神会于心"，常以物喻理，直抒胸臆，这篇《试笔说》就是很好的一个例子。全文由很小的事情引发，这件小事，同时又是读书人生活中最常见又亲切的：试毛笔。从两支上佳好笔的不同遭遇，朋友间的探讨，引申到国家用人得失。真可谓，小事件引发大道理。

全文运笔明快，收尾利落而雄健，"以天下为己任"的抱负、"不以物喜，不以己悲"的胸襟、"天行健，君子自强不息"的意志力……都在这短短一篇中自然显现。

方孝孺儿时即以才学与志向被家乡人赞誉为"小韩子（韩

愈)"，后求学于"明代开国文臣之首"的大儒宋濂，进入仕途后，更为明太祖朱元璋所赏识，特地留给孙儿建文帝，作为辅佐重臣。其毕生抱负，是阐明王道，追求治世，并最后果真以身相殉了理想。人文合一，健笔辅以雄心，由他说出的"大道理"，并不见其大而无当，反而有着一种端严庄重。

当机遇未到时，坚持等待而不抱怨，坚持自我完善与学习，这个过程本身就是充实而愉悦的——即使在时代完全不同的今天，这篇文章，依然有着现实的励志意义。

假骨董① 沈德符②

　　骨董自来多赝,而吴中尤甚,文士皆借以糊口。近日前辈,修洁莫如张伯起③,然亦不免向此中生活。至王伯榖④则全以此作计然策矣。一日,予过王斋中,适坐近一故敝黑几,壁挂败笠,指谓予曰:"此案为吾吴吴匏庵⑤先生初就外转⑥时所据梧。此笠则太祖普赐十高僧,而吾乡姚少师道衍⑦得之,留至今。"盖欲以欸⑧予也。予笑曰:"是诚有之,然亦何异洪崖⑨得道上升,油垢幞头;李西平破朱泚⑩,破绽衲袄也?"王面赪⑪无以应。

　　时娄江曹孝廉家一仆范姓,居苏城,亦好骨董,曾购一阎立本⑫《醉道士图》,真绝笔也。王以廉值胁得之,索价千金,损之亦须数百,好事者日往商评。不知范素狡黠,已先令吴人张元举临摹一本,形模仿佛,几如桓元子之于刘越石⑬,酬之十金,王所收者是也,真本别得善价售矣。元举眇一目,偶为王所侮,因宣言于外,谓若双目盲于鉴古,而诮我偏明耶?此语传播合城,引为笑端,王遂匿不敢出。真伪二本,予皆见之。

　　董太史玄宰⑭,初以外转,予告归至吴门,移其书画船至虎丘,与韩胄君古洲⑮,各出所携相角。时正盛夏,惟余与董、韩,及董所昵一吴姬四人,披阅竟日,真不减武库⑯。最后出颜清臣⑰书朱巨川告身⑱一卷,方叹诧以为神物,且云:"此吾友陈眉公[19]所藏，实异宝也。"予心不谓然，周视细楷中一行云："中书侍郎开播。"韩指谓予曰："此吾郡开氏鼻祖耶？"余应曰："唐世不闻有姓开，自南宋赵开显于蜀，因以名氏，自析为两姓。况中书侍郎，乃执政大臣，何不见之《唐书》？此必卢杞所荐关播[20]，临摹人不通史册，偶讹笔为开字耳。鲁公与卢、关正同时，此误何待言。"董急应曰："子言得之矣。然为眉公所秘爱，姑勿广言。"亟卷而箧之。后闻此卷已入新安富家，其开字之曾改与否，则不得而知矣。顷韩宦滁阳，偶谈颜卷，予深悔当年妄发。

《万历野获编》

【注释】

①骨董：古董。

②沈德符（1578～1642）：字景倩，又字虎臣，浙江嘉兴人。万历四十六年（1618）举人。精音律，熟谙掌故，仿欧阳修《归田录》之体例，撰《万历野获编》，多记万历以前朝章国故，并保存有关戏曲小说资料。所著有《清权堂集》。

③张伯起（1527～1613）：张凤翼，字伯起，号灵墟，又称灵墟先生、冷然居士，长洲（今江苏苏州）人，明代戏曲作家。嘉靖四十三年（1564）举人。屡考进士不中，晚年以卖字和诗文为生。工琵琶。著有传奇六种：《红拂记》《祝发记》《窃符记》《灌园记》《虎符记》《㺯廖记》，合称《阳春六集》，今存前五种。

④王伯榖（1535～1612）：王穉登，字伯榖、百榖，号半偈长者、青羊君、广长庵主等。先世江阴（今属江苏）人，移居苏州。嘉靖末入太学，万历时曾召修国史。曾与屠隆、汪道昆、王世贞等组织"南屏社"，与名妓马湘兰、薛素素等交好。少有文名，擅书

法，著作有《吴郡丹青志》等。

⑤吴匏庵（1435～1504）：吴宽，字原博，号匏庵，长洲（今江苏苏州）人。明宪宗成化八年（1472）状元，授翰林院修撰，侍讲东宫。累官至南京礼部尚书，谥文定。擅诗、文、书法，喜藏书，其自手抄本笔法绝伦，为藏家所重。著有《家藏集》七十七卷。

⑥外转：旧时谓京官转任外省同级官职。与内转相对。

⑦道衍（1335～1418）：俗名姚广孝，出身吴兴姚氏。出家为僧后法名道衍，字斯道，自号逃虚子。长洲（今江苏苏州）人。明成祖朱棣自燕王时代起的谋士、靖难之役的主要策划者。能诗，善文，主重修《明太祖实录》，参与修纂《永乐大典》。

⑧歆：贪图、羡慕，此处作使动用法。

⑨洪崖：道教仙人，《列仙全传》称"洪崖先生"，并称帝尧时已经有三千岁。《真诰》云其为青城真人。《吕氏春秋》称其曾为黄帝作律。

⑩李西平破朱泚：李西平，即李晟，中唐将领，曾率军平定节度使朱泚之叛乱。

⑪赪：面发红貌。

⑫阎立本（601～673）：唐代著名画家。雍州万年（今陕西临潼）人。父阎毗、兄阎立德，皆擅工艺、建筑、丹青。以家学传，并师法张僧繇、郑法士，能变古象今。官至右丞相，改中书令。

⑬桓元子之于刘越石：桓元子，东晋将领、权臣桓温。刘越石，西晋末年将领刘琨，曾率军深入敌后，抗击北方游牧民族入侵。桓温精通音律，雅擅文学，诗文慷慨悲壮，卓绝精神为后世景仰。相传桓温相貌与刘琨相似。然，"面甚似，恨薄；眼甚似，恨小；须甚似，恨赤；形甚似，恨短；声甚似，恨雌"（《晋书·桓温传》）。

⑭董太史玄宰：即明代书画家董其昌，字玄宰，曾授翰林院编修，明清两朝，修史之事由翰林院负责，又称翰林为太史。详注见

《米元晖山水》。

⑮韩胄君古洲：即韩逢禧（1576～?），长洲（今江苏苏州）人。鉴赏收藏名家韩世能之长子，号古洲，又号半山老人。以父大荫入仕，曾任雷州太守。

⑯武库：军械库。此处比喻藏品之丰富。

⑰颜清臣（708～784）：颜真卿，字清臣，京兆万年（今陕西西安）人，唐书法家。开元进士。曾起兵抵御安禄山叛乱。累官至吏部尚书、太子太师，封鲁郡公，人称"颜鲁公"。德宗时，受宰相卢杞嫉恨，被派去劝喻叛将李希烈，被李希烈缢死。其书法风格被后世称为"颜体"。

⑱告身：古代授官的文凭。

⑲陈眉公（1558～1639）：陈继儒，字仲醇，号眉公、麋公，松江府华亭（今上海松江）人。先为儒生，后为隐士，隐居小昆山。然多周旋于官绅间，时人颇有讥评。号称善于鉴别字画，然颇多舛误。善绘画、书法，有《陈眉公全集》。

⑳卢杞所荐关播：卢杞，字子良，唐代权相，貌丑如鬼，嫉贤妒能，曾陷害张镒、杨炎、颜真卿、李怀光等。关播，字务元，庸碌无能，唐德宗时曾任宰相，受卢杞提拔为其傀儡。

【赏读】

沈德符，文化世家出身，父亲为史官，自幼即随父交游京城，喜闻朝野故实。喜读书，家有藏书楼，据说无日不读书一寸之厚。故博洽多闻，所作《万历野获编》，于时事与朝章典故记述详细，于时人故老，则往往直言其事，语平实而运笔老成，并兼小说与史家之风。

好古董，是文人一大雅兴。然天下好古董者多，逐利者亦多，骗术迭出，真伪难辨，自古至今皆然。虽人心诡诈，但造假风气，也成为行内人人皆知的潜规则。

本文由三个小故事组成。其一，王穉登是吴中名士之魁首，主词翰之席三十余年，秦淮名妓马湘兰一生为其痴缠，竟然以造假古董为业，实在是叫人大跌眼镜的内幕。连名声极"修洁"的戏剧家张凤翼，有时也要靠此讨一讨生活。商业社会加官僚社会，士大夫阶层，争相讲究风雅，起名园、养戏班、游山水、集图书、搜古玩……乃至全家与奴仆吃穿用度，所有庞大的开支，都要经济实力支撑。有官身者，仅靠俸禄都是很不够的，更不要说一般贫寒文士了。随时代而崛起的江南盐商、徽商，有巨资而艳慕文化，极尽附庸风雅之能事，和有文化而乏资财的文士们一拍即合，大大推动了古董、书画等本属"风雅"的文化产物进入商品流通，于是，在这个极需资本，更需浸淫多年的专业知识、学养、眼光、经验的特殊市场上，发生什么样的怪事，都不足为奇了。王穉登造假，其实怕也是圈子里共知的秘密。但是，同为行家的朋友到访，竟然也忍不住拿这一套来哄人，就有些过分了。一个老旧的木几，非说是本郡名人当年靠过的梧桐木所制，一只破烂的斗笠，也说得来头神乎其神。信口开河，无怪乎惹得作者失笑，当面点破，不留情面了。

第二个故事，是古董捐客的狡猾。这回，连王穉登都上了当，只因贪便宜硬砍价，买回复制品。最后还被宣之于众，大跌面子，弄得连门都不敢出了。而受骗上当之后，也无从讨回公道，可见此种造假事项在当时的普遍。在这里插一句闲话，沈德符在《万历野获编》等笔记里，对王穉登生平为人颇多揭发，很可能还与王穉登曾是其情敌，他们争夺过名妓薛素素有关。

第三个故事里，出场人物皆收藏界名家，董其昌、韩逢禧，外加作者本人，并一位吴中红颜，争相斗宝，胜出的宝物，竟然被当场说破是一件赝品。这件赝品，还是著名隐士、董其昌好友陈眉公的秘藏。说破之后，董其昌连声嘱咐此事不可外传，大概是担心陈眉公伤心——再插两句闲话，陈眉公喜收藏，自我吹嘘擅鉴别，而实则眼光不精，也是个半公开的秘密。至于造假方面，有画坛宗师地位的董其昌，背地里其实也是个行家。此事细想，其实颇为蹊跷。但真相如何，是作者并不想追究的。后来，此画传入某新安富家，也就是富有的徽商之家——接手赝品的最佳客户群体。"其开字之曾改与否，则不得而知矣。"作者默默地这样想着，并后悔当年说破此事——由此亦可见古董业不好做，"水"太深了！

题钱叔宝①手书《续吴都文粹》 钱谦益②

吴郡钱谷叔宝以善画名家,博雅好学,手钞图籍至数十卷,取宋人郑虎臣③《吴都文粹》增益至百卷,以备吴中故实。余从其子功甫借钞,与何季穆、周安期共加芟补④,欲成一书,未就也。功甫名允治,介独自好,不妄交接。口多雌黄⑤,吴人畏而远之。余每过之,坐谈移日。出看囊钱,市糕饼啖余。老屋三楹,丛书充栋。白昼取一书,必秉烛缘梯上下。一日语余:"吾贫老无子,所藏书将遗不知何人。明日公早来,当尽出以相赠。吾欲阅,更就公借之何如?"余大喜,凌晨而往,坐语良久,意色闵默,不复言付书事。余知其意,亦不忍开口也。

辛酉冬,余北上往别,病疡初起,疮瘢满面。冲寒映日,手写金人《吊伐录》⑥本子。忽问余:"曹能始尚在广西,有便邮属彼觅《通志》⑦寄我。"余初欲理付书旧约,语薄⑧喉欲出而止。无何,功甫卒。藏书一夕迸散,钞本及旧椠本⑨,皆论秤担负以去,一本不直数钱也。

《初学集》

【注释】

①钱叔宝(1508~约1587):钱谷,字叔宝,自号悬磬室,吴县(今江苏苏州)人。明代书画家、藏书家。手录古文金石书几万

卷。其手抄之书，为后来藏家所重。

②钱谦益（1582～1664）：字受之，号牧斋，晚号蒙叟，世称虞山先生，苏州府常熟县（今江苏常熟）人。崇祯元年（1628）任礼部侍郎、翰林侍读学士。南明弘光朝为礼部尚书，仕清后为礼部侍郎。学识渊博，诗文雄视海内，并精史学，为明末文坛领袖，与吴伟业、龚鼎孳并称"江左三大家"。藏书丰富，起"绛云楼"，收藏宋元孤本，"所积充牣，几埒内府"。然为大火所毁。五十九岁迎娶名妓柳如是，激起士林轩然大波。

③郑虎臣（1219～1276）：字廷翰，又字景兆，南宋平江吴县人。曾任会稽县尉。编纂有《吴都文粹》。其父为权相贾似道所害，后于贾似道被谪期间，伺机刺杀贾为父报仇。以擅杀大臣罪被处死。

④芟补：删削与补充文字。

⑤雌黄：古人用雌黄来涂改文字，故亦将改文字、发议论称之为"雌黄"。

⑥《吊伐录》：即《大金吊伐录》，记金太祖、太宗对宋用兵之事，金编者佚名。

⑦《通志》：宋郑樵撰，于高宗绍兴三十一年（1161）成书，体例仿《史记》，是记录上起三皇、下迄隋唐各代典章制度的政书。全书二百卷，附考证三卷，独创的"二十略"体例，是其最具价值的部分。"二十略"后独立成册，称《通志二十略》，简称《通志略》。

⑧薄（bó）：迫近。

⑨椠本：书籍刻本。

【赏读】

本文记述了一位藏书家的痴。

老屋三间，丛书充栋，除书外无长物。书多到什么样子？寻一本书，白日都要点蜡烛，攀梯上下。藏书的主人是什么形象呢？老贫无子，一个孤穷的老头子。脾气还坏，不爱交际，好臧否议论人。所以大家都不愿意理他。但真的不近人情吗？也不是。客人来了，也能聊很久，然后翻出口袋中仅剩的几文钱，买糕饼请客人吃。寒酸中，有着一位老文人的自尊与温情。因忧愁藏书无人继承，遂提出赠予作者。然又反悔。文中写作者两次欲与其履约，情景不同，都极尽传神。第一次，是在提出赠约后的第二天，作者大喜过望，凌晨就跑来了，结果，"坐语良久，意色闵默，不复言付书事"。作者也是藏书家，知道对方还是舍不得，便也不忍再提。第二次，已经到冬天了，作者要北上，前往告别，顺便就想把前约给履行了。正碰上老头儿生病，病得不轻，"疮瘢满面"，尤"冲寒映日"，即顶着严寒，就着日光，在手抄书籍。并嘱咐作者托人代寻书。所谓君子不夺人所好，这番情形，可悯可敬，活生生把作者一肚皮的急切又给堵了回去。不久之后，老头儿就死了，所有藏书，一夜散尽，不管是耗尽心血的亲手抄本，还是版本精美珍异的刻本，全部论秤卖出，一本不值几文钱。这是一个令普通人也要叹惋，更令藏书迷们捶胸顿足的结局，然作者，只是将文章写到此便戛然而止。好比悲剧在最高潮时落幕，只留下目瞪口呆的观众和挽钟的余响。

文中主人公钱功甫，为著名书画家、藏书家钱谷之子。朱彝尊《列朝诗传》云："钱谷字叔宝，少孤贫，游文待诏门下，日取架上书读之。以其余力点染水墨，得沈氏之法。晚葺故庐，读书其中。闻有异书，虽病必强起，匍匐请观。手自抄写，几于充栋，穷日夜校勘，至老不衰。"文待诏即文征明。钱谷家穷失学，诗文与书画都靠长大成人后，游历于文征明等名家门下，自学而成。尤擅山水、兰竹，名声腾跃。钱谷亲手抄录的古文金石书籍，达几万卷，为后来藏家所重。钱功甫继承父亲遗志，守着父亲当年建造的藏书楼"悬磬室"，即文中的"老屋三楹"，年到八十，仍藏书抄书不辍。

据称，所藏尽人间罕见之本。痴心苦志，一切情形正如作者钱谦益所见。

　　写他人之痴，作者钱谦益于藏书，也是一痴人，曾一掷千金收得宋版《两汉书》，竟供之于阁，焚香顶礼不已。其毕生经营，藏书丰富，名冠东南，几可比拟内府。本文主人公钱功甫的藏书，散失后亦多为钱谦益于各处重新购回。此外还收得同时的藏书大家刘凤、杨仪、赵用贤之旧藏。一时间，人皆言"东南文献尽归诸钱"。钱谦益后建有藏书楼名唤"绛云"，晚年于楼中著书写作，为编写《明史》更搜集了大量明代文献，其他呕心沥血所成书稿亦存放楼内。不料顺治七年（1650）初冬，一场大火，楼中图书、手稿毁之殆尽。钱谦益痛心疾首，叹曰："呜乎！甲申之乱，古今书史图籍一大劫也。吾家庚寅之火，江左书史图籍一小劫也。"

　　书籍，是世上最脆弱也最坚固的事物。脆弱在它如此易毁，坚固在总有人执迷不悔地将其珍藏，为其守护。久远的人类文明史，书籍是文化的传承，中国传统文化尚能保留到今天，是有这些藏书家们很多功劳的。

书钿阁女子图章前　周亮工[①]

钿阁韩约素[②]，梁千秋[③]之侍姬，慧心女子也。幼归千秋，即能识字，能擘阮[④]度曲，兼知琴。尝见千秋作图章，初为治石，石经其手，辄莹如玉。次学篆，已遂能镌，颇得梁氏传。然自怜弱腕，不恒为人作，一章非历岁月不能得。性唯喜镌佳冻[⑤]。以石之小逊于冻者往，辄曰："欲侬凿山骨[⑥]耶？生幸不顽，奈何作此恶谑？"又不喜作巨章。以巨者往，又曰："百八珠[⑦]尚嫌压腕，儿家讵胜此耶！无已，有家公在。"然得钿阁小小章，觉它巨锾[⑧]，徒障人双眸耳。

余倩大年[⑨]得其三数章，粉影脂香，犹缭绕小篆间，颇珍秘之。何次德得其一章。杜茶村[⑩]曾应千秋命，为钿阁题小照。钿阁喜，以一章报之。今并入谱，然终不满十也。优钵罗花[⑪]，偶一示现足矣，夫何憾？与钿阁同时者，为王修微[⑫]、杨宛叔[⑬]、柳如是[⑭]，皆以诗称，然实倚所归名流巨公，以取声闻。钿阁弱女子耳，仅工图章，所归又老寒士，无足为重。而得钿阁小小图章者，至今尚宝如散金碎璧，则钿阁亦竟以此传矣。嗟夫！一技之微，亦足传人如此哉！

予旧藏晶玉犀冻诸章，恒满数十函，时时翻动。唯亡姬某能一一归原所，命他人，竟日参差矣。后尽归之他氏。在长安，作

《忆图章》诗："得款频相就，低崇惬所宜。微名空覆斗，小篆忆盘螭。冻老甜留雪，冰奇腻筑脂。红儿参错好，慧意足人思。"见钿阁诸章，痛亡姬如初殁也。

《印人传》

【注释】

①周亮工（1612～1672）：字元亮，号减斋、陶庵、栎园等，河南祥符（今河南开封）人，久居金陵（今江苏南京）。崇祯十三年（1640）进士，官至浙江道监察御史。入清后，历仕盐法道、兵备道、布政使、左副都御史、户部右侍郎等。曾两次下狱，被劾论死，后遇赦免。博极群书，爱好绘画篆刻，工诗文，尤善古文，宗法唐宋，著有《赖古堂集》《读画录》等。晚年自焚已著。

②韩约素（生卒年不详）：号钿阁女士，先为秦淮歌伎，后归梁袠为妾。

③梁千秋（？～约1637）：梁袠，字千秋，维扬（今江苏扬州）人，长居南京。工篆刻，师宗当时篆刻名家何震。著有《印隽》四卷。

④擘阮：常用以谓弹琴。此处按本义，即弹奏乐器阮咸。阮咸，古拨弦乐器，形似月琴，双手环抱以拨奏。

⑤冻：冻石，一种可作印章和工艺品的石料。俗称蜡石。其质地细密滑润，透明如冻，故称。

⑥山骨：山中岩石。此处形容石质普通，不堪一刻。

⑦百八珠：佛教念珠，一百零八颗成一串，象征破"百八烦恼"。

⑧锓：雕刻。

⑨大年：梁大年。梁千秋之弟，亦善治印。

⑩杜茶村（1611~1687）：杜濬，字于皇，号茶村、塞翁等，黄州（今湖北黄冈）人。明末诸生，清初遗民代表人物之一，以气节著称于时。工诗，嗜茶。有《变雅堂集》。

⑪优钵罗花：梵语，佛经云"七宝莲花"中之一种，意为青莲花。

⑫王修微（约1597~1647）：王微，字修微，号草衣道人，广陵（今江苏扬州）人。七岁父亡，沦落青楼。工诗，喜游山水，与当时名士文人来往唱和，嫁许誉卿以终。钱谦益曾云："天下风流佳丽，独王修微、杨宛叔与君（柳如是）鼎足而三。"

⑬杨宛叔（约1612~1644）：杨宛，字宛叔，又字宛若。明末秦淮名妓。擅诗词，工书法，曾为副总兵茅元仪妾，后离去。甲申之变，死于乱贼之手。著有《钟山献》四卷、《续集》一卷、《再续》一卷。

⑭柳如是（1616~1664）：本名杨爱，后改名柳隐，字如是，号河东君、蘼芜君，世称柳夫人，浙江嘉兴人（或云江苏吴江人）。明末秦淮名妓。倜傥多才，擅诗文，工书法。二十三岁，以正妻之礼嫁"江左三大家"之钱谦益。入清后，与钱谦益暗中资助反清复明之行动。康熙三年（1664年），钱谦益病故，不堪钱氏族人威逼，自缢身亡。乾隆时，与钱谦益二人著作，俱遭禁毁。幸有《湖上草》《戊寅草》等诗集传世。

【赏读】

"嗟夫！一技之微，亦足传人如此哉！"一身份低微的小女子，因治印之艺高明，遂于芸芸众生中脱颖而出，在世间留下了芳名。为她作传记的周亮工，对此非常感慨。周亮工身为一代学者，妇女观却很传统，很不赞成女子学艺作诗文，以为非闺秀所宜，流传出去，有伤体面。

然而，为得到钿阁女子韩约素手治的印章，这位"老传统"却费足工夫，再三托请，到手后更珍之秘之，以为至宝。并将其记入自己的著作《印人传》中。一个天资明慧又娇柔可人的才女形象，在其老成浑厚健笔之下，绰约浮现于故纸之上，如春兰秋蕙，色不惊人而清香淡远。

平生只喜小巧佳冻，石一经手则晶莹如玉，可叹心思之玲珑剔透；不耐为人治印，有求难应，可见个性之自矜自重。作者生动传神地刻画着钿阁女子的形象，心中却升起了对另一位聪慧女子的思念——亡姬某。此处不提亡姬之名，是作者正统之处：自家房中人，名姓不足为外人道也。且亦不宜喧宾夺主。

亡姬某是唯一能将作者大堆印章各归其位的人。如今，人亡，印亦俱亡。"后尽归之他氏。"要知此六字非闲笔，作者身逢鼎革之际，又因官身与文名，深陷政治旋涡，几死几生，乱离中失去的，绝不止数十函印章、一位姬妾而已。然亦不必多言，读者自可以解出更多意味来。

"粉影脂香，犹缭绕小篆间。"红颜名士，俱归尘土。石上文字可流传百千年，而人生忽忽不满百年，又大半为忧患所困。作者淡淡道来，舒缓的文字中，饱含着岁月沧桑。

卷二

幽人是栖

黄冈竹楼记 　王禹偁[①]

黄冈之地多竹，大者如椽[②]，竹工破之，刳去其节，用代陶瓦，比屋皆然，以其价廉而工省也。

子城西北隅，雉堞圮毁，蓁莽荒秽。因作小楼二间，与月波楼通。远吞山光，平挹江濑[③]，幽阒辽夐[④]，不可具状。夏宜急雨，有瀑布声；冬宜密雪，有碎玉声。宜鼓琴，琴调虚畅；宜咏诗，诗韵清绝；宜围棋，子声丁丁然；宜投壶，矢声铮铮然。皆竹楼之所助也。

公退之暇，被鹤氅衣，戴华阳巾，手执《周易》一卷，焚香默坐，消遣世虑。江山之外，第见风帆沙鸟，烟云竹树而已。待其酒力醒，茶烟歇，送夕阳，迎素月，亦谪居之胜概也。彼齐云[⑤]、落星[⑥]，高则高矣；井幹[⑦]、丽谯[⑧]，华则华矣。止于贮妓女，藏歌舞，非骚人之事，吾所不取。

吾闻竹工云："竹之为瓦，仅十稔[⑨]，若重覆之，得二十稔。"噫！吾以至道乙未岁，自翰林出滁上，丙申移广陵，丁酉又入西掖，戊戌岁除日，有齐安之命，己亥闰三月到郡。四年之间，奔走不暇，未知明年又在何处，岂惧竹楼之易朽乎！幸后之人与我同志，嗣而葺之[⑩]，庶斯楼之不朽也。

咸平二年八月十五日记。

《古文观止》

【注释】

①王禹偁（chēng）（954～1001）：字元之，济州巨野（今山东巨野）人，北宋政治改革派与古文运动的先驱。其诗风朴素，散文平易晓畅。著有《小畜集》《小畜集外集》。宋太宗太平兴国八年进士，历任右拾遗、左司谏、知制诰、翰林学士。因直言讽谏，屡受贬谪。晚岁被贬黄州，故世称王黄州。

②榱：承屋瓦用的圆木。

③平挹江濑：平，平视；挹，挹胜之意；江濑，江滩上的急流。

④幽阒（qù）辽夐（xiòng）：幽阒，幽静；辽夐，辽阔。

⑤齐云：古高楼名。其中著名者，旧址一在江苏苏州子城上，二在陕西省华县城内。

⑥落星：落星楼，旧址在南京市东北临江的落星山上。左思《吴都赋》："数军事乎桂林之苑，飨戎旅乎落星之楼。"

⑦井幹：幹，同"干"。楼名，在建章宫北，汉武帝时建。

⑧丽譙：华丽的高楼，亦常用来指代古之名楼。

⑨稔：谷物一熟为一稔，这里引申为一年。

⑩嗣而葺之：继续修缮它。

【赏读】

王禹偁谪居黄州，是他人生中的第三次被贬。原因是在参与撰修《太祖实录》时，坚持直书史事。他似乎并没有承认错误的意思。在《黄州谢上表》中曾说："霜摧风败，芝兰之性终香；日远天高，葵藿之心未死。"芝兰指本人品行的高洁，葵藿则象征对朝廷的忠心。并作《三黜赋》以明志:"屈于身兮不屈其道,任百谪而何亏!吾当守正直兮佩仁义,期终身以行之。"

同样写于黄州的《黄冈竹楼记》,行文雅淡,而寄慨深远,是作者的又一次言志载道。

开篇写黄州多竹,和用竹造屋的好处:价廉工省。以此极平凡之物,建于草木荒凉之地,寒碜的居处,暗写居住者的荣华不挂心、宠辱不以为意。

平凡的竹楼中,充满种种别处无法领略的清韵雅趣。"远吞"四句,写竹楼外的环境,幽静辽阔;"夏宜"四句,写竹楼与四季的关系,镜头再往近处拉,人楼相映,隐含着人与外物的互相观照;"宜鼓琴"八句,镜头已转到了人物的身上,让读者看到了楼中人的各种自得之趣。

第三段,"被鹤氅衣,戴华阳巾,手持《周易》一卷"的主人公,鲜活起来。他焚香、煎茶、饮酒、读书、远眺……极尽潇洒从容。又以古时帝王将相的名楼,与自己这简陋的竹楼,以"贮妓女,藏歌舞",与清素的"骚人之事"相对比,在虽淡泊却自信的口吻中,引出了下面的文以言志。

竹楼盖得再好,也不过二十年寿命。四年间,自己一身坎坷漂泊。在这黯淡的现实面前,楼中人却乐观地表明,并不畏惧它的速朽,而且相信,它能够在后来同志的修缮下,庶几于不朽——不朽的不是楼,而是作者所倡导的精神。

黄冈竹楼,是作者狷介人格和高远情志的载体,是逆境中的不渝信念,是灵魂诗意栖居的场所。看似出世的淡然中,积蓄着入世的激情。

论香四则 黄庭坚①

题自书卷后

崇宁二年十一月,余谪处宜州半岁矣。官司谓余不当居关城中,乃以是月甲戌抱被入宿于城南。予所僦②舍"喧寂斋",虽上雨傍风,无有盖障,市声喧愦③,人以为不堪其忧。余以为家本农耕,使不从进士,则田中庐舍如是,又可不堪其忧耶?既设卧榻,焚香而坐,与西邻屠牛之机④相直⑤。为资深⑥书此卷,实用三钱买鸡毛笔书。

跋自书所为香诗后

贾天锡宣事作意和香,清丽闲远,自然有富贵气。觉诸人家和香殊寒。乞天锡屡惠此香,惟要作诗,因以"兵卫森画戟,燕寝凝清香",作十小诗赠之,犹恨诗语未工,未称此香尔。然余甚宝此香,未尝妄以与人。城西张仲谋为我作寒计,惠送骐骥院⑦马通薪⑧二百,因以香二十饼报之。或笑曰:不与公诗为地耶?应之曰:诗或能为人作祟,岂若马通薪,使之冰雪之辰,铃下马走,皆有挟纩⑨之温邪?学诗三十年,今乃大觉,然见事亦太晚也。

书小宗香

南阳宗少文⑩,嘉遁⑪江湖之间。援琴作金石弄,远山皆与之同声。其文献足以追配古人。孙茂深⑫亦有祖风,当时贵人欲与之游不可得,乃使陆探微⑬画其像挂壁间观之。茂深惟喜闭阁焚香,遂作此香馈之。时谓少文大宗,茂深小宗,故名小宗香云。

返魂梅

余与洪上座⑭同宿潭之碧湘门外舟中,衡岳花光仲仁⑮寄墨梅二枝,扣船而至,聚观于灯下。余曰:"只欠香耳。"洪笑发谷董囊⑯,取一炷焚之,如嫩寒清晓行,孤山篱落间。怪而问其所得,云:"东坡得于韩忠献⑰家,知子有香癖而不相授,岂小鞭其后⑱之意乎。"洪驹父⑲集古今香方,自谓无以过此。以其名意未显,易之为"返魂梅"。

《山谷题跋》

【注释】

①黄庭坚(1045~1105):字鲁直,号山谷道人,晚号涪翁。洪州分宁(今江西修水)人。北宋著名诗人、词人、书法家,为"江西诗派"祖师,书法为"宋四家"之一。英宗治平四年(1067)进士。因党争牵连,仕途坎坷。绍圣初,因曾编写《神宗实录》而被新党指为修史"多诬",贬涪州别驾,黔州安置,移戎州。徽宗即位后,任领太平州事,九日即被罢免,后流放至宜州(今广西宜山)。

本文选自其书画题跋集，文章名为编者所加。

②僦：租赁。

③喧愦：嘈杂纷乱。

④机：即"几"，指案板。

⑤相直：相对、正对。

⑥资深：人名，李定，字资深。

⑦骐骥院：宋代官署名。掌牧养官马以供皇帝车舆、赏赐王公大臣与外国使节及骑军、驿站等用。

⑧马通薪：一种柴，其味如桂。

⑨纩：絮衣服的新丝绵。

⑩宗少文（375~443）：名炳，南阳人，居江陵（在今湖北）。南朝宋隐士、画家。东晋末至宋元嘉中，朝廷屡征召其为官，俱不就。妙善琴书图画，精于言理，好游山水，信佛，曾参加庐山僧慧远主持的"白莲社"。

⑪嘉遁：谓合乎正道的退隐，合乎时宜的隐遁。语出《易·遁》："嘉遁贞吉，以正志也。"

⑫茂深（生卒年不详）：宗测，字敬微，一字茂深，为宗炳之孙。遵祖法，隐逸不受官府征召。亦善画，好音律，喜游山水，精通《易》《老》。曾续皇甫谧《高士传》三卷。

⑬陆探微（？~约485）：吴县（今苏州）人。南朝宋明帝时宫廷画家，擅画人像。与东晋顾恺之并称"顾陆"；与顾恺之、张僧繇合称"六朝三大家"。

⑭洪上座：指僧惠洪（1070~1128），一名德洪，字觉范，自号寂音尊者。宋代著名诗僧。著有《冷斋诗话》。上座，即"首座"，寺院中职位崇高之和尚。

⑮衡岳花光仲仁：衡山花光寺住持仲仁和尚，擅画墨梅。

⑯谷董囊：即古董囊。

⑰韩忠献（1008~1075）：韩琦，字稚圭，相州安阳（今属河南）人，北宋大臣。封魏国公，谥忠献。曾与范仲淹共同防御西夏，时称"韩范"。后遗作编为《安阳集》。

⑱小鞭其后：语出《庄子·达生第十九》："善养生者，若牧羊然，视其后者而鞭之。"

⑲洪驹父（生卒年不详）：洪刍，字驹父，建昌军（今江西南昌）人，与洪朋、洪炎、洪羽为四兄弟，号称"豫章四洪"。北宋诗人。黄庭坚的外甥。著有《香谱》。

【赏读】

品香，在宋代文人生活中，与斗茶、插花、挂画一起，并称"四般闲事"。虽闲，虽日常，却精致，却有无数讲究。

宋朝流行"合香"（又名"和香"）之法，就是将多种香料按比例调配，各香之间的合和、窨造、熏修之法，都配合得宜，使最终完成的香气，能够传达出制作者想要的氛围与格调，或富丽优雅，或幽韵清高，或冲淡平和……然后，各个依其个性，或闺中添兴，或书房伴读，或禅室助静，或觅得异香，呼朋唤友开"品香会"，甚至随身携带，一刻香氛不离。香，不仅是物质的，更是精神世界的享受。

作为可与东坡比肩的大文人、书法家黄庭坚，爱香成癖，不仅精于品香，更能亲手制香。平生写过许多关于香道的诗文。他曾声称，香有"十德"，分别为：感格鬼神、清净心身、能除污秽、能觉睡眠、静中成友、尘里偷闲、多而不厌、寡而为足、久藏不朽、常用无障。

黄庭坚论香道，不仅内行，更往往掺杂诸多生命感悟，与氤氲之香共同沁人心脾的，是个性与人格之美。

第一则。黄庭坚生命的最后时光，又赶上政治灾难，这次来势凶猛,名字上了"元祐党籍碑",本人"除名编管",从朝廷官员瞬间变成被管制分子。谪居广西宜州,只半年,又被官府差役赶到城南一间小破屋栖身,旁边就是宰牛肉铺,人声鼎沸,腥臊冲天,就对着肉案,焚香静坐,怡然自得。他把这间小屋叫"喧寂斋",闹与静,不过是人生的两面。他还说,我出身农家,要是当年没中过进士,现在能住的房子,不也就是这样,有什么好忧虑的呢?

最后还加上一句:为朋友资深(人名)写这篇文章,其实是花了三钱买鸡毛笔写的。什么是鸡毛笔?一种用公鸡胸前短毛做的毛笔,价格低廉,手感柔软,岭南常见,并不适合这位擅长草书的书法大家。文人落魄到笔要现买的地步,可见此行之困窘。更糟的是,平生亲朋故友大都卷入此次党祸中,不是已仙逝,便是同样以老病之身,漂泊在异乡。万事皆堪忧,而黄庭坚只是搬出卧榻,摸出随身珍藏的香,燃上,然后静坐:"隐几香一炷,灵台湛空明。"一如平生无数次那样。

这袅袅的一缕香气,就成了一种隔绝外界纷扰、淡然自守的介质。成了一种柔韧而优美的人格象征。

第二则。诗,与香,哪个更适宜送人?友人制"意和香"相赠,唯索诗为报。黄庭坚开江西诗派,诗与苏东坡并称"苏黄",自然不会辜负了这"清丽闲远,自然有富贵气"的名香。又寒冬腊月将至,有友人相赠好柴火,其味如桂,应该是难得,但毕竟还是家常俗物,黄庭坚竟然以这得来不易从不随便予人的意和香回赠,就有人奇怪了,为什么不拿诗来换呢?

于是引发黄庭坚的感慨。诗能"为人作祟",有种奇怪的魔力,会误人、害人、作弄人。哪像马通薪实实在在,能给人带来温暖呢?这里,并非在强调物质比精神重要,而是一种关于文学与人生的自嘲。而这些,带着友情传递着的清香,则又隐然成为沟通物质生活与精神生活之间的桥梁。

第三则。小宗香是以人而命名的香，是对君子与高士的赞美。宗少文与宗茂深，这对南朝时期极有才华的祖孙，隐迹江湖，绝交权贵，故有当时贵人为表仰慕，制合香相赠，其香想必亦清幽淡远，对之如在松间林下吧。

第四则。"返魂梅"的故事，是关于艺术的。

衡山花光寺住持仲仁和尚，酷爱梅花。偶然月夜，见梅影数枝映于窗上，遂提笔摹写。不料画技大进，下笔尽得梅花之神韵，成为墨梅技法的创始人。和尚与黄庭坚是好友，所以就有了月下扣船寄梅二枝的韵事。良夜，佳画，只欠一缕好香，对于香癖者来说，确实是遗憾。所以又有了惠洪得意而会心的一次显摆：他掏出来的香，点燃之后，恰如"嫩寒清晓行，孤山篱落间"，正与画上梅花相配。

这香是苏东坡从韩琦家得来的。东坡知道黄庭坚有香癖，偏偏先瞒着不说，开了个朋友间的小玩笑。此香原名"浓梅香"，然而这个名字，相对于它稀世的香氛，还嫌平凡了些。撰《香谱》的洪驹父，将其名改为"返魂梅"。

返魂梅，本是指一年中再开的梅花。唐代诗人韩偓《湖南梅花一冬再发偶题于花援》诗中道："玉为通体依稀见，香号返魂容易回。"宋代苏轼则有《岐亭道上见梅花戏赠季常》诗："蕙死兰枯菊亦摧，返魂香入岭头梅。"而追其本义，更来自传说中西域进贡于汉武大帝的"返魂香"，大如燕卵，黑如桑椹，点燃后，病者闻之即起，死未三日者，熏之即活。

从"浓梅香"，到"返魂梅"，从平凡浅俗，到神幻珍异，不过一个名字的变化，雅人深致，名物上用心至此。

砚室记　陆树声[1]

余性寡嗜好,平生所蓄,舍书史外,无长物。自为史官[2],蓄一端砚。及官南雍[3],得一砚,歙石也。已前后得石,属工理之,凡得砚者十,曰:"蓄此足矣,越十吾无取焉。"因自号"十砚主人"。椟藏之,题曰"砚室"。间一出之,置几上,兀傲相对。

客有规余好之癖者,余曰:"癖此,不犹愈于癖他好乎?"异日,客有具辨眼者,视之,举[4]非佳品也。余曰:"客知余癖砚矣,宁庸[5]以佳品为癖乎?且昔之论砚者多矣,自欧阳永叔、蔡君谟、洪景伯[6]推龙尾[7]良者出端石上,而苏子瞻[8]至列以牛后[9],乃复为罗文[10]作传,岂物无定论,其轻重一出士人之喙耶?又安知余所蓄之果佳乎否乎也?如使余嗜而取必于佳,则珍玩殊品,世不有万于砚者乎?夫珍玩殊品,非有力者不能致,而往往规夺所好于他人,故不以移余之嗜。独余材薄无文,知嗜砚矣,不能为之重,以余之不足以重砚也,又何暇计其品之高下?虽然,如余之嗜砚,不移于珍玩殊品,则砚之托于余而见嗜也,安知不因以为重乎?然则余之癖未解也。"

他日,璋子学书,出其一授焉,曰:"俟汝能书,吾将举全室畀[11]之。"有问者曰:"此余家青毡[12]也,惟勿以籯金[13]例[14]之。"

十砚主人记。

《晚明二十家小品》

【注释】

①陆树声（1509~1605）：字与吉，号平泉，松江华亭（今属上海市）人。明代学者、官员。初冒林姓，其家世代务农。嘉靖二十年（1541）进士，会试第一，殿试位列二甲，复姓陆。改庶吉士，授翰林院编修。有政声，性刚介，为中外所重。累官至礼部尚书。卒赠太子太保，谥文定。不喜仕禄，屡以病辞。善饮茶，著有《茶寮记》《煎茶七类》。又有《清暑笔谈》等，收于《陆文定公集》。

②史官：主管文书、典籍，并负责修撰前代史书和搜集记录当代史料的官员。明代，翰林院学士兼任史事。陆树声曾任翰林院编修。

③南雍：明朝设在南京的国子监，又称南监。雍，辟雍，古之大学。嘉靖三十年（1551）之后，陆树声曾任国子监祭酒。

④举：皆、都。

⑤宁庸：难道。

⑥欧阳永叔、蔡君谟、洪景伯：分别指欧阳修、蔡襄、洪适，皆宋人。欧阳修，字永叔，文学家，曾著有《砚著》一书。蔡襄，字君谟，著名书画家。洪适，字景伯，好收金石拓本。

⑦龙尾：龙尾砚，歙砚之上品。产于今江西婺源县龙尾山。

⑧苏子瞻：即苏轼，字子瞻。

⑨牛后：比喻处于从属地位。

⑩罗文：即罗纹砚，产于今江西婺源县龙尾山。苏轼曾为其作《万石君罗文传》。

⑪畀：给予。

⑫青毡：《晋书·王羲之传附王献之》：夜卧斋中，而有人入其室，盗物都尽。献之徐曰："偷儿，青毡我家旧物，可特置之。"群偷惊走。后遂以"青毡"泛指仕宦人家的传世之物或旧业。

⑬籯（yíng）金：古人常用籯（一种竹编盛物容器）存放贵重金银财宝，故亦用其以喻指财富。

⑭例：类比。

【赏读】

作者好砚，爱砚成癖，然平生收集，不过十方，遂自号为"十砚主人"。日常无事，将砚一一搬出，置于几上，"兀傲相对"。兀傲者，高傲倔强之意也，用在此处，颇为独特而传神，可以想见作者心满意足之态。人对石砚而兀傲，是因能拥有此砚而自豪，故吟哦自得，石砚对人亦兀傲，是因石质本坚，砚品本高。南宋词人辛弃疾词中有句云："白发空垂三千丈，一笑人间万事。问何物、能令公喜。我见青山多妩媚，料青山、见我应如是。"此情此理，与之相似。

作者爱砚，爱得有个性。一不贪多，十方足矣。二是专一，除了砚癖之外，身无长物。三不求必是佳砚。友人来参观，指出这些砚都非佳品，一般人闻听，难免沮丧。作者却不以为然，并随之讲出他的一篇道理来。

物无定论，前代爱砚的名人、文士，对砚品的佳劣本来就众口不一，很多只是出自个人偏好，不能拿来作为唯一标准。我爱砚，爱的是这块砚本身，并非只爱石砚之中的佳品。如果喜欢就要获取其最佳，那么，世间珍奇的好物就太多了，何止砚这一种？而珍奇玩物是足可爱，但非有财有势有力者很难得到，于是就引诱得人想尽办法，甚至巧取豪夺——我们不妨把作者的这层意思打个比方来理解，比如恋爱，我们会爱一个人，爱的是正好被自己爱上的这个人本身，并非世间最优秀的，或被众口交赞的那一个。所以，不管是恋物,还是爱人,适合自己,与自己投缘的,就是最好的。人要懂得适心知足,不为虚荣与占有欲所控制而迷失本心。

下面,作者进一步阐明了自己与这十方砚的相知相得:以我本人的资质,本不足以去追求占有最佳的砚石;而这些看似平凡的砚石,托付于我这样极有自知之明、爱好专一、并不奢望拥有其他更珍奇贵重之物的人,因此得到钟爱与重视,这不正好是各得其所,相宜相适吗?

老子说:"知人者智,自知者明。"而二者皆极不易。当真正做到知人与自知,自然会在复杂纷纭的世界里明心见性,进退自如。作者在此虽是讲自己的砚癖,其实更是抒发为人处事的道理,自谦的口吻背后,藏着的是一种有原则的淡泊,有智慧的坚守。

砚石品种再珍稀,石质再佳,雕工再精美,究其本性,为文士所必需之案头物。中国人传统上强调"文以载道",更有"文章千古事,得失寸心知"之说,作为辅佐"文道"的文房四宝,被赋予了美好的品德。其中砚更在其功用之外,增添了许多的象征意义。

北宋唐庚的《古砚铭序》中道:"笔之寿以日计,墨之寿以月记,砚之寿以世计。"砚,也是最能传世的。我们今天还可见千年古砚,而古墨、古笔却难有了。故作者将此十方砚,视为非物质财富的传家宝,期望儿子能继承父志,以诗书德行传家。这十方并非上佳品质的石砚,便在这世上具备了独一无二的价值。

《明史·陆树声传》记载:"树声端介恬雅,翛然物表,难进易退。通籍六十余年,居官未及一纪。与徐阶同里,高拱则同年生。两人相继柄国,皆辞疾不出。为居正所推,卒不附也。"陆树声人品正直,富于政治才华,为朝野所重,然并不贪恋权位,对几任权相的招揽皆婉言谢绝,恬然而归故里。一来深知政坛风波之险,二来本性淡泊,并非好强争胜、功名心强烈之辈。这也是他自知且知世的过人之处。

位　置　文震亨①

　　位置之法，烦简不同，寒暑各异。高堂广榭，曲房奥室②，各有所宜。即如图书、鼎彝之属，亦须安设得所，方如图画。云林清秘③，高梧古石中，仅一几一榻，令人想见其风致，真令神骨俱冷。故韵士所居，入门便有一种高雅绝俗之趣，若使前堂养鸡牧豕，而后庭侈言浇花洗石，政④不如凝尘满案，环堵⑤四壁，犹有一种萧寂气味耳。

《长物志》

【注释】

①文震亨（1585～1645）：字启美，长洲（今江苏苏州）人，明代著名书画家文征明的曾孙，其祖父和父亲均为著名书画家，诗文书画皆得其家传。天启中，曾以恩贡出仕中书舍人，受明末党争牵连，隐于乡。明亡于清，清军攻陷苏州，并推行"剃发令"，他愤而绝食殉国。一生著述丰富，除《长物志》外，还有《金门集》《一叶集》《开读传信》《琴谱》《怡老园集》《清溪新咏》等著作。

②曲房奥室：密室。

③云林清秘：元代画家倪瓒，号云林，建有"清秘阁"，旧址在今江苏无锡市。见《云林遗事》注。

④政：通"正"。

⑤环堵：四周环着每面一方丈的土墙。形容狭小、简陋的居室。《礼记·儒行》："儒者有一亩之宫，环堵之室。"《注》："堵长一丈，高一尺而环。一堵为方丈，故曰'环堵之室'。"

【赏读】

本篇选自《长物志》卷十，专讲室内家居摆放之法。

最要紧的，是"安设得所，方如图画"，即高低疏密，错落映衬，如创作图画般注意构图与比例的美感，另外还要有如画的意境。

作者心目中的样板，是元代画家倪云林的清秘阁。倪云林，高人韵士中的一个传奇，清秘阁，则是类似人间仙府的所在。明人顾元庆曾记述："阁前置梧石，日令人洗拭，及苔藓盈庭，不留水迹，绿褥可坐。每遇坠叶，辄令童子以针缀杖头刺出之，不使点坏。"此阁从不向寻常人开放，有朋友百计求得进入参观，不幸偶一唾痰，倪云林遂使仆佣绕树寻觅清洗，致朋友无地自容，掩面而逃。种种不近人情的传说，凡夫俗子往往以为其中多奇珍异宝，无限奢华。而实际上，阁中陈设却是极为清简，不过一几一榻，几可以倚，榻可以坐卧，陈于高大的碧梧之下、古拙灵秀的奇石之侧。碧氛浸浸，尘飞不到，作者遥想其风致，叹道："真令神骨俱冷。"

好一个"神骨俱冷"，清高绝俗到了隔绝人烟的地步。韵士所居，自我肉身与精神，都有意识地高蹈于红尘之外。至于前门养鸡养狗，鸡飞狗跳，后院却浇花洗石，格调上的不伦不类，倒不如环堵一室，四壁萧然，积尘满案——"犹有一种萧寂气味耳"。俗人学雅，愈彰其俗，对附庸风雅者给予了彻底否决。

山 斋 屠 隆①

宜明净，不可太敞。明净可爽心神，宏敞则伤目力。中庭列盆景建兰②之嘉③者一二本，近窗处蓄金鳞五七头于盆池内。傍置洗研池一，余地沃以饭渖④，雨渍苔生，绿褥可爱。绕砌种以翠芸草⑤令遍，茂则青葱欲浮。取薜荔⑥根瘗⑦墙下，洒鱼腥水于墙上，腥之所至，萝必蔓焉。月色盈临，浑如水府。斋中几榻、琴剑、书画、鼎研之属，需制作不俗，铺设得体，方称清赏。永日据席，长夜篝灯，无事扰心，尽可终老。僮非训习，客非佳流，不得入。

《考槃余事》

【注释】

①屠隆（1542~1605）：字长卿，一字纬真，号赤水，浙江鄞县人。明代文学家、戏曲家。万历五年（1577）进士，曾任颍上、青浦知县，后迁礼部主事、郎中。为官清正，关心民瘼。万历十二年（1584）蒙受诬陷，罢官回家，以诗书自娱，潜心著述。其为人性豪放，好游历，喜佛道，博学，擅书法，精通诗词曲艺。《明史》载其"落笔数千言立就"。著有《冥寥子》二卷、《鸿苞》四十八卷、《昙花记》、《修文记》、《彩毫记》、《鸿苞集》、《白榆集》、《由拳集》、《娑罗馆清言》、《考槃余事》、《茶说》等。

②建兰：中国所产兰花之一种。花期在夏、秋二季。以其主产地福建为名。

③嘉：美、善。

④渖：同"瀋"，"沈"的繁体，汁液。

⑤翠芸草：即翠云草。多年生草本，茎伏地蔓生，羽叶细密，喜阴湿，为室内盆栽观赏常用植物，亦常用于盆景制作，或园林绿化。

⑥薛荔：植物名，又称木莲。常绿藤本，蔓生，叶椭圆形，花极小，隐于花托内。果实富胶汁，可制凉粉，有解暑作用。

⑦瘗：埋、葬。

【赏读】

山斋，即山中居室。却又不是普通的山民屋舍，对于文人雅士，它是一种寄托，一种姿态，一种意象，一个容纳鲜明自我与超逸人格的清幽之所，它可以建在山中，也可以不建在山中，它可以是实物，也可以只存在于理想当中。

本文讲述的就是理想中的山斋，我们并不知道，他是否真的依此营建过，但诵读此文，我们几乎可以看得到，那一座藏于岁月之外的房屋。葱郁的绿意笼罩着它，但斋内的光线总是明净、澄澈的。长日无事，空气仿佛凝固，显得非常安静，却又隐藏着勃然的生机。金鱼在水池中嬉游，青苔成褥，翠芸草绕阶，葱翠如烟萝。薛荔的藤蔓铺满墙壁，月光下澄碧摇曳，如入水仙洞府……

雅洁，而保留着必要的野趣，山斋之造成，需要时间和主人的巧思：米汤沃地以滋养青苔，用鱼腥水牵引薛荔藤蔓的走势，这是室外的布景。而室内，每一项陈设，更经过精心挑选，"斋中几榻、琴剑、书画、鼎研之属，需制作不俗，铺设得体，方称清赏"，无一不反映着主人的情趣爱好，折射着主人的品性素养。

供役使的家童也要训练有素,聪敏而善解人意。而挑选最严格的,却是到访的客人。山斋是隐世的、脱俗的,来客自然也要与之相匹配。《陈书·孙瑒传》:"常于山斋设讲肆,集玄儒之士,冬夏资奉,为学者所称。"刘禹锡之《陋室铭》则云:"斯是陋室,惟吾德馨。苔痕上阶绿,草色入帘青。谈笑有鸿儒,往来无白丁。"即使非博学鸿儒,至少也非败人雅兴的俗物。宋人陈宓诗云:"山斋尽日激清湍,未许人间俗客看。"白居易则说:"山斋方独往,尘事莫相仍。蓝舆辞鞍马,缁徒换友朋。朝餐唯药菜,夜伴只纱灯。除却青衫在,其余便是僧。"无论如何,谈吐粗俗、世故钻营之辈,必然是无法进入的。

山斋,在诗文中,总是与"寂寥""朴陋"等词语联系在一起。然而,那只是相对于浮华凡尘而言,山斋之内,则是充实而丰盈的,是摒尽繁华之后身心的归宿,如作者所向往的那样:"永日据席,长夜篝灯,无事扰心,尽可终老。"

香 屠 隆

  香之为用，其利最溥①。物外高隐，坐语道德②，焚之可以清心悦神。四更残月，兴味萧骚，焚之可以畅怀舒啸。晴窗拓帖③，挥麈闲吟，篝灯④夜读，焚以远辟睡魔，谓古伴月可也。红袖在侧，秘语谈私，执手拥炉，焚以薰心热意，谓古助情可也。坐雨闭窗，午睡初足，就案学书，啜茗味淡，一炉初爇⑤，香霭馥馥撩人。更宜醉筵醒客，皓月清宵，冰弦戛⑥指，长啸空楼，苍山极目，未残炉热，香雾隐隐绕帘。又可祛邪辟秽。随其所适，无施不可。

  品其最优者，伽南⑦止矣。第购之甚艰，非山家所能卒办。其次莫若沉香。沉有三等，上者气太厚，而反嫌于辣；下者质太枯，而又涉于烟；惟中者约六七分一两，最滋润而幽甜，可称妙品。煮茗之余，即秉茶炉火便，取入香鼎，徐而爇之。当斯会心景界，俨居太清宫⑧，与上真⑨游，不复知有人世矣。噫，快哉！近世焚香者，不博真味，徒事好名，兼以诸香合成，斗奇争巧，不知沉香出于天然，其幽雅冲澹，自有一种不可形容之妙。若修合之香，既出人为，就觉浓艳，即如通天、熏冠、庆真、龙涎、雀头⑩等项，纵制造极工，本价极费，决不得与沉香较优劣，亦岂贞夫高士所宜耶？

《考槃余事》

【注释】

① 溥：广大。

② 道德：此处专谓老子《道德经》。

③ 拓帖："拓"又称"摹"或作"模"。是一种以纸覆盖于古帖上进行复制字帖的方法。通常需要在光线良好处进行。又有将厚纸覆盖在帖上，在明亮的窗边，根据帖上透出的痕迹摹写出来，呼为"响拓"。故"晴窗拓帖"为古代文人日常事务之一。

④ 篝灯：谓置灯于笼中。

⑤ 爇（ruò）：烧。

⑥ 戛：轻轻地敲打。

⑦ 伽南：即伽南香，又名奇南香、琪南、奇楠、伽南沉。为植物白木香或沉香近根部的含树脂量较多的木材。多产于南洋，以东南亚古国占城出产者为最著名。我国海南岛亦有出产。《本草乘雅半偈》云："奇南香原属沉香同类。等分黄、栈，品成四结，世称至贵。"陈让《海外逸说》云："伽南与沉香并生。沉香质坚，雕剔之如刀刮竹，伽南质软，指刻之如锥画沙。"则伽南与沉香虽属同类，但质尤佳，尤贵重难得。

⑧ 太清宫：本为道教祖师老子之享庙，后常作为道教宫观名。亦被指为神仙居处。

⑨ 上真：上界真仙。唐代李商隐诗："莫羡仙家有上真，仙家暂谪亦千春。"

⑩ 通天、熏冠、庆真、龙涎、雀头：俱为香料或合香名称。通天，或为通天犀角粉末所制之灵犀香，见《香乘》。熏冠，未确名称所来。庆真，为合香，见《香乘》。龙涎，抹香鲸消化道的分泌物，中国传统珍稀名香，常漂流海中，为渔民所得，古人以为龙之唾液所化。雀头，李时珍《本草》言即植物香附子，或为别

一种香料名。《资治通鉴》记："帝遣使求雀头香、大贝、明珠、象牙、犀角、玳瑁、孔雀、翡翠、斗鸭、长鸣鸡于吴。"胡三省注云："《本草》以香附子为雀头香。此物处处有之，非珍也，恐别是一物。"

【赏读】

明代中国人的生活，依然氤氲着香料的芬芳。熏香应用范围很广，在文人雅士那里，更是烘托气氛、营造情调必不可少的妙品，"随其所适，无施不可"。本文第一段，就细细描述了日常各种场景中的"香"之功用，无论昼夜晴雨、四季寒暑，论道习书、晤友谈情……暗香浮袅在人的周围，带给人嗅觉的享受，精神的满足。其文辞典雅，其意蕴动人，简直可以说是一段关于"香道"充满诱惑力的广告词。

与宋代人注重合香之法不同，在《考槃余事》这本明代出品的风雅生活指南中，作者屠隆认为：香以原料原味为最佳，"出于天然"，"幽雅冲澹"，不像合香争奇斗巧，透出一种人工的浓艳。

所有香氛中，作者最推崇伽南香与沉香。伽南香早在宋代时已成为珍物，一片值千金，非"山家"——一般文人雅士所易办，那么，只有沉香最宜室宜家了。沉香之中，又以中品最适用，"上者气太厚，而反嫌于辣；下者质太枯，而又涉于烟；惟中者约六七分一两，最滋润而幽甜，可称妙品"。既有实践经验，又颇符合哲学上的中庸之道。沉香营造出的氛围，是清幽、玄妙、空灵、超脱于凡尘世外的，仿佛游于神仙洞府，与上界真仙交流。作者点出了他心目中香道之宗旨，是在于本真、纯粹、冲澹、宁和，与"贞夫高士"幽静高尚的人格相匹配。

《考槃余事》，是专记文士清玩之属的博物类著作。共四卷，记录碑帖、书版、文房、书画、琴瓶、起居、盆玩等一切器用服饰，为研究晚明文人士大夫生活及造物艺术与审美的重要资料。作者屠隆本人才华出众,《明史》记其"生有异才……落笔数千言立就",故虽为博物杂记类文字,也极见才情,读之令人口齿噙香。

浮梅槛①记 黄汝亨②

客夏游黄山、白岳③,见竹筏行溪林间,好事者载酒从之,甚适。因想吾家西湖上,湖水清且广,雅宜此具,归而与吴德聚谋制之。朱槛青幕,四披之,竟与烟水云霞通为一席,泠泠如也。

按《地理志》云:"有梅湖者,昔人以梅为筏,沉于此湖,有时浮出。至春则开花,流满湖面。"友人周东音至,遂欣然题之曰"浮梅槛"。古今人意,同不同未可知也。书联者二,一曰:"湍回急沫上,缆锦杂华浮。"一曰:"指烟霞以问乡,窥林屿而放泊。"

每花月夜,及澄雪山阴,予时与韵人、禅衲④,尚羊⑤六桥⑥。观者如堵,俱叹西湖千载以来未有,当时苏、白风流⑦,意想不及。此人情喜新之谭,夫我辈寥廓湛妙之观,岂必此具,乃与梅湖仙人争奇哉?聊述所自,以贻观者。

《寓林集》

【注释】

①浮梅槛:本意为浮于梅湖之上的竹槛。作者以此为自制的竹筏命名。

②黄汝亨(1558~1626):字贞父,号寓庸居士,钱塘(今浙

江杭州）人，万历二十六年（1598）进士，授进贤知县，累官至江西布政司参议。后谢病不出，结庐杭州南屏小蓬莱，以著书自娱。精书法，擅诗文，著作有《寓林集》等。

③白岳：即齐云山，古称白岳，是与黄山齐名的风景名胜，在安徽休宁县西，以山奇、水秀、石怪、洞幽著称。亦是中国道教四大名山之一。

④禅衲：僧衣，代指僧人。

⑤尚羊：即徜徉。

⑥六桥：杭州西湖苏堤上建有六座桥梁，自南向北依次为映波、锁澜、望山、压堤、东浦和跨虹。

⑦苏、白风流：北宋苏轼与唐代白居易都曾任职杭州，留下风雅韵事。

【赏读】

黄汝亨辞官归里，回到老家杭州，结庐于南屏小蓬莱，居家则日览西湖盛景，出外则畅游黄山、白岳，日子过得好不逍遥。有了足够的闲情逸致，便更加注重品味与情调，生出了许多创意。

"浮梅槛"就是大助山水清玩之兴的一项发明。黄汝亨在皖南山溪竹林边看到有人载酒而乘竹筏，轻便舒适，回家便唆使着友人，共同制作出一种带有"朱槛青幕"的大型竹筏来。这竹筏好处在哪儿呢？

我们可以想象一下。首先，它轻便，不像船只吃水深；其次，它空间大而自由，适合多人饮宴，内外隔绝性能又好，掀开帘幕，视线便与水天相接，"与烟水云霞通为一席"，而帘幕垂下，就谁也不知道筏中人在做什么了。当然，最引起大家轰动围观的，是外形奇特好看。友人虞淳熙曾这样描述："湖舟具有楼名，而实无楼。春水登之，宛如天上坐也。"又说："山溪处处浮竹筏，古今贤达如许,都不能浮筏于湖,遂令千秋开物名,独归贞父。"可见此筏的主要特点,以及制作起来并不需要太多技术,只在于你能否设想得到。

下文交代了"浮梅槛"之名的来历。语出某部《地理志》:"有梅湖者,昔人以梅为筏,沉于此湖,有时浮出。至春则开花,流满湖面。"是极绮艳幻丽之景,唯仙人之力才办得到,作者的竹筏当然比不上,但寓义而已。当观者如堵,争相赞叹自古未有,连苏轼、白居易当年流连西湖,都没有这样的好创意、好风流时,作者很自谦地说,其实人们只是喜好新鲜玩意儿才这样说。不过,"我辈寥廓湛妙之观,岂必此具,乃与梅湖仙人争奇哉?"意即欣赏西湖高远寥落、澄静空灵的境界,与用何种交通工具无关,更非与传说中的梅湖仙人争奇——山水之乐,在于风景与内心的完满契合,这才是最重要的。

厅 壁 李渔[①]

厅壁不宜太素,亦忌太华。名人尺幅自不可少,但须浓淡得宜,错综有致。予谓裱轴不如实贴。轴虑风起动摇,损伤名迹,实贴则无是患,且觉大小咸宜也。实贴又不如实画,"何年顾虎头,满壁画沧洲[②]",自是高人韵事。予斋头偶仿此制,而又变幻其形,良朋至止,无不耳目一新,低回留之不能去者。

因予性嗜禽鸟,而又最恶樊笼,二事难全,终年搜索枯肠,一悟遂成良法。乃于厅旁四壁,倩四名手,尽写着色花树,而绕以云烟,即以所爱禽鸟,蓄于虬枝老干之上。画止空迹,鸟有实形,如何可蓄?曰:不难,蓄之须自鹦鹉始。从来蓄鹦鹉者必用铜架,即以铜架去其三面,止存立脚之一条,并饮水啄粟之二管。先于所画松枝之上,穴一小小壁孔,后以架鹦鹉者插入其中,务使极固,庶往来跳跃,不致动摇。松为着色之松,鸟亦有色之鸟,互相映发,有如一笔写成。良朋至止,仰观壁画,忽见枝头鸟动,叶底翎张,无不色变神飞,诧为仙笔;乃惊疑未定,又复载飞载鸣,似欲翱翔而下矣。谛观熟视,方知个里情形,有不抵掌叫绝,而称巧夺天工者乎?

若四壁尽蓄鹦鹉,又忌雷同,势必间以他鸟。鸟之善鸣者,推画眉第一。然鹦鹉之笼可去,画眉之笼不可去也,将奈之何?

予又有一法：取树枝之拳曲似龙者，截取一段，密者听其自如，疏者网以铁线，不使太疏，亦不使太密，总以不致飞脱为主。蓄画眉于中，插之亦如前法。此声方歇，彼喙复开；翠羽初收，丹睛复转。因禽鸟之善鸣善啄，觉花树之亦动亦摇；流水不鸣而似鸣，高山是寂而非寂。座客别去者，皆作殷浩书空，谓咄咄怪事③，无有过此者矣。

《闲情偶寄》

【注释】

①李渔（1611～1680）：初名仙侣，后改名渔，字谪凡，号笠翁。祖籍浙江兰溪，出生于南直隶雉皋（今江苏如皋）。明末清初文学家、戏曲家。明时乡试不中，入清后放弃科举，以卖文卖书、刻印出版、私家戏班演出等方式谋生养家，并广交达官贵人、文坛名流。著作丰富，擅诗文，但以通俗文学行世。著有《笠翁十种曲》等戏剧，《肉蒲团》《觉世名言十二楼》《无声戏》等小说，及戏曲与休闲文化专著《闲情偶寄》。

②何年顾虎头，满壁画沧洲：语出杜甫诗《题玄武禅师屋壁》。顾虎头，即顾恺之，字长康，小字虎头，东晋著名画家。沧洲，滨水之地，古时常用以称隐士之所居。

③咄咄怪事：南朝宋刘义庆《世说新语·黜免》："殷中军（殷浩）被废在信安，终日恒书空作字。扬州吏民寻义逐之，窃视，唯作'咄咄怪事'四字而已。"后常用以形容出乎意料、令人惊讶的事。

【赏读】

同样是关于闲情逸致、清玩雅赏的指导性意见，与屠隆、文震亨等人相比，李渔的著作无疑要通俗得多，操作性也好得多。在《考槃余事》《长物志》这样的书中，我们触目可见"不古""即俗"这样简略高傲的否定，寥寥数语的勾勒，重在行家之间的悠然心会，妙处难与君说，崇尚"神骨俱冷"，不食人间烟火的超然意韵。《闲情偶寄》却口水多多，不厌其烦，细细地从设计意图、制作方式、材料选取等各个方面，加以详解，是一份面向平民，介绍如何"打造"情调生活最周详的说明书。

厅壁，即客厅之壁，居家中见客最多的地方，需大方雅致，能别开生面、引人入胜更佳。李渔的布置意见，以实贴代替裱轴，更以壁画代替实贴，走的是居家过日子简捷节省的路线。"何年顾虎头，满壁画沧洲"——看重的是绘画作品本身的艺术性与传达的情怀，而非作品的载体。爱鸟，但厌恶牢笼关鸟，竟然想到了以假花木配以真禽鸟的方法，以假乱真，假中有真，奇幻莫测，怪不得作者十分自豪，而观者皆心醉神迷，鼓掌叫绝了。

李渔的这段现身说法，风格颇似今天时尚杂志上的达人经验谈，然文字清畅平易，如花妍鸟鸣，赏心悦目。作为历史上第一个真正进行商业化写作且拥有自己的出版社（芥子园书肆）与戏剧演出团体的职业作家，李渔下扎根于城市市民生活，上游走于显宦名流之间，将自身的文艺才能与商业头脑结合，走了一条和传统文人截然不同的路。他的大部分作品，是面向大众尤其是城市平民与商人阶层的，将文人趣味与市民的实用主义，以及一个才子的奇思妙想，结合起来，获得了商业上的巨大成功，而文艺方面的审美价值，也同样非常可观。

种草花说 查慎行①

窳轩②之南有小庭,广三寻,袤寻③有六尺,缭以周垣④,属于檐端⑤,拓窗而面之。主人无事,日蹒跚乎其间。即又恶乎草之滋蔓也,谋辟而蓻蓺⑥焉。或曰:"松、桂、杉、梧,可资以荫也,是宜木。"主人曰:"吾年老,弗能待。"或曰:"梅、杏、橘、橙,可行而列也,是宜果。"主人曰:"吾地狭,弗能容。"有道焉,去其芜蔓者而植其芬馨者,亦幽人逸士之所流连也。乃命畦丁⑦锄荒秽,就邻圃乞草花。山僧野老,助其好事,往往旁求远致焉。

主人乐之,犹农夫之务穑而获嘉种也。盖一年而盆盎列,二年而卉族繁。迄今三年,萌⑧抽于粟粒,荄⑨发于陈根,芊芊苃苃⑩,纷敷盈庭,两叶以上,悉能辨类而举其名矣。当春之分,夏之半,雨润土膏,乘时以观化,见夫甲者坼,芒者擢⑪,吾之生机与之俱动也。已而含芬菲,饱风露,吾之呼吸与之相通也。为之相其稀稬⑫,时其燥湿,除厥蠹⑬而根是培,直者遂之,弱者扶之;蚤⑭芳者吾披之,晚秀者吾俟之。洎乎风凄霜陨,茎萎而实坚,则谨视其候敛藏,以待来岁焉。吾之精神,无一不与之相入也。而且一薰一莸⑮,别臭味也;为稚为壮⑯,验枯菀⑰也;或寒或暴,纪阴晴也;朝斯夕斯,阅春秋也;优哉游哉,聊以卒岁也。

　　客徒知嘉树之荫吾身，而不知小草知悦吾魂也；徒知甘果之可吾口，而不知繁卉之饫吾目也。彼南阳之梓漆[18]，平泉之花木[19]，积诸岁月，诒厥子孙，洵[20]非吾力之所逮，抑岂吾情之所适哉！

《敬业堂文集》

【注释】

①查慎行（1650～1727）：本名嗣琏，字夏重，浙江海宁人，康熙时举人，赐进士出身，官翰林院编修。中年因皇后丧期宴饮观剧遭革职，驱逐回籍。遂改名慎行，字悔余，号初白。晚年因弟查嗣庭之讪谤案遭牵连被捕，放回故里后即病逝。曾从黄宗羲、钱澄之学。能诗词，尤以诗有成就。著述甚丰，有《敬业堂诗集》《敬业堂文集》《人海记》《周易玩辞集解》等。

②瘐（yǔ）轩：查慎行晚年居室之名。

③袤（mào）寻：袤，长度，特指南北向的长度。寻，古代长度单位，一寻为八尺。

④缭以周垣：缭，环绕；周垣，围墙。

⑤属于檐端：属，对、临；檐端，屋檐边端。

⑥莳蓺（yì）：种植。蓺，同"艺"。

⑦畦丁：园丁。

⑧萌：植物的芽苞。

⑨荄：草根。

⑩芊芊苞苞：草木茂盛貌。苞，草木初生。

⑪甲者坼，芒者擢：果实外壳裂开，草叶尖端耸起。《易解》："雷雨作而百果草木皆甲坼。"

⑫稀概：稀密。概，稠密。

⑬厥蠹：厥，其、他的。蠹，蛀蚀器物的害虫。

⑭蚤：通"早"。

⑮一薰一莸：薰，香草；莸，臭草。谓香草臭草相混。语出《左传僖公四年》："一薰一莸，十年尚犹有臭。"

⑯为稚为壮：稚，幼苗；壮，成年苗。

⑰枯菀：枯荣。菀，草木茂盛状。

⑱南阳之梓漆：《后汉书·樊宏传》："樊宏字靡卿，南阳湖阳人也。……其所起庐舍，皆有重堂高阁，陂渠灌注。又池鱼牧畜，有求必给。尝欲作器物，先种梓漆，时人嗤之。然积以岁月，皆得其用，向之笑者咸求假焉。"梓漆，即梓树和漆树，均为优质木材。

⑲平泉之花木：平泉庄，唐相李德裕之别墅山庄。唐康骈《剧谈录·李相国宅》："平泉庄去洛城三十里。卉木台榭，若造仙府。"

⑳洵：实在。

【赏读】

　　查慎行才气勃发，年纪轻轻就已成名，仕途却不甚顺利。两度因事件牵连而去官，返回老家。这就是他晚年回到老家海宁，种花弄草，襟怀大畅，因之而写下的文章。

　　只是个小院子，长二十四尺，宽六尺，但也不想被杂草占据，决定开荒种点什么。能遮阴的松、桂、杉、梧不能种——吾年老，弗能待；能结果子的梅、杏、橘、橙也不能种——吾地狭，弗能容。只好种点寻常花草。种寻常花草，除了客观上的不得已，还是主人主观上的选择：除杂草之秽芜，而扬花草之芬馨，正是幽人逸士所宜。主人终于从险恶仕途、官场牢围中解脱，与山僧野老同游，自治园圃，与群卉为伴，恬然的笔触间，自然流露了芳洁的理想。

第二段将全文推向高潮，作者将种花的辛苦与乐趣描述得生动淋漓，铺陈摇曳，极富文言的韵律之美。虽用典多，而含蓄贴切，文辞丰赡，而句句落在实处。字里行间，有劳作的自豪，以及与自然相亲的勃勃生气。

最后结束以平淡悠远之辞。以人皆知嘉树荫身、甘果可口之利，而不知小草悦魂、繁卉饫目之乐，强调了精神追求对于作者的重要性。又以历史上的名园作对比，不管是极具经济效益的南阳樊氏园，还是极尽人间富贵的洛阳李氏园，都不羡慕，亦非作者心中真正所向往。

书后又一纸 郑　燮①

　　所云不得笼中养鸟,而予又未尝不爱鸟,但养之有道耳。欲养鸟莫如多种树,使绕屋数百株,扶疏茂密,为鸟国鸟家。将旦时,睡梦初醒,尚辗转在被,听一片啁啾,如《云门》《咸池》②之奏;及披衣而起,颒③面、漱口、啜茗,见其扬翚④振彩,倏往倏来,目不暇给,固非一笼一羽之乐而已。大率平生乐处,欲以天地为囿,江汉为池,各适其天,斯为大快。比之盆鱼笼鸟,其钜细仁忍何如也!

《郑板桥全集》

【注释】

①郑燮(1693~1765):字克柔,号板桥、板桥道人,江苏兴化人,祖籍苏州,清朝著名画家、书法家、诗人。一生主要客居扬州,为"扬州八怪"之一。康熙秀才、雍正举人、乾隆元年进士。中进士后曾历官河南范县、山东潍县知县,有惠政。著作有《板桥诗钞》《板桥词钞》《板桥家书》《板桥题画》《板桥先生印册》等自刻本行世。

②《云门》《咸池》:俱为古乐名。《云门》为周朝六乐舞之一,相传为黄帝时所作。《咸池》相传为尧时之乐,又一说为黄帝之乐,尧增修沿用。

③颒（huì）：洗脸。

④翚（huī）：山雉的羽毛，这里泛指羽毛。

【赏读】

《书后又一纸》，是板桥家书中的一篇，写于《潍县署中与舍弟墨第二书》之后。在《潍县署中与舍弟墨第二书》中，郑板桥谈到了儿子的教育问题。此时他在山东潍县任县令，而独生儿子留在家乡："余五十二岁始得一子，岂有不爱之理！然爱之必以其道，虽嬉戏顽耍，务令忠厚悱恻，毋为刻急也。平生最不喜笼中养鸟，我图娱悦，彼在囚牢，何情何理，而必屈物之性以适吾性乎！"后面又讲道："我不在家，儿子便是你管束。要须长其忠厚之情，驱其残忍之性。"为培养儿子的仁慈之心，劝家人不要为逗孩子乐而养笼鸟。本文作为上封信的补充，又进一步阐述了并非不爱鸟，实为爱之有道的主张。

世人养鸟，观其毛色，听其音声，让这些小生灵为家居生活增添色彩与生气。但鸟儿失去天空，沦落为人的笼中玩物，又何其不幸。郑板桥说，真的爱鸟儿，不如多种树，房前屋后种下几百棵树木，林荫葱郁，自会吸引鸟儿们飞来。每日黎明，睡梦初醒，卧在被窝里，便能听见鸟儿的婉转和鸣，一抬眼，就能看到屋外鸟儿彩羽缤纷，飞翔来往，不比欣赏一两只笼中鸟乐趣大多了吗？由鸟及人，对世间生灵，顺其天性，各有所适，这才是生命享受的至乐。这就是"仁心"的意义：心中存仁，才能够懂得给万物生灵以自由，才能欣赏到生命真正的美丽。

"十六通家书，绝不谈天说地，而日用家常，颇有言近旨远之处。"（《板桥自叙》）五十八岁时，郑板桥对自己的家书作了如此评价。板桥家书非寻常书信，小处见大，平实中富哲理，是郑板桥人生智慧的总结。

卷三 几案清华

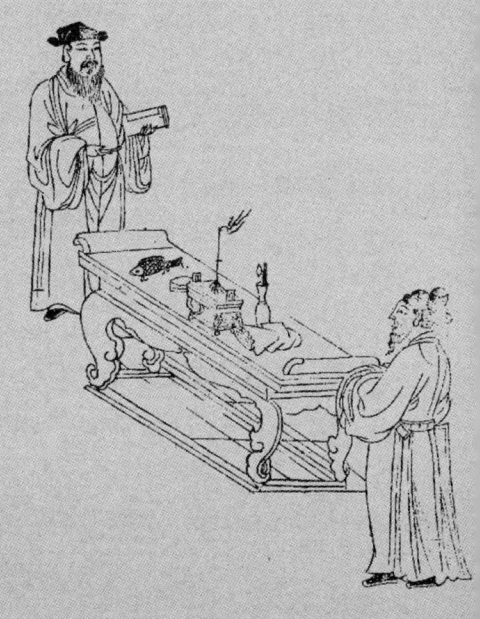

太湖石记 白居易①

　　古之达人，皆有所嗜。玄晏先生②嗜书，嵇中散③嗜琴，靖节先生④嗜酒，今丞相奇章公⑤嗜石。石无文无声，无臭无味，与三物不同，而公嗜之何也？众皆怪之，走⑥独知之。昔故友李生名约有云："苟适吾志，其用则多。"诚哉是言，适意而已。公之所嗜，可知之矣。

　　公以司徒保厘河洛，治家无珍产，奉身无长物，惟东城置一第，南郭营一墅，精葺宫宇，慎择宾客，性不苟合，居常寡徒，游息之时，与石为伍。石有族，聚太湖为甲，罗浮、天竺之徒次焉。今公之所嗜者甲也。先是，公之僚吏，多镇守江湖，知公之心，惟石是好，乃钩深致远，献瑰纳奇，四五年间，累累而至。公于此物，独不廉让，东第南墅，列而置之，富哉石乎！

　　厥状⑦非一：有盘拗秀出，如灵丘鲜云⑧者；有端俨挺立，如真官⑨神人者；有缜润削成如珪瓒⑩者，有廉棱锐刿⑪如剑戟者。又有如虬如凤，若跧⑫若动，将翔将踊，如鬼如兽，若行若骤，将攫将斗者。风烈雨晦之夕，洞穴开颏⑬，若欲云歙雷⑭，嶷嶷然有可望而畏之者。烟霁景丽之旦，岩嶅霮䨴⑮，若拂岚扑黛，霭霭然有可狎而玩之者。昏旦之交，名状不可。撮要而言，则三山五岳、百洞千壑，覙缕簇缩⑯，尽在其中。百仞一拳，千里一瞬，坐而得之。此其所以为公适意之用也。

常与公迫视熟察，相顾而言，岂造物者有意于其间乎？将胚浑⑰凝结，偶然成功乎？然而自一成不变以来，不知几千万年，或委海隅，或沦湖底，高者仅数仞，重者殆千钧，一旦不鞭而来，无胫而至，争奇骋怪，为公眼中之物，公又待之如宾友，视之如贤哲，重之如宝玉，爱之如儿孙，不知精意有所召耶？将尤物有所归耶？孰不为而来耶？必有以也。

石有大小，其数四等，以甲、乙、丙、丁品之，每品有上、中、下，各刻于石阴。曰"牛氏石甲之上""丙之中""乙之下"。噫！是石也，千百载后，散在天壤之内，转徙隐见，谁复知之？欲使将来与我同好者，睹斯石，览斯文，知公嗜石之自。会昌三年五月丁丑记。

《白居易集》

【注释】

①白居易（772~846）：字乐天，晚号香山居士、醉吟先生，唐代下邽（今陕西省渭南市）人，著名诗人。在文学上积极倡导新乐府运动，主张"文章合为时而著，歌诗合为事而作"。《与元九书》是他诗论的纲领，是我国文学批评史上的重要文献。早期多作讽喻诗，如《秦中吟》和《新乐府》，长篇叙事诗《长恨歌》《琵琶行》也很有名。著有《白氏长庆集》。

②玄晏先生：即西晋学者、医学家皇甫谧，字士安，幼名静，自号玄晏先生。博览儒家经典百家，人称"书淫"。

③嵇中散：即嵇康，字叔夜，官曹魏中散大夫，故世称嵇中散。

④靖节先生：即陶渊明，谥靖节先生。

⑤丞相奇章公：即牛僧孺，字思黯，陇西人。唐朝著名大臣，牛李党争的牛派领袖。曾任宰相职，封奇章郡公。故此处称其为奇章公。

⑥走："我"的谦称。

⑦厥状：这些石头的形状。

⑧灵丘鲜云：灵丘，神仙所居之山；鲜云，即轻云。此句将石头的形状比喻为"仙山上的云彩"。

⑨真官：仙人而有官职者，亦指道士。

⑩珪瓒：以玉为柄的酒器。

⑪廉棱锐刿：廉棱，又作"廉棱"，意为棱角；锐，尖锐；刿，割裂。此句形容石头尖锐锋利之状。

⑫跧：古同"蜷"。蜷缩卷曲之意。

⑬颏：下巴。

⑭欱云欹雷：欱，吞吸；欹，喷吐。吞吸云彩，喷吐雷电。

⑮岩崿霮䨴：岩崿，岩石山崖；霮䨴，云或露水密集的样子。

⑯婉缕簇缩：弯弯曲曲、丛聚集缩的样子。

⑰胚浑：混沌，指宇宙形成以前的景象。

【赏读】

《太湖石记》作于唐会昌三年（843），是结构精巧、文辞优美的散文名作，亦是中国赏石文化史上的一篇重要文献，尤其为太湖石的收藏、赏鉴提供了艺术与理论依据。晚年退隐于洛阳的香山居士白居易，以一位诗人、学者、艺术家的想象力与审美情调，为"赏石"这个新兴的文人雅趣，注入了自己的感悟与理念，对后世影响重大。

爱石，玩石，赏石，虽是心头好，却并不提自己，而是先说好友牛僧孺的"石癖"；牛僧孺的"石癖"，又先从几位"古之达人"

的癖好说起：皇甫谧嗜书，嵇康恋琴，陶渊明好酒——"今之达人"玩石，能与书、琴、酒这些风雅之癖相提并论吗？几块"石头"，又如何让人魂牵梦萦呢？在欲擒故纵地提出种种疑问之后，作者说：正好，在下知道这个答案，不过是"适意而已"。

张季鹰见秋风起，思念吴中菰菜羹、鲈鱼脍，说："人生贵得适意尔！何能羁宦数千里以要名爵？"遂弃官而回。只"适意"二字，于人生最是珍贵而难得，多少人为名利所迷，环境所限，迷失了本性。

牛僧孺在洛阳当官，持身清廉，家无长物，偏偏在这个"石头"上把持不住，便有许多人投其所好，送来各种奇石，牛僧孺亦欣然接受。比如苏州刺史李道枢就曾送给他一方形神绝伦的上品太湖石，牛僧孺特邀白居易、刘禹锡等人前来开赏石大会，并以诗助兴。他还在洛阳城东和城南分别置有宅邸与别墅，放置收集的石中最上品——太湖石。作者在这里，不惜对友人的清廉程度抱以微词，正是反面插花的技法，烘托出友人"石癖"之深。

"厥状非一：有盘拗秀出，如灵丘鲜云者……"这段描写太湖石的文字，如诗如赋，磅礴瑰奇，兼具骈文之工美与散文之流丽。看作者是如何挥动妙笔的吧！他先从石之形，描述其变化万千，世间万物，不论是现实存在的剑戟、珪瓒、鸟兽，还是假想中的仙境、鬼域，都可以摹拟在人的眼前。次讲石之态，可以瞬间为观赏者营造或诡奇阴森，或安详恬美的气氛。最后，则是石之用，作者揭示出了这些石头的魅力所在：它是微观展现宏观，是缩风景于咫尺的艺术，可以任意转换时空，使三山五岳、百仞千壑，聚成一拳；使千里之外，瞬息可至，让观赏者心随意驰，物我两忘。

"待之如宾友，亲之如贤哲，重之如宝玉，爱之如儿孙。"对美石、奇石予以人格化的尊重，石也能感受到这种珍爱，而在冥冥之中与收藏者结下深缘。"石有大小，其数四等，以甲、乙、丙、丁品之,每品有上、中、下,各刻于石阴。"赏而不足,继之以鉴,系统化地对收藏的石头进行美学上的评分与归类。

结尾呼应开篇,营造出了一种深远苍茫的历史感。"嗜石"的今之达人,也将作古,而千载之后,这些石头,不知道会散落何处,转徙隐见间,还有什么人能知道它们的故事呢?"欲使将来与我同好者,睹斯石,览斯文,知公嗜石之自。"这就是作者《太湖石记》创作的意义。

怪石供　苏　轼

《禹贡》[①]："青州有铅、松、怪石。"解者曰："怪石，石似玉者。"今齐安江[②]上往往得美石，与玉无辨，多红、黄、白色，其文如人指上螺，精明可爱，虽巧者以意绘画有不能及，岂古所谓"怪石"者耶？

凡物之丑好，生于相形，吾未知其果安在也。使世间石皆若此，则今之凡石复为"怪"矣。海外有形语之国，口不能言，而相喻以形；其以形语也，捷于口；使吾为之，不已难乎？故夫天机[③]之动，忽焉而成，而人真以为巧也。虽然，自禹以来怪之矣。

齐安小儿浴于江，时有得之者。戏以饼饵易之；既久，得二百九十有八枚。大者兼寸，小者如枣、栗、菱、芡，其一如虎豹，首有口、鼻、眼处，以为群石之长。又得古铜盆一枚，以盛石，挹水注之粲然。而庐山归宗佛印禅师[④]适有使至，遂以为供[⑤]。禅师尝以道眼观一切，世间混沦[⑥]空洞，了无一物；虽夜光尺璧与瓦砾等，而况此石；虽然，愿受此供。灌以墨池水，强为一笑。使自今以往，山僧野人，欲供禅师，而力不能办衣服饮食卧具者，皆得以净水注石为供，盖自苏子瞻始。

时元丰五年五月，黄州东坡雪堂书。

《东坡文集》

【注释】

①《禹贡》:《尚书》中的一篇,全书分"九州""导山""导水""五服"四部分,为中国最早也是最重要的地理方物志作品。托名大禹所著,实为战国时代作品。

②齐安江:即湖北黄州齐安江。

③天机:犹灵性,谓天赋灵机。

④佛印禅师(1032~1098):俗姓林,名了元,字觉老,北宋饶州浮梁(今江西景德镇市)人。云门宗高僧。朝廷赐号"佛印禅师"。与苏轼、黄庭坚等著名文人友善。苏轼谪居黄州时,佛印任庐山归宗寺住持,时相往来。

⑤供:奉献,供养。

⑥混沦:即"混沌",浑然未分貌。

【赏读】

苏子瞻是个妙人,其文题材无论多正经,字间总有藏不住的诙谐与幽默,令人粲然。

别人用香花蜡烛、柴米衣食敬奉高僧,叫作"供僧",表示对佛的虔诚。他呢,仗着与这位高僧熟稔,竟然送了一堆石头去作礼物,嬉皮笑脸地声称,反正在禅师的眼里,什么夜明珠、尺璧啦,都跟瓦砾无异,更何况这个石头?以石头供僧,此事开天辟地,自我起头,以后穷人无力置办酒食衣服的,都可以照此办理。

齐安江里有种小石头,质地像玉,纹理像人指头上的螺纹,颜色以红、黄、白为多……听起来应是玛瑙质的卵石,类似于今天的雨花石。放在古铜盆中,注入清水玩赏,确实晶莹可爱。小孩子们在江里洗澡,捞到这些小石头,东坡在黄州闲着没事,看到了,就用零食跟他们换。陆续换了二百九十八枚。虽是小物,却也收集不易。"供僧"当然是开玩笑,但作为朋友间的礼物,却是别致风雅得很呢。东坡也因此被后代尊为"雨花石"收藏鉴赏的鼻祖。

然则,石何由称之为"怪"?借此,东坡提出了深含禅意的哲学思辨:我们眼中的美丑巧拙,其判断标准到底从何而来?他用了一个传说中的海外国度打比方,论证怪与非怪只是相对的与随机的。"天机之动,忽焉而成。"造化所赋予的浑然天成之貌,万物平等,人却往往以主观经验来评价它们。

此事还有后续。佛印收到石头并文章后,大为叹赏,就把《怪石供》一文刻于石上。东坡知道后,大笑:老和尚这是所为何来!我若送的是饼,难道饼上也要刻字吗?石头与饼,有什么不同吗?

石菖蒲赞① 苏　轼

《**本草**》②：菖蒲，味辛温无毒，开心，补五脏，通九窍，明耳目。久服轻身不忘，延年益心智，高志③不老。注云：生石磧④上概节⑤者，良。生下湿地大根者，乃是昌阳⑥，不可服。韩退之《进学解》云："訾⑦医师以昌阳引年，欲进其豨苓⑧。"不知退之即以昌阳为菖蒲耶？抑谓其似是而非不可以引年也？

凡草木之生石上者，必须微土以附其根，如石韦、石斛之类。虽不待土，然去其本处，辄槁死。惟石菖蒲并石取之，濯去泥土，渍以清水，置盆中，可数十年不枯。虽不甚茂，而节叶坚瘦，根须连络，苍然于几案间，久而益可喜也。其轻身延年之功，既非昌阳之所能及。至于忍寒苦，安澹泊，与清泉白石为伍，不待泥土而生者，亦岂昌阳之所能仿佛哉？

余游慈湖山中，得数本，以石盆养之，置舟中。间以文石、石英，璀璨芬郁，意甚爱焉。顾恐陆行不能致也，乃以遗九江道士胡洞微，使善视之。余复过此，将问其安否。

赞曰：清且泚⑨，惟石与水。托于一器，养非其地。瘠而不死，夫孰知其理。不如此，何以辅五藏⑩而坚发齿。

《东坡文集》

【注释】

①赞：一种文体，用于颂扬人或物。

②《本草》：《神农本草经》的省称，古代著名药书。南朝梁时，全书已共收药三百六十五种，名医陶弘景又增三百六十五种，为《名医别录》。唐代苏恭、长孙无忌等修订《本草》，又增药一百一十四种，为《唐本草》。至宋代又经过两次修订与增药。明代，李时珍荟萃众说，考订谬误，删繁补阙，著《本草纲目》五十二卷，收载药物一千八百九十二种，药方一万一千余，为《本草》总结性的巨著。

③高志：高尚、清高的志向。

④石碛：多石的沙滩。

⑤概节：概，稠密。节，植物茎节。

⑥昌阳：菖蒲别名。昌，通"菖"。南朝梁陶弘景《名医别录》（即本文所称《本草》）中，认为昌阳、昌蒲是二物。

⑦訾（zī）：希求。

⑧豨苓：草药名，即猪苓。

⑨泚：清澈，鲜明。

⑩五藏：即五脏。指心、肝、脾、肺、肾。中医谓"五脏"有藏精气而不泻的功能，故名。

【赏读】

从唐宋开始，石菖蒲这种植物，就走出溪头涧畔，成为文人案头清供。

苏轼喜爱石菖蒲，原因有三：一、它是《本草》中一味有利养生的药材；二、方便移栽，姿态秀雅，几边案头，为日常带来野逸之趣；三、"忍寒苦，安澹泊"，具有安贫乐道的君子气质。三种好处,层层推进,并引与菖蒲近似的植物"昌阳"作对比,为文章增添了博物与考证的乐趣。

石菖蒲,有芳香,瘦根密节,细叶丛生如剑脊,又如野人散发,形态很是潇洒。脱离野生后,不会像石韦、石斛等植物那样枯死,但因水分养料不够充足,植株会变小,茎叶变细,观赏效果更胜野生,正如东坡文中所言:"虽不甚茂,而节叶坚瘦,根须连络,苍然于几案间,久而益可喜也。"

这东西很好养活,洗去泥土,装在清水的盆中,即可数十年不枯,清寒坚贞之态,果然适合读书人。再配以亲手捡来的白石子,离离于水中,衬着蒲叶,更显"璀璨芬郁"。东坡因奔波不便,便将珍爱的几盆石菖蒲,特地交付友人代养,以后回来打此路过,还要探视,恋恋之情可感。

苏轼对石菖蒲的喜爱及栽培,是持续一生的。

"自我来关辅,南山得再游。山中亦何有,草木媚深幽。菖蒲人不识,生此乱石沟。山高霜雪苦,苗叶不得抽。下有千岁根,蠢缩如蟠虬。长为鬼神守,德薄安敢偷。"这首诗作于苏轼二十九岁那年,他在山中见到了野生石菖蒲,赞之为千岁灵物,嘴上说得好听,"德薄安敢偷",其实,就是想下手挖回家的意思。

到登州当官时,他已近知天命之年了。一日游玩到海边蓬莱阁下,发现有许多被海浪冲击,圆熟可爱的弹丸状石子,便发兴捡了数百枚。很快接诏书进京,遂长途跋涉,把这些石子,带回四川眉州老家,养石菖蒲。

"烂斑碎玉养菖蒲,一勺清泉满石盂。净几明窗书小楷,便同《尔雅》注虫鱼。"这是石菖蒲作为文人书房良伴的明证。

"碧玉碗盛红玛瑙,井花水养石菖蒲。也知法供无穷尽,试问禅师得饱无。"这首诗是赠常州报恩寺长老的,用石头"供僧"不算,越老越调皮,连水草都拿来请和尚"吃"了!

很少能见到石菖蒲开花的,传说人见菖蒲花当贵。《梁书》载:太祖皇后张氏"尝于室内忽见庭前菖蒲生花,光彩照灼,非世所有,后惊异之,谓侍者曰:'汝见否?'皆云未见。后曰'尝闻见菖蒲花当贵',因取食之,生高祖"。

东坡长年养菖蒲,没这好运气见它开花。倒是他的弟弟苏辙,家中的菖蒲一下子开了九朵花,大喜过望,立刻向苏轼汇报,兄弟俩又是作诗,又是酬和,为这其实并不算好看的菖蒲花,高兴了好久。

诗　筒　林　洪[1]

　　白乐天与元微之[2]常以竹筒贮诗，往来赓唱[3]。和靖翁[4]故有"带斑犹恐俗，和节不防山"之句。每谓既有诗筒，可无吟笺以助清洒[5]？一日，许判司执中远以葵笺分惠，绿色而泽，入墨，觉有精采，询其法，乃得之北司刘廉靖尊：采带露葵叶研清汁，用布擦竹纸上，候少干，用温火熨之。许尝有诗云："不取倾阳色，那知恋主心。"此法不独便于山家，且知二公俱有葵藿向阳之意[6]，岂不愈于题芭蕉、书柿叶者乎！

《山家清事》

【注释】

　　①林洪（生卒年不详）：字龙落，号可山人。泉州（今福建泉州）人，另一说钱塘（今浙江杭州）人。布衣游历江淮间二十余年。自称林逋七世孙。著作中《山家清供》二卷和《山家清事》一卷，分别论述烹饪文化与山林清玩，比较有名。

　　②元微之（779~831）：即元稹，字微之，唐洛阳（今河南洛阳）人，为北魏宗室鲜卑族拓跋部后裔，早年和白居易共同提倡"新乐府"。世人常把他和白居易并称"元白"。

　　③赓唱：谓以诗歌相唱和赠答。

　　④和靖翁：即林逋（967~1028），字君复。钱塘（今浙江杭

州）人。出身儒学世家，早年游历江淮等地，后隐居西湖孤山，终身不仕，未娶妻，与梅花、仙鹤作伴，称为"梅妻鹤子"。仁宗赐谥"和靖先生"。留有《林和靖诗集》。

⑤清洒：清逸洒脱。

⑥葵藿向阳之意：葵性向日，古人多用以比喻下对上赤心趋向。《三国志·魏志·陈思王植传》："若葵藿之倾叶，太阳虽不为之回光，然向之者诚也。窃自比于葵藿，若降天地之施，垂三光之明者，实在陛下。"

【赏读】

白居易《秋寄微之十二韵》："忙多对酒樽，兴少阅诗筒。"自注："此在杭州，两浙唱和诗赠答，于筒中递来往。"诗筒一物，诗人兴致来时将断章只句记在纸上，投入筒内，以防遗忘，有用象牙或沉香木或绫绢制作的，材质不一。《红楼梦》中，贾府过元宵节，公子小姐们竞猜元春娘娘制的灯谜儿，得的赏赐，每人便有一个"宫制诗筒"。皇家定制，应是极尽精美华贵。本文中的诗筒，却是竹子削的，迥异于富贵气象，朴实自然，极是不俗。所以连著名隐士林和靖，也认同这个创意。

诗筒所搭配之物，当然是吟笺。传世有浣花笺，晚唐女诗人薛涛以浣花溪水造深红彩笺，题诗以寄赠友人。"浣花笺纸桃花色"，风流绮艳，当然与作者"清洒"的要求是不相符合的。

要论清逸洒脱，还是用葵叶汁染就的碧绿诗笺。且葵叶向阳，一片赤诚，能寄托士人们忠君爱国之志，正所谓物微而意远，雅人有深致。

林洪曾布衣游历江湖达二十余年，因自称为林和靖后人，被士林嘲笑——当时人们都认为梅妻鹤子的林和靖是没有子嗣的。直到清代嘉庆年间，林则徐在杭州主持重修古迹，发现了一块记载着林和靖确有后裔的碑记，才算给林洪勉强平了反。

不得志的林洪，只好以祖宗为榜样，过起了隐士生活。他写了《山家清供》与《山家清事》二书，极力鼓吹"自甘藜藿，不羡轻肥"，赞美"山林之士，被褐怀玉"，用布衣文人的山野"清趣"，对抗世俗的富贵浊气。

但和林和靖不同，林洪的身远江湖，山林之趣，是不回避不拒绝庙堂的，他始终怀着"达则兼济天下"的儒生梦想。强调"葵藿向阳"，所以葵叶笺更胜"题芭蕉、书柿叶"者，价值判断中，作者心性历历可见。

日记二则 李日华①

十五日,过戴升之斋中,阅所谓倪云林②《竹窗图》者,非真。赵荣禄③书四段,良是。旬日④晴煦,小盆水仙、梅花盛开,香气郁勃,终日在氤氲⑤中,有招者,俱不赴,不欲虚此清供也。

十三日,余初度辰⑥也。亨儿⑦书室中有小盆菖蒲,忽见花五六穗,如水蓼⑧之状,而苍碧色,其花蒙茸⑨然。余尝咏唐人诗,云"菖蒲花发五云高",而未尝见花。应劭《风俗通》⑩以为菖蒲花难得见,人得食之,长年。而适与予诞辰会,亦奇矣,余敢不勉自保啬,以副此嘉征⑪?因令儿子作《菖蒲花赋》。暮小雨。

《味水轩日记》

【注释】

①李日华(1565~1635):字君实,号竹懒,又号九疑,斋名甚多,著名者有恬致堂、六砚斋、紫桃轩、味水轩等。嘉兴(今浙江嘉兴市)人。为晚明书画家、鉴赏家。万历二十年(1592)进士,官至太仆少卿。中年后归隐乡里,擅绘画,精于鉴藏,世称"博雅君子"。著述丰富,著有《恬致堂集》《槜李丛谈》《书画想

象录》《紫桃轩杂缀》《味水轩日记》《六砚斋笔记》《梅墟先生别录》《恬致堂诗话》等。

②倪云林：即元代画家倪瓒。

③赵荣禄：即元代画家赵孟𫖯（1254～1322），字子昂，号松雪道人，又号水精宫道人。吴兴（今浙江湖州）人。宋室后代，元朝官僚，累官至翰林学士承旨、荣禄大夫，死封魏国公，谥文敏。其人博学多才，能诗善文，懂经济，工书法，精绘艺，擅金石，通律吕，解鉴赏。以绘画与书法成就最高。绘画开元代新画风，被称为"元人冠冕"。书法以楷、行书著称于世，亦善篆、隶、真、草书。诗作有《松雪斋集》。

④旬日：十日。亦指较短的时日。

⑤氤麝：氤，《康熙字典》解为，"气也"。常与"氲"字连用，形容气体和光色混合动荡的样子。麝，香。

⑥初度辰：刚出生之时。《离骚》："皇览揆余初度兮，肇锡余以嘉名。"后代称生日。

⑦亨儿：李肇亨，李日华之子。

⑧水蓼：一年生草本植物，生浅水中。全草入药，味辛辣。也称"辣蓼"。其花穗状，纤弱下垂，色白或红，为古诗词与传统绘画中常表现之植物。

⑨蒙茸：蓬松、细密之状。

⑩《风俗通》：即《风俗通义》，东汉应劭撰。原书三十卷，今仅存十篇，析为十卷。此书是研究两汉社会生活史的重要文献，以考证历代名物制度、风俗、传闻为主，对两汉民间的风俗迷信、奇闻怪谈多有驳正。

⑪嘉征：好的征兆。

【赏读】

明代文坛流行日记体散文，至晚明风气尤盛。李日华的《味水轩日记》是个中佼佼者。文辞隽雅，笔触秀逸，情致深婉动人，尤其于艺术审美、生活情趣别有会心，信笔写来，自有一种超拔脱俗的气韵。

日记写"十五日"，为万历三十七年之正月十五，去朋友处看书画，一幅倪云林的《竹窗图》为赝品，另一幅赵孟頫的书法却是真的。连续十日晴朗，南方湿冷冬季里难得的好天气，气温回升，催开了小盆的水仙与梅花。温暖的阳光洒进了书斋，水仙风姿绰约，如洛水仙子，梅花疏影横斜，形态上各具美感之外，又各有一种奇香，这香气如有灵魂，从幽幽一缕，到芳冽袭人，再到沛然不可抵御，盈满一室，陷于这室中的人，该是如何沉醉？花开到好处，便如美人妆就，是让人不忍心辜负的。所以，赏花，与花相伴，缠绵于香氛，不仅是事，且是很严肃的正事。与此事相比，一般人情应酬往来，不仅无聊，且实在无趣。

"十三日"，即是年三月十三日，儿子书房中的小盆菖蒲竟然开花了。据说菖蒲很难开花，故古人以其花开为祥瑞，甚至认为食之可以长寿。李日华此时周岁四十四，已是白发渐生之年。这也是他《味水轩日记》开记的第一年。能亲眼见到菖蒲花开，又恰逢自己的生日，自不能不视其为一个好兆头了。然而，中年人的欢喜，是一种暗自庆幸，是审慎而带着些谦卑的——在命运面前的谦卑，所以说道："余敢不勉自保啬，以副此嘉征？"征兆再美好，也只如难得一现的花朵，需要的是人长年不懈的善加呵护。推而及人，那便是善自保重了。寥寥数语里，就此隐然有了"岁月忽已晚"的淡淡悲凉，又有了"努力加餐饭"的积极与自勉。"因令儿子作《菖蒲花赋》。暮小雨。"有佳儿，有书香可传承，是一层欣然。而天色渐晚，暮色中下起了无边的细雨，却又是一层惆怅。

《明史·文苑传》称李日华为："恬澹和易，与物无忤。"这"恬澹"的气质，"和易"的胸襟，在《味水轩日记》中处处可以体察到。日记写了八年，所记俱为辞官回乡后的隐居生涯：读书、作画、鉴藏、交游、品茗、花卉、时事、邸报、灾情、民俗、养生、医术……大抵为一个闲适知识分子的日常活动及兴趣所在。其子李肇亨在《味水轩日记题识》中说道："……所绝不涉入者，月旦雌黄，升除宠辱，种种俗虑。亦可仰见先大夫笃嗜之旷怀，卓品之一二。""江左三大家"之一的钱谦益，曾评价李日华作品："文章者，天地英淑之气，与人之灵心结习而成者也。与山水近，与市朝远；与异石古木、哀吟清唳近，与尘壒远；与钟鼎彝器、法书名画近，与时俗玩好远。故风流儒雅、博物好古之人，文章往往殊邈于世，其结习使然也。"

蔬　果　文震亨

　　田文①坐客，上客食肉，中客食鱼，下客食菜，此便开千古势利之祖。吾曹谈芝讨桂②，既不能饵菊术③、啖花草，乃层酒累肉，以供口食，真可谓秽吾素业④。古人蘋蘩可荐⑤，蔬笋可羞⑥，顾山肴野簌⑦，须多预蓄，以供长日清谈，闲宵小饮。又如酒鎗皿合⑧，皆须古雅精洁，不可毫涉市贩屠沽气。又当多藏名酒，及山珍海错，如鹿脯、荔枝之属，庶令可口悦目，不特动指⑨流涎而已。

《长物志》

【注释】

　　①田文：即战国时期齐国公子孟尝君。见《雍门周以琴见孟尝君》注。

　　②谈芝讨桂：《南史·褚伯玉传》："褚先生从白云游，旧矣……近故邀其来此，冀慰日夜，比谈讨芝、桂，借访荔萝。"芝，指灵芝；桂，指肉桂。借指隐士高人的生活。

　　③饵菊术：以菊、术为食。菊，菊花；术，白术或苍术。俱为古修道之士食用的植物，在传说中长期服用可延年益寿，甚至使人得道成仙。

　　④素业：指读书人清素简朴的生活。

⑤蘋蘩可荐：蘋、蘩，两种可供食用的植物，古代用于祭祀。《左传·隐公三年》："蘋蘩蕴藻之菜……可荐于鬼神，可羞于王公。"

⑥蔬笋可羞：蔬，蔬菜；笋，竹笋；羞，进献。

⑦野蔌：野菜。

⑧酒鎗（chēng）皿合：鎗，酒器；皿合，饮食之器。合，通"盒"。

⑨动指：《左传·宣公四年》："楚人献鼋于郑灵公，公子宋与子家将见，子公之食指动，以示子家，曰：'他日我如此，必尝异味。'"原指有美味可吃的预兆，后形容见美食而馋。

【赏读】

饱食肥甘，浊气自升，正是脑满肠肥之谓也。古人说："肉食者鄙。"然肉食者，地位高贵者之谓也。酒池肉林，总是帝王将相的享受，普通百姓，日常餐桌上只能以菜蔬为主，所以孟尝君门下食客三千，给上客吃肉，中客吃鱼，下客吃青菜，伙食招待分等级，被称为"势利眼"的鼻祖。

然而吃素亦是修行，果蔬有天然的清鲜滋味，是食必肥饫甘鲜的人不能领略的。高人隐士，服食山中灵药瑶草，可以得道长生。古时候，蘋、蘩可供祭祀，蔬、笋可进献于王公。作者在指出素食之可贵后，对盛放的器具也提出了"古雅精洁"的视觉审美要求，如此，便不仅是可一洗口腹之俗腻的美食，更是精心设计的艺术品，悦目、素心、养性，助长日清谈、闲宵小饮之兴致。

正如东坡居士所云："人间有味是清欢。"

"动指流涎"，更要"可口悦目"，前者是食欲本能，后者却是味觉与视觉上的双重审美。作者以鹿脯和荔枝为例。荔枝在运输不便利的时代，属难得的珍奇果品。白居易《荔枝图序》中写道："壳如红缯,膜如紫绡,瓤肉莹白如冰雪,浆液甘酸如醴酪。"是水果中的南国佳人。鹿脯是鹿肉干,虽属肉类,却与传说中麟肝凤髓齐名,色泽亦红艳可爱,算荤食中的清新一派。这二味,却只拿来与各色平常蔬果搭配。如此素餐,若邀那"开千古势利之祖"的孟尝君前来,大概也只能连呼惭愧、惭愧了!

盆 玩 屠 隆

　　盆景，以几案可置者为佳，其次则列之庭榭中物也。最古雅者，如天目之松①，高可盈尺，本②大如臂，针毛短簇，结为马远③之"欹斜诘曲④"、郭熙⑤之"露顶攫拏⑥"、刘松年⑦之"偃亚⑧层叠"、盛子昭⑨之"拖拽轩翥⑩"等状，栽以佳器，槎枒⑪可观。更有一枝两三梗者，或栽三五窠，结为山林，排匜高下参差，更以透漏、窈窕、奇古石笋，安插得体，置诸中庭。对独本者，若坐岗陵之巅，与孤松盘桓；对双本者，似入松林深处，令人六月忘暑。

　　又如闽中石梅，乃天生奇质，从石本发枝，且自露其根，樛曲⑫古拙，偃仰有态，含花吐叶，历世不败，苍藓鳞皴，封满花身。苔须垂或长数寸，风飏绿丝，飘飘可玩，烟横月瘦，恍然梦醒罗浮⑬。

　　又如水竹，亦产闽中，高五六寸许，极则盈尺，细叶老干，萧疏可人。盆植数竿，便生渭川⑭之想。此三友者，盆几之高品也。

　　次则枸杞，当求老本虬曲，其大如拳，根若龙蛇。至于蟠结，柯干苍老，束缚尽解，不露做手⑮，多有态若天生，然雪中枝叶青郁，红子扶疏⑯，点点若缀，时有"雪压珊瑚"之号，亦多山林风致。杭之虎茨⑰，有百年外者，止高二三尺，本状笛管，叶叠数十层。每盆以二十株为林，白花红子，其性甚坚。严冬厚雪，玩之令人忘餐。更须古雅之盆，奇峭之石为佐，方惬心赏。

至若蒲草一具，夜则可收灯烟，朝取垂露润眼，诚仙灵瑞品，斋中所不可废者。须用奇古昆石⑱，白定方窑⑲，水底下置五色小石子数十，红白交错，青碧相间，时汲清泉养之，日则见天，夜则见露，不特充玩，亦可辟邪。

他如春之芳兰，夏之夜合、黄香萱，秋之黄密矮菊，冬之短叶水仙、美人蕉，佑以灵芝，盛诸古盆，傍立小巧奇石一块，架以朱几，清标雅质，疏朗不繁，玉立亭亭，俨若隐人君子，清素逼人。相对啜天池茗，吟本色诗，大快人间障眼。

《考槃余事》

【注释】

①天目之松：即天目松，产于浙江天目山，为传统制作盆景的上乘树材。

②本：指草的茎、树的干。

③马远（1160～1225）：字遥父，号钦山，原籍河中（今山西永济附近），侨寓钱塘（今浙江杭州）。南宋最重要的画家之一。其家族世代为画院待诏。擅画山水，喜画边角之景，人称"马一角"。与夏圭并称"马夏"，与李唐、刘松年、夏圭合称为"南宋四家"。

④欹斜诘曲：欹斜，歪斜不正；诘曲，曲折。

⑤郭熙（1023～1085）：字淳夫，河阳温县（今河南孟州）人，故世称郭河阳。北宋著名画家、绘画理论家。活动年代约在北宋神

宗年间，曾入画院，任翰林待诏直长。擅山水画，为中国画史上重要的山水画家，与李成并称"李郭"，共创"李郭风格"，与董源、巨然的"董巨风格"并列为山水画的两种主要风格。有画论《林泉高致》传于后世。

⑥攫（jué）拏（ná）：张牙舞爪作捕捉、猎取状。

⑦刘松年：生卒年不详，钱塘（今浙江杭州）人，南宋画家，为画院待诏，工山水、人物、器物。因家住清波门，人称"刘清波"。与李唐、马远、夏圭合称为"南宋四家"。

⑧偃亚：覆压下垂貌。

⑨盛子昭：元代画家，名懋，字子昭，临安（今浙江杭州）人。住嘉兴魏塘镇。生卒年不详，与中国画"元四家"之一的吴镇（1280～1354）比邻而居，应为同时代人。善画山水、人物、花鸟。

⑩轩翥：飞举状。

⑪槎枒：树木枝杈歧出貌。

⑫樛（jiū）曲：弯曲，曲折。

⑬罗浮：山名，在广东省。风景优美，为粤中游览胜地。晋代葛洪曾在此山修道，道教称其为"第七洞天"。相传隋朝赵师雄在此梦遇梅花仙女，故后多以此为咏梅典实。

⑭渭川：即渭水，黄河的第一大支流。亦泛指渭水流域。渭水中、下游在陕西境内，汉、唐以来为关中漕运要道，并流经长安北，为诗文常歌咏之地。史上渭水多竹林，《史记·货殖列传》记："渭川千亩竹……此其人皆与千户侯等。"唐孟浩然《登总持寺浮图》诗："竹绕渭川遍，山连上苑斜。"

⑮做手：能手，巧手。此处指人工的痕迹。

⑯扶苏：即扶疏，植物繁茂纷披貌。古时"疏"与"苏"声义通用。

⑰虎茨：即虎刺。一种常绿灌木，供观赏，亦可入药。

⑱昆石：中国传统盆景名石，产于江苏省苏州市昆山城北玉峰山，其色洁白，玲珑剔透。

⑲白定方窑：定窑的白瓷方盆。宋代五大名窑之一、产于定州（窑址在今河北曲阳县）的"定窑"，盛产白瓷，呼为"白定"。

【赏读】

盆玩，即盆景。关于这门历史久远、富于中国文化特质的陈设造型艺术，现代辞典上的解释是这样的：用植物或水、石等，经艺术加工，种植或布置于盆中，使之成为自然景物缩影的一种陈设品。

明代的高级玩家屠隆，对此想必不会表示赞同。从屠隆这篇关于盆玩充满文学性与技术实用性的总结中，我们可以发现，它并非真实风景的原样照搬，而是从文人士大夫的审美情趣出发，对原型进行艺术再加工之后的结果。尤其注重表现中国传统山水画的意境。

天目松以其姿态与易塑性，是盆景造型的优秀树材。经过培育加工，它们展现出了山水画名家们笔下松树的特点。如马远所绘之松，树干多用焦墨，用笔简要，多横斜曲折之态；而郭熙之松，往往树顶多枯枝，枝干造型矫健，有张牙舞爪怒气迸发之势；刘松年之松，叶密枝浓，层层叠叠，妍丽典雅；盛子昭之松则秀逸出众，凌云飞动……

至于梅花、水竹，亦要在经营之后，能令人"梦醒罗浮"，或"起渭川之想"。罗浮与渭川，在传统文化语境中，并非仅为盛产梅或竹的景点名称，其承载的是传说、典故，及千百年来文人的某种心灵寄托。所以，一架好盆景最终让人在方寸间流连忘倦的，也不仅是它的外形之美，更是它所传达出的理想境界。这需要创作者与观赏者，都具备深厚的传统文化素养。

枸杞盆景，必须完成之后，没有人工痕迹，宛如天然，观之有"山林风致"——隐逸之梦的达成。其他种种可供盆玩的植物，随季节安排，总体的要求是一致的："俨若隐人君子，清素逼人。相对啜天池茗，吟本色诗，大快人间障眼。"赋予盆景以理想人格的象征，使之成为书斋中无声的良朋益友。

必须搭配"古雅之盆""奇峭之石"，才能使盆玩之清趣完美体现。如菖蒲，应配以奇古昆石与白定方窑，水下放置五色小石子。这是很传统的搭配方法，北宋时苏轼已经用石子供养菖蒲，南宋时陆游亦曾写诗吟道："雁山菖蒲昆山石，陈叟持来慰幽寂。寸根蹙密九节瘦，一拳突兀千金值。"我们可以想象一下，玲珑洁白的昆山石，与疏野潇洒的菖蒲，清澈的山泉水，涵养着五色石子，色泽的搭配悦目而清新。而定窑的白瓷方盆，洁净光润，骨秀胎薄，果然名不虚传，更加衬托出整体的高雅不凡。

在《考槃余事》这部关于文人士大夫器物服饰的著作中，作者习惯运用独断的口吻、挑剔的目光，对器物的材质、色彩、产地、形制、大小，以及搭配方案等，提出严格要求。一切都是为整个阶层的审美情趣与理想人格而服务。这个阶层，拥有足够的物质财富，同时拥有整个社会中最多的文化资源，故能于闲暇中得清赏，创造出一个时代最精致、风雅的艺术。

瓶花引① 袁宏道②

夫幽人韵士，屏绝声色，其嗜好不得不钟于山水花竹。夫山水花竹者，名之所不抂③，奔竞之所不至也。天下之人，栖止于嚣崖利薮④，目眯尘沙，心疲计算，欲有之而有所不暇，故幽人韵士，得以乘间而踞为一日之有。夫幽人韵士者，处于不争之地，而以一切让天下之人者也；惟夫山水花竹，欲以让人，而人未必乐受，故居之也安，而踞之也无祸。嗟夫，此隐者之事，决裂丈夫之所为，余生平企羡而不可必得者也。幸而身居隐见⑤之间，世间可趋可争者既不到，余遂欲欹笠⑥高岩，濯缨⑦流水，又为卑官所绊，仅有栽花莳竹一事，可以自乐。而邸居湫隘⑧，迁徙无常，不得已乃以胆瓶⑨贮花，随时插换。京师人家所有名卉，一旦遂为余案头物，无抉剔浇顿之苦，而有味赏之乐，取者不贪，遇者不争，是可述也。噫，此暂时快心事也，无狃⑩以为常，而忘山水之大乐。石公记之。凡瓶中所有品目，条列于后，与诸好事而贫者共焉。

《袁宏道集笺校》

【注释】

①引：书前序言。

②袁宏道（1568～1610）：字中郎，号石公，湖广公安（今属

湖北）人，明代文学家。与兄袁宗道、弟袁中道并有才名，人称"三袁"，创"公安派"，发扬李卓吾"童心"思想，文学上反对"前、后七子"等人之拟古、复古，主张重性灵、贵独创。袁宏道是"三袁"中文学成就最杰出者，实为"公安派"领袖。著作极丰，其中以散文成就最高。举进士后，数次入仕，又数次辞归，游历山川名胜。

③ 扗："在"的古体字。

④ 利薮：利益聚集的场所。

⑤ 隐见：隐退或出仕。

⑥ 欹笠：欹，倾斜。即斜戴斗笠，为渔父形象，用以象征归隐山林。

⑦ 濯缨：洗濯冠缨。语本《孟子·离娄上》："沧浪之水清兮，可以濯我缨。"后以"濯缨"比喻超脱世俗，操守高洁。

⑧ 湫隘：低洼而狭小。

⑨ 胆瓶：长颈大腹、形如悬胆之瓶。

⑩ 无狃（niǔ）：不要习以为常。

【赏读】

1599年春天，袁宏道在北京写成关于插花艺术的《瓶史》一书，时年三十二岁。这本书在中国影响不广，但在东邻日本，却很有反响。1808年，日本曾出过一本《瓶史国字解》，书中附有插花图谱二百八十余幅。此书序言说："前者黎云斋者，据石公《瓶史》建插花法，自称宏道流，大行于世。"这就是"袁派插花家"的由来。

是年春三月，从顺天府教授升国子监助教，袁宏道在京城待足一年了。北京风沙大，街道污脏，冬天严冷，让外地尤其是南方来京的官员吃尽了苦头。更兼俸禄微薄，京城居大不易，袁宏道为什么会有闲心写这样一本闲书？作为全书序言的《瓶花引》，便为我们提交了答案。

一切围绕着"幽人韵士"这个理想身份展开。幽人韵士隐迹山林,栖高岩,濯清泉,与世无争,故可以远身避祸。世间人纷纷扰扰,争名逐利,沉醉于声色犬马,唯有栽花莳竹这类事情,他们看不上,所以倒是让幽人韵士们,可以不必将此也让于人,安心地欣赏与寄兴了:"居之也安,而踞之也无祸。"

担任着卑小的官职,置身于京城这最大的名利场,作者没有一天不感到内心的矛盾挣扎。欲为幽人韵士而不得——那种对一切世俗繁华的摒弃,是真的勇者、"决裂丈夫"才能做得到的,他只好暂时退而求其次,"仅有栽花莳竹一事,可以自乐"了。可是,"邸居湫隘,迁徙无常",即居住环境太差,又经常搬家,栽花莳竹也难办,再次退而求之,"不得已乃以胆瓶贮花,随时插换"。

原来,鲜洁美丽的瓶花,是栽花莳竹的权宜,是隐逸生活的象征。

京城百般不好,但有一点好,就是栽培的名花众多,都能轻松取来成为案头清供,省却扦插、浇水之劳苦,且每日不需几朵几枝,更无人争抢,这样的快心事,当然要写下自己的经验,以"与诸好事而贫者共焉"了。不过呢,这也只是暂时的替代,终不能忘了山水之乐啊!再次表达了归隐的决心。

袁中道曾这样谈到哥哥袁宏道:"好修治小室,排当极有方略。此虽小道,实艺术之一种,有学问在焉。"是一个具有极高审美情趣与生活品味的人。

明代陆云龙编《翠娱阁评选十六名家小品》,亦选取了本文,给予的点评是:"一花竹耳,入名人手,自出许大议论,如沉香亭花得太白而增色。"任你何等名花,落在庸俗之人眼里也是枉然。唯有那些红尘之中不安分的灵魂,胸中一副别才,眉下一双别眼,才能够懂得万物之美,并从万物中折射出人文理想的光芒。

香　橼　陈贞慧[1]

香橼见《岭表广记》[2]，一名枸橼子，香与韵远胜于佛手[3]，以佛手自闽来，争致之，实不及香橼之缊藉[4]耐久耳。尝见崧儿[5]一诗有云："落落此非橘，幽于味外饶。摘香童仆手，分静素瓷窑。"似能绘趣。自变乱以来，佛手、建兰、茉莉，五年不至矣。间有，非山人寒士所得妮[6]。余庭畔香橼数株，每当高秋霜月，赭珠金实，累累悬缀，不下四五百球，摘置红瓷，幽香一室，凡吾之襟裾梦沈[7]，皆是物也。以不用钱买，余得以分赠亲知，一时沾沾为贫儿暴富矣。

《秋园杂佩》

【注释】

①陈贞慧（1604~1656）：字定生，宜兴（今属江苏）人。明末诸生，东林党人陈于廷之子，清初诗文大家陈维崧之父。复社重要成员。文章、风采著称于时，与冒襄、侯方域、方以智，合称"明季四公子"。曾与吴应箕草《留都防乱公揭》，声讨阮大铖，因入狱。明亡后隐居家乡。后人辑刻其遗著为《陈处士遗书》。

②《岭表广记》：即《岭表录异》，唐代刘恂撰，全书三卷，记述岭南风物民情。

③佛手：即佛手柑，为枸橼之变种。系常绿小乔木，高丈余。

叶呈长圆形，花白色。果实色黄而香，下端有裂纹，状如半握之手。常用以装供盘，点缀居室。中医亦以之入药。

④缊藉：含蓄宽容状。

⑤崧儿（1625～1682）：陈贞慧之子陈维崧。字其年，号迦陵。清初词人、骈文大家。创作丰富，所填词多至一千六百余首。著有《湖海楼诗集》《陈迦陵文集》《迦陵词》等。

⑥妮：婢女。（原刻本如此，或疑为"昵"之误）

⑦梦沈：梦境。

【赏读】

香橼，原产岭南，今天江南地区亦颇多见的一种观赏性植物。果实形如金橘，金秋成熟以后，放置室内，香气清幽而芳甜，弥久不散，是非常传统的案头供果与植物香氛。

"每当高秋霜月，赭珠金实，累累悬缀，不下四五百球，摘置红瓷，幽香一室，凡吾之襟裾梦沈，皆是物也。"

作者陈贞慧将香橼之形、色、香描绘得极富诗意。金色的果子，盛在红色的瓷盘中，明艳的色彩，一扫秋之萧瑟，那香气更是丰盈，衣襟尽染，伴人好梦，如此充沛的香气，却又是温和、悠长、安静的——正所谓"缊藉耐久"，无论香气，还是保存时间，都非人们习见且追捧的佛手可比。

按现代植物学，香橼与佛手两者根本就是同出一门的兄弟。但在作者的家乡宜兴，香橼因为本土也有出产，就不如从福建远道而来的佛手受欢迎。更何况，现在不仅佛手，连同建兰、茉莉，这些极受人们喜爱的岭南花卉，都已经有五年不再输入了。为什么呢？作者没有明说。考察历史，我们可以发现，是因为战争。清军已攻入北京，统治了大半中国，但明清政权之争仍在进行，云贵、两广、江西、湖南、四川及东南福建等省，包括浙江部分地区，都有反清复明活动在进行，尤以桂王朱由榔的永历政权规模最大。所有能出产佛手、建兰、茉莉的地区，都笼罩在战火纷飞中。

陈贞慧原为贵公子，明亡后隐居家乡宜兴城郊，筑土室而居，变成了"山人寒士"，故自言买不起已成稀缺物资的岭南香花香果，只得以自产香橼果赠送亲友，如"贫儿暴富"般沾沾自喜。

赠人佳果，手有余香，礼物的珍贵，不是用金钱来衡量的。本文选自《秋园杂佩》，载录一共十六种物记，俱为心远地偏、消磨永日的案头清供、清玩。但作者的生死知交侯方域，却在该书序言中这样说道："陈子意者，当天地闭塞之时，退而灌园，有不能尽忘者耶！"他一一指出每样物件所暗含的寓义，"其曰《庙后茶》，以淡为宗，君子之交淡若也，讥附浓也。曰《兰》，自喻也，众草芜秽，兰独芳也。曰《庞公榛》，托西方氏，志物外也。曰《竹菇》，山中所在有之，食焉，言采其薇也……"至于香橼，则是："志闽、粤之阻也，叹摘香于童仆也。"

单独从本文来看，不易看出侯氏所言的层层深意。但香草美人的寓义与寄托，本是中国文学的悠久传统。联系时代背景、作者陈贞慧的生平以及侯陈之间的相知之深来看，这种词微旨远的解读是不无道理的。

《清史稿》中对陈贞慧的后半生是如此记载的："国亡，埋身土室，不入城市者十余年。遗民故老时时向阳羡山中一问生死，流连痛饮，惊离吊往，闻者悲之。"一代学者黄宗羲亦曾言："先生国亡之后，残山胜水，无不戚戚可念。"太平时节的雅玩清赏，乱离之后成为遗民心绪的幽微寄托。

芝石记 戴名世①

有樵童自山间来，贻我芝一茎，而言曰："吾析薪②，率山麓而行，至水之湄焉，见芝生沙中，杂于细草之间，惧牛羊之践之也，因掇取而归，敢以为献。"余受之，置石盆内，供之几上。芝以石为根，沙土凝结而成者也，长不盈尺，而冈、峦、岩、穴毕具。芝生于其旁之左峰，群峰错立，其部署若有神工之相③其成，观者莫不叹赏而去。

夫芝之为瑞久矣。世传芝之生也，必有吉祥善事之至，芝固为吉祥善事而生也。倘或然耶！然吾观自古之骄主佞臣，他务未遑，而独于芝也，穷搜远采，献者踵至，以文④天下之平。然是时天下果有道，四方皆清明乎？未见其然也。则芝亦安在其为吉祥善事而生耶？然芝秉山川清淑之气以生，终不可谓非天下之瑞，特当此之时，荐之朝廷，固不若其蒙翳⑤于榛莽荒草之中也。今此芝也，幸无征诏之求，而为樵夫野人所得，又以归余。余，拙人也，抚时感事，自甘废弃，萧然蓬户，犹之乎穷岩断壑也。余方幸芝之类余，而又辱⑥与余处，以不自失其天⑦也，作《芝石记》。

《戴名世集》

【注释】

①戴名世（1653～1713）：字田有，一字褐夫，号药身，又号忧庵，桐城（今安徽桐城市）人，人称南山先生，又称潜虚先生。著名文学家，"桐城派"的奠基人之一。以古文名噪于世，三十四岁始入京游太学，得"狂生"之名。康熙四十八年榜眼，因文字狱"南山案"被斩。死后作品尽遭毁禁。后世戴钧衡搜集遗篇，编为《戴南山先生全集》。

②析薪：砍柴。

③相：辅助。

④文：装点、粉饰。

⑤蒙翳：遮蔽、覆盖。

⑥辱：自谦用语，表承蒙之意。

⑦天：天性。

【赏读】

灵芝自古为祥瑞之兆，据说一旦出现，就代表着王者有德，与世同庆。芝生石上，石又冈、峦、岩、穴俱备，如有神工相助，天然成一座山景，以烘托此芝，更是珍异难得。难得的吉祥之物，却被砍柴少年所得，又送给了一介书生，从此相伴在清寒的书斋中。

这是芝的生不逢时吗？作者认为，不然。在赞叹了芝石之灵秀、造化之神奇后，他阐述了一番祥瑞与治国的道理。时政不清明，君昏臣媚，搜集再多的瑞芝也无改于事实。天下有道，并不靠祥瑞层出来证明。对于现代人，这是常识，而在皇权社会，能够对此直言不讳，却是颇需要勇气的。作者进而指出，在某些时候，与其将灵芝献入宫廷，不如任其留在山野，被荒草杂树掩盖。

野人樵童无知，得了芝石，不知献于皇家，却送给相识的穷读书人。此无知,胜过钻营献媚之辈的"有知"。而"萧然蓬户,犹之乎穷岩断壑也"。此芝此石在此,反而还能保留其天性。这正是"草木有本心,不求美人折"之意。作者并以芝自比,暗示了对才华的自信,同时也表达了不愿仕进,不愿以高洁之身点缀朝堂、粉饰太平的心愿。

戴名世以古文雄视当世,为"桐城派"魁首之一。文章多抚时感事,写景状物简洁平实,重于理的发挥阐述,剖古析今,议论精辟。

这篇小文,还透露了一个传统文人的永恒命题,即仕与隐之间的选择。戴名世直到中年才出山,以儒生而与达官权贵分庭抗礼,得了个"狂生"的称号,与"好骂人"的美誉。不喜八股文,五十岁始应科举,后更因"南山集"中,有褒扬遗民思想、对现实不满的句子,而遭仇家揭发,进而酿成文字大狱,牵连极广,便是史上著名的"南山案"。

此案实由清政府统治钳制思想严酷所至,但也有戴名世个性锋芒毕露、招人嫉恨的原因,一代文雄,如此结局,令人唏嘘。可知灵芝瑶草,被遮蔽于"榛莽荒草"之中,不仅可保全天性,更能保全性命。

盆　景　沈复[1]

　　点缀盆中花石，小景可以入画，大景可以入神。一瓯[2]清茗，神能趋入其中，方可供幽斋之玩。种水仙无灵璧石，余尝以炭之有石意者代之。黄芽菜心其白如玉，取大小五七枝，用沙土植长方盘内，以炭代石，黑白分明，颇有意思。以此类推，幽趣无穷，难以枚举。如石菖蒲结子，用冷米汤同嚼喷炭上，置阴湿地，能长细菖蒲，随意移养盆碗中，茸茸可爱。以老莲子磨薄两头，入蛋壳使鸡翼之，俟雏成取出，用久年燕巢泥加天门冬[3]十分之二，捣烂拌匀，植于小器中，灌以河水，晒以朝阳，花发大如酒杯，叶缩如碗口，亭亭可爱。

《浮生六记》

【注释】

　　①沈复（1763～1825）：字三白，号梅逸，江苏省苏州府长洲县（今苏州市）人。年轻时曾为幕僚，后从事商业。工诗文，善画，著有《浮生六记》，为自传体散文，分《闺房记乐》《闲情记趣》《坎坷记愁》《浪游记快》《中山记历》《养生记道》，共六卷。后二卷已佚失。本文节选自《闲情记趣》，标题为编者所加。

　　②瓯：杯。

　　③天门冬：百合科，多年生攀援草本。中医以其块根入药，有

润肺止咳，养阴生津的功效。

【赏读】

  沈复与陈芸伉俪情深，志趣相投，在相伴的岁月里，虽布衣蔬食而醉心于艺术世界。物质虽不丰裕，却总是能够因地制宜，别出机杼地在生活中创造出美与情趣。

  书斋之中，增添雅趣，不可少了盆景。"小景可以入画，大景可以入神。"意思是说，盆景之制作，或能展现画意，如山水小品，或能容纳名山大川于方寸，让人捧一杯清茶，坐望而神游其中。没有热门而贵重的灵璧石，便以炭石加黄芽菜心代替，黑白分明的搭配，竟然也颇有意趣，值得玩味。此外种石菖蒲的窍门、怎样培养微型的莲花……凭着灵心巧意，再简朴清苦的生活，也都从容风雅起来。

胸中丘壑① 沈 复

余扫墓山中，捡有峦纹可观之石，归与芸商曰："用油灰②叠宣州石③于白石盆，取色匀也。本山黄石虽古朴，亦用油灰，则黄白相阅④，凿痕毕露，将奈何？"芸曰："择石之顽劣者，捣末于灰痕处，乘湿掺之，干或色同也。"

乃如其言，用宜兴窑⑤长方盆叠起一峰：偏于左而凸于右，背作横方纹，如云林石法⑥，巉⑦岩凹凸，若临江石矶状；虚一角，用河泥种千瓣白蓣；石上植茑萝⑧，俗呼云松。经营数日乃成。至深秋，茑萝蔓延满山，如藤萝之悬石壁，花开正红色，白蓣亦透水大放，红白相间，神游其中，如登蓬岛⑨。置之檐下，与芸品题：此处宜设水阁，此处宜立茅亭，此处宜凿六字曰"落花流水之间"，此可以居，此可以钓，此可以眺。胸中丘壑，若将移居者然。

一夕，猫奴争食，自檐而堕，连盆与架，顷刻碎之。余叹曰："即此小经营，尚干造物忌耶！"两人不禁泪落。

《浮生六记》

【注释】

①胸中丘壑：节选自《浮生六记》之《闲情记趣》。标题为编者所加。

②油灰：油漆施工中填嵌缝隙、平整表面的膏状材料。一般以熟桐油与石灰或石膏调拌而成，也常用于固定门窗玻璃等。

③宣州石：即宣石，又称宣城石。主要产于安徽省南部宣城、宁国一带山区。地质学上称为石英岩，内含大量白色晶质石英。形态如山，色白如雪。古时多用于制作园林山景或山水盆景。明代计成《园冶》记："宣石产于宁国市所属，其色洁白，多于赤土积渍，须用刷洗，才见其质。或梅雨天瓦沟下水，冲尽土色。惟斯石应旧，愈旧愈白，俨如雪山也。一种名'马牙宣'，可置几案。"

④相阒：间杂相呈。

⑤宜兴窑：历史悠久的窑口，在今江苏宜兴丁蜀镇一带，故名。秦汉时期宜兴地区即已陶窑密布，至明、清成为当时的烧陶中心，明代起，更以紫砂器闻名于世。

⑥云林石法：元代画家倪云林，用笔"方折"，施墨多用"渴笔"（笔头含水很少），自创"折带皴"法绘写山石，极富个性与艺术魅力。

⑦巉（chán）：山势高峻。

⑧茑萝：一年生草本植物。茎细长，卷络他物而上升。夏季开花，色有红有白，为观赏植物。

⑨蓬岛：即蓬莱山，又称蓬莱仙岛。神话中渤海里仙人居住的三座神山之一（另两座为"方丈""瀛洲"）。

【赏读】

林语堂曾说芸娘是"中国文学上一个最可爱的女人"。她聪慧、浪漫、大度，最难得的是，她眼珠一转，就能想出无数让生活变得活色生香的绝妙创意。

宣石晶莹色白，形态朴拙多皴纹，望之如冬山积雪，所以在古代被作为园林、盆景素材而受到追捧，其中有种叫"马牙宣"的，更可以直接用作案头清供。沈复与陈芸两口子,很可能是因为寒士之家,无力置办这种名石,但这并不妨碍他们享受石之灵、石之趣。

沈复想的什么办法呢?以本地黄石代替宣石。但问题出来了,叠宣石作盆景,人们常以白色的油灰粘接,再放入白石盆,色泽极调和。黄石虽然形貌古朴,但如也使用油灰,则黄白二色杂呈,并不美观。又是聪慧的芸娘想出了解决方案:"择石之顽劣者,捣末于灰痕处,乘湿糁之,干或色同也。"

在宜兴窑的长方盆中,仿照倪云林画山石的风格,叠起了一座盆景,并精心移植了茑萝与白蘋。待到深秋之时,茑萝的茎叶蔓延在石上,如藤萝悬于山崖。茑萝的红色精致小花,与透水大放的白蘋,红白相间,隔山望水地互相映照着,恍如蓬莱仙境。让人不知不觉就登舟渡海,携手入山,神游其间了。

"小景可以入画,大景可以入神。"这是他们共同亲手营造的山水幻境,灵魂休憩之地。两人闲来便聚首而观,指指点点,安排何处置亭,何处设阁,何处又该题何字……像马上就可以搬去居住一样。然而,这小小的乐趣与寄托,也忽然间被打碎了。不禁双双掉下泪来:"即此小经营,尚干造物忌耶!"

只是小经营,又何必如此伤感,甚至以为是造物的恶作剧呢?这番感慨,其实并非无由而发。夫妻俩因大家族中纠纷,受长辈误会,遭同辈排挤,曾一度被赶出家门,生计坎坷,诽谤并生。

一面是局促琐碎的现实,一面是胸中丘壑,梦里海岳。这方寸之间的蓬莱,是两人情趣相投、心意相通的结晶,亦是他们在这险恶艰辛的世间,所共同保有的理想与一点寄托。这结晶,这寄托,却碎了。猫儿无知,错不在猫,那悲剧却又怪谁呢?老天吗?这双双泪落中,便有了世间一切理想主义者的无尽悲凉。

卷四

咫尺烟霞

钟荀斗技　刘义庆①

　　钟会②是荀济北③从舅④，二人情好不协⑤。荀有宝剑，可直百万，常在母钟夫人许。会善书，学荀手迹，作书与母取剑，仍窃去不还。荀勖知是钟而无由得也，思所以报之。后钟兄弟以千万起一宅，始成，甚精丽，未得移住。荀极善画，乃潜往画钟门堂，作太傅⑥形象，衣冠状貌如平生。二钟入门，便大感恸，宅遂空废。

《世说新语》

【注释】

①刘义庆（403~444）：字季伯，南朝宋文学家，彭城（今江苏徐州）人。南朝宋武帝刘裕的侄子，封临川王，官至尚书左仆射、中书令。著作有《宣验记》《幽明录》等，皆已散佚，现只存《世说新语》。

②钟会（225~264）：字士季，颍川长社（今河南长葛东）人。三国时期魏将，官至司徒。为太傅钟繇之幼子，钟毓之弟。公元263年，与邓艾分兵灭蜀。次年与蜀降将姜维合谋，欲据蜀自立，事败被杀。博学，擅名家之学，著《道论》二十章，今佚。亦擅书法。

③荀济北（？~289）：即荀勖，字公曾。颍川颍阴（今河南许

昌）人，东汉司空荀爽的曾孙。先仕魏，后为司马昭谋士，司马炎代魏称帝后，封济北郡公。故世称荀济北。其人博学多才，精通音律。因与贾充等人弄权，又被时人目为佞臣。

④从舅：母亲的叔伯兄弟。

⑤情好不协：交情不和。

⑥太傅：即钟会之父钟繇，官至太傅。为古代书法大家，与"书圣"王羲之并称"钟王"。

【赏读】

这个戏剧性浓烈、斗智兼斗技的小故事，发生在两位魏晋时期的著名政治人物身上。钟会与荀勖，一个领兵灭蜀，一个朝中弄权，都可谓翻手为云，覆手为雨，与此同时，他们还有另外的身份：了不起的书法家与画家。

钟会是大师级书法家钟繇之子，家学渊源，后世对其书法成就评价很高。不过呢，他最拿手的，还是模仿别人的字迹。与邓艾共同灭蜀之后，钟会起了自立为王的野心，第一步就是除掉邓艾。他拦截了邓艾给朝廷的书信，亲自动笔，将内容改得跋扈无礼，并放出邓艾要谋反的风声。又用同样的方式毁掉司马昭的回信，一来二往，终于把邓艾给害死了。这次学荀勖的笔迹，骗一把稀世宝剑回来，只能算牛刀小试。

荀勖上了当，宝剑又要不回来，面对无赖的从舅，也打起了报复的主意。正好钟家费钱千万，新做个大宅子，他便溜进去，在门堂上画了钟繇的像，钟繇是钟会的父亲，业已过世。这画像栩栩如生到什么地步？钟家兄弟一进门，见到画像便如遭雷击，抱头痛哭。这座崭新的豪宅，只好荒废掉了。父亲的画像，当然又不能洗掉。司马氏的统治讲究礼教，最推崇孝道，钟会作为名教鼓吹手之一，这画像画得不像也罢，越是像，越是动它不得。除了顶礼供起来别无他法。荀勖这一招，不仅倚仗画技高超，还拿捏住了对手的心理。

钟会与荀勖是亲戚，荀勖幼年丧父，被寄养于钟家长大，可谓关系亲近。但两人感情不和，斗技之时，还只是互相恶作剧。后来钟会谋反，消息远道传来，司马昭尤不肯信，荀勖在旁进谏，说钟会的性格，他太了解了，可不是能记得恩情的人哪，咱们还是提防为妙。并积极替司马昭谋划。钟会最终兵败身亡，个中荀勖的功劳不小。

本文选自《世说新语》的《巧艺》篇，寥寥百余字，尽显两位主角技艺的奇妙幻眩，而情节跌宕，人物活现，已经具备后世所要求的小说要素。

黄 筌① 景 焕②

昔吴道子③所画一钟馗④,衣蓝衫,鞟⑤一足,眇一目,腰一笏,巾裹而蓬发垂鬟。左手捉一鬼,以右手第二指剜鬼眼睛。笔迹遒劲,实有唐之神妙。收得者将献伪蜀主⑥,甚爱重之。常悬于内寝。一日,召黄筌令看之。筌一见,称其绝妙。谢恩讫。昶谓曰:"此钟馗若拇指掐鬼眼睛,则更校有力。试为我改之。"

筌请归私第,数日看之不足。别绷⑦绢素,画一钟馗,以拇指掐鬼眼睛。并吴本一时进纳。昶问曰:"比令卿改之,何为别画?"筌曰:"吴道子所画钟馗,一身之力,气色眼貌,俱在第二指,不在拇指。所以不敢辄改。筌今所画,虽不及古人,一身之力,意思并在拇指。"昶甚悦,赏筌之能。遂以彩缎银器,旌⑧其别识。

《野人闲话》

【注释】

①黄筌(? ~965):字要叔,四川成都人。五代十国时后蜀画家。主要创作活动在后蜀时期。擅画花、竹、翎毛、佛道、人物和山水,是一位技艺全面的画家。

②景焕(生卒年不详):即耿焕,"耿"字古读音与"炅"相同,为避宋太宗名讳,故改称"景焕"。又名"朴",成都人,擅绘

画。后蜀时曾任壁州白石令,后隐居。著有《野人闲话》《牧竖闲谈》《龙证笔诀》。

③吴道子(约680~759):又名道玄,阳翟(今河南禹州)人,中国古代著名画家。被后世尊为"百代画圣"。主要活动于唐玄宗开元、天宝年间。少孤贫,初为民间画工,开元年间以善画被召为宫廷画师。擅佛道、神鬼、人物、山水、鸟兽、草木、楼阁等,绘当时壁画众多。

④钟馗:中国神话中擅长驱魔捉鬼的神,道教称"驱魔真君"。另一说是由逐鬼法器"终葵"演变而来。

⑤鞸:有皮革、制革、靴子之意。本处意指一足穿皮靴。

⑥伪蜀主:即孟昶(chǎng)(919~965),初名仁赞,字保元。后蜀末代皇帝,在位三十一年,被俘降宋后,郁郁而亡。一说被赵光义毒死。

⑦绷(bēng):绷、张。

⑧旌:表扬,嘉奖。

【赏读】

吴带当风,曹衣出水。吴道子画技之妙,为当时之一绝,被后世百代景仰,尊称为"画圣"。《唐朝名画录》:"道子凡画人物、佛像、神鬼、禽兽、山水、宫殿、草木皆冠绝于世,国朝第一。"

《历代名画记》:"自顾陆以降,画迹鲜存,难悉详之。唯观吴道玄之迹,可谓六法俱全,万象必尽,神人假手,穷极造化也。所以气韵雄壮,几不容于缣素;笔迹磊落,遂恣意于墙壁;其细画又甚稠密,此神异也。"苏轼亦道:"画至吴道子,古今之变、天下之能事毕矣。""道子画人物,如以灯取影,逆来顺往……古今一人而已。"相传他曾于大同殿壁画嘉陵江三百余里山水,一日而毕。又传说,每次作画,必先酣饮,然后挥笔而就,迅如旋风。他画《地狱变相图》，画成之后，"都人咸观，皆惧罪修善，两市屠沽，鱼肉不售"。为什么呢？因为这幅壁画"了无刀林沸镬牛头阿旁之像，而变状阴惨，使观者腋汗毛耸，不寒而栗"。所以连屠夫都吓得不敢杀生了，坏人也起了改邪归正之心——谁说艺术不能改变现实？关于"画圣"吴道子，实在是有无数赞誉，太多传说。

再说黄筌。他和吴道子一样，是天生的画家，"幼有画性，长负奇能"，十七岁就名气大振，被召入宫做了宫廷画师（吴道子则是约二十岁时做了宫廷画师），深受两代蜀主喜爱。花鸟、山水、佛道、人物、虫兽，无一不能，无一不栩栩如生。

孟昶，这位以奢华腐败生活闻名的后蜀末代君主，同时是一位文采风流、热爱戏曲与书画的才子。中国画史上正式的国家画院就是他首创的，号为翰林图画院，网罗了许多民间优秀画家，给予丰厚待遇与地位，黄筌便被授以"翰林待诏、权院事，赐紫金带"，是非常高的地位了。

把这几个人连在一起的，则是"驱魔真君"，深受民间喜爱的神仙、捉鬼能手钟馗。据说，唐玄宗有次在病中梦见小鬼偷去玉笛和杨贵妃的香囊，正大怒时，见一虬髯大鬼，捉住小鬼，挖下其眼珠吞掉。此鬼自称长安终南山人钟馗，为唐高祖年间应考的举人，因其貌不扬落第，羞愤之下，撞殿前石阶而死。蒙高祖赐绿袍陪葬，誓要为大唐斩妖除魔。唐玄宗醒后，病不药而愈，遂向吴道子忆述梦中所见，并命其绘出钟馗像，颁布天下。民间自此亦挂其画像驱鬼避邪。

这幅由吴道子绘制的《钟馗捉鬼图》，就放在眼前。孟昶觉得，如果将画中钟馗挖小鬼眼珠的食指改为拇指，将更显力量。黄筌遵命而行，将画带回家，观摩数日，却是另画了一幅，而终未能在原作上有所改动。因为，牵一发而动全身，原作每根线条的流转都如此完美鲜活，仿佛从虚空中召唤出了正在捉鬼的钟馗本尊，用笔墨将其凝固在这一秒之中:"一身之力,气色眼貌,俱在第二指,不在拇指。"这正是吴道子画技的绝妙,这个故事,也从侧面展现了黄筌艺术上的见识与技艺高超。隔着悠悠时空,艺术家与艺术家之间心有灵犀。

本文作者景焕也是一位优秀画家,与黄筌是同时代人。曾经在蜀中应天寺门右壁上画天王像,与唐末道士孙位在左壁上画的天王像相对,神妙毫不逊色。学士欧阳炯为之题诗,擅草书的僧人梦龟又为其题字,于是书、画、诗,吸引得全城人都来欣赏,观者如堵。成都人称此为"应天三绝"。

书自草《秋浦歌》后 黄庭坚

绍圣三年五月乙未，新开小轩，闻幽鸟相语，殊乐，戏作草，遂书彻李白《秋浦歌》十五篇。时小雨清润，十三日所移竹及田野中人致红莲三十本，各已苏息。唯自篱外移橙一株著篱里，似无生意。盖十三日竹醉①，而使橙亦醉，亦失其性矣。知命②自黔江得一画眉，云颇能作杜鹃语，故携来。然置之"摩围阁"中，时时作百虫声，独不复作杜鹃语。为客谈此，客云此岂羊公鹤③之苗裔④耶？

余少拟草书，人多好之，唯钱穆父⑤以为俗。初闻之，不能不嫌。已而自观之，诚如钱公语，遂改度，稍去俗气。既而人多不好。老来渐懒慢，无复此事，人或以旧时意来乞作草，语之以今已不成书，辄不听信，则为画满纸，虽不复入俗，亦不成书，使钱公见之，亦不知所以名之矣。

《山谷题跋》

【注释】

①竹醉：中国传统民俗，农历五月十三为"竹醉日"，相传这天竹醉，种竹易活，所以成了栽竹之日。

②知命：黄知命，黄庭坚二弟。

③羊公鹤：见《世说新语·排调》："刘遵祖少为殷中军所知，

称之于庾公。庾公甚忻然，便取为佐。既见，坐之独榻上与语，刘尔日殊不称。庾小失望，遂名之为羊公鹤。昔羊叔子有鹤善舞，尝向客称之。客试使驱来，氃氋而不肯舞。故称比之。"后因以"羊公鹤"比喻名不副实的人。

④苗裔：后代子孙。

⑤钱穆父（1034~1097）：钱勰，字穆父，临安（今浙江临安）人。吴越武肃王钱俶六世孙。官至朝议大夫，为上柱国，爵会稽郡开国侯。擅诗、文、书法。

【赏读】

绍圣三年五月六日，黄庭坚在黔州（今四川彭水）贬所居住的第二年。

"黄鲁直以史事拘于陈留，或谓大臣且坐以谤讪先烈，置极典，虽亲戚不敢与通。"这次被贬，形势险恶。旅途亦饱受磨难。入川需坐船从三峡而下，船行至奉节，过巫峡"鬼门关"处。此处极险，关头上有题字："自此以往更不理会在生日月。"送行友人不禁愀然，而黄庭坚却坦然而笑，并写竹枝词道："浮云一百八盘萦，落日四十八渡明。鬼门关外莫言远，四海一家皆弟兄。"

到达黔州后，黄庭坚住在开元寺的摩围阁中，寺因建于唐代开元年间而得名，俗称南寺，阁则临江面山，山名摩围，蜀人呼天为围，摩围形容山高，阁即因山得名。环境虽然幽静美丽，但生活条件不堪。需要自己修整屋子，开荒种菜。对于一位半百之年的文人，可谓十分不易。

此行黄庭坚未带家眷。绍圣二年秋，二弟黄知命，从芜湖登舟出发，携带一妾、一子，以及黄庭坚之子相，与相的生母，溯江而上，于绍圣三年五月六日，也即文中开篇所记的乙未之日，到达黔州，与黄庭坚会合。这是极其愉快的一天，亲人团聚，新辟的轩堂落成,堂外时闻鸟鸣清幽,如相问答,不禁心中畅然,铺开纸墨,草书李白《秋浦歌》十五首。

古人作画,习惯于作品旁边书写题跋,这些题跋文字,往往可以独立成篇,是短小而优美的散文。黄庭坚这段随性的跋语,按内容可分为两段。上半段写在黔州的生活,养花、听鸟、种竹、种果树,苦中作乐,倒是忙得不亦乐乎。竹醉,连带橙醉,以及像羊公鹤一样名不副实的"画眉鸟",种种调侃,令人忍俊不禁。实在是很佩服作者那从容达观的胸襟。心中但有一种活泼天真在,则见山山亲,见水水乐,见花鸟而知意,外界的磨折困窘是不能让这个人投降的。明代文学家宋濂曾对这段跋语评价道:"当是时公方谪涪州别驾。自常情言之,必憔悴无聊,所见花鸟溅泪惊心。公乃能借之游戏翰墨,无一发陨获之意,非行安节和夷险一致者,有弗能也。昔人称公以草木文章发意机杼,花竹和气,验人安乐,虽百世之相后,使人跃跃兴起者,岂欺我哉!"

本文后半段写自己书法上的感悟。首先要说一下钱穆父这个人。此人为吴越王钱俶之后,家族世传的文采风流。诗文之外,他还擅书法。他还有一个重要的性格特征,是心直口快,对朋友尚如此,对敌人,那张嘴更是要命。当年,钱穆父很不喜欢章惇。元祐元年,十一岁小皇帝哲宗继位,章惇得罪了垂帘的太皇太后,被赶出京城。这时候正好是钱穆父当中书舍人,起草诏书时,就毫不客气,说什么"鞅鞅非少主之臣,硁硁无大臣之操"之类。说人家骄横跋扈,目无君上。君主专制下,这是做臣子的大忌,与谋逆不轨也就一步之遥了。用语何其毒辣!后来,又影射章惇是朝堂中无事生非的小人。等到章惇得势了,当然就立刻把老钱外贬。离开京城时,蔡卞前来送行,问他:你明知章惇那人,心胸狭窄,禁不住撩拨的,干嘛还要骂他骂得这样凶?老钱伤心地说道:"鬼劈口也!"——被鬼打了嘴,控制不住嘛!又问:那后来怎么又骂了一次?老钱一笑:

"那鬼又来劈一劈了去。"管不住自己这张嘴的钱穆父,当面就说黄庭坚的草书"俗气",便是行家对行家,也很让人不高兴的。黄庭坚曾经说过,人生最可厌者,唯一个"俗"字。如今竟被朋友评以此字,心胸再开阔,友情再深厚,也不能一笑了之了。

但优秀的艺术家,不仅知人,更能知己。黄庭坚终于也自觉到"俗",遂改之。草书技法由是大进,独创一派。可笑的是,世俗之人偏偏爱他的"俗",等写得"不俗"了,来求字的人反而少了。艺术无国界,但艺术有门槛,曲高和寡,雅永远不如俗受大众喜爱,除非你把它变成"媚雅"。古今中外都是这个道理,不仅黄庭坚一人无奈也。

关于此事,南宋曾敏行《独醒杂志》中有相关记载:

"元祐初,山谷与东坡、钱穆父同游京师宝梵寺。饭罢,山谷作草书数纸,东坡甚称赏之。穆父从旁观曰:'鲁直之字近于俗。'山谷曰:'何故?'穆父曰:'无他,但未见怀素真迹尔。'山谷心颇疑之,自后不肯为人作草书。绍圣中,谪居涪陵,始见怀素《自叙》于石杨休家。因借之以归,摹临累日,几废寝食。自此顿悟草法,下笔飞动,与元祐已前所书大异。始信穆父之言不诬,而穆父死已久矣。故山谷尝自谓得草书于涪陵,恨穆父不及见也。"

与此文相对而读,更可以理解,为什么后面作者又说"老来渐懒慢",现在写的草书,虽免于俗,可也没什么章法,如同满纸乱画了。黄庭坚晚年的草书是非常精妙的,世所公认,他这样说,一则出于艺术家的不自足,二则隐隐地还表达着对那位艺术上促己进步的故人满腔怀念之情以及对岁月催磨、友朋凋零的伤感。

苏子瞻作墨竹 米 芾①

苏轼子瞻作墨竹,从地一直起至顶。余问何不逐节分,曰:"竹生时何尝逐节生!"运思清拔,出于文同与可②,自谓与文拈一瓣香。以墨深为面,淡为背,自与可始也。作成林竹甚精。子瞻作枯木,枝干虬屈无端,石皴硬,亦怪怪奇奇无端,如其胸中盈郁也。吾自湖南从事过黄州,初见公,酒酣曰:"君贴此纸壁上。"观音纸也。即起作两枝竹、一枯树、一怪石,见与。后晋卿③借去不还。

《画史》

【注释】

①米芾(1052~1108):初名黻,字元章。北宋书法家、画家、书画理论家、鉴定家、收藏家。祖籍太原。官至礼部员外郎。因个性怪异,举止癫狂,被时人呼为"米颠"(古时"颠"同"癫")。

②文同与可(1018~1079):文同,字与可,自号笑笑先生,人称石室先生,四川梓州梓潼郡永泰县(今四川绵阳市盐亭县)人。北宋著名画家、书法家、诗人。尤擅墨竹,与苏轼为表兄弟。元丰初年出知湖州,未到任而死,世人又称其为文湖州。与苏轼同为后世"湖州竹派"始祖。

③晋卿(1036~?):王诜,字晋卿。山西太原人,后徙居开

封。宋初开国功臣王全斌后代，尚宋英宗赵曙女魏国公主，官左卫将军、驸马都尉。曾因苏轼"乌台诗案"牵连而遭贬官。因纵宠小妾，长期冷落公主，致公主郁郁而死。因而被宋神宗追究，致再次贬官外放。其人好文学，能诗词，喜收藏，善画山水与书法。

【赏读】

  这篇小品对我们了解中国绘画史上的"文人画"很有帮助。

  自宋代开始，"文人画"渐渐兴起，并渐渐成为此后中国绘画史上的主流。有别于民间画与宫廷职业画，它的创作者不再是传统的职业画师，而是文人、士大夫，故又称为"士夫画"。

  "文人画"标举"士气""逸品"，崇尚品藻，讲求笔墨情趣，不追求形似，而更强调神韵，并重视文学、书法修养和画中意境的缔造。多取材于山水、花鸟、梅兰竹菊和木石等，借以抒发作者个人内心情感与抱负。苏轼就是"文人画"的兴起与发展中的一位重要人物。"枯木竹石"这种后世常见的"文人画"题材，可以说是他与另一位画家文同共同开创的。

  "竹生时何尝逐节生！"这句话正暗示了苏轼在"文人画"形式上的主张，画竹，而笔下墨竹竟然无节，这种一定程度上的失真，宣示了于意境缔造上的强调，正所谓"运思清拔"。作为"米氏云山"的独创者，米芾这位被后世尊为宗师的"文人画"大家，对东坡与文同的创作思想是非常理解的。并且明确地揭示出，东坡笔下的怪石与枯木，正是画家胸中块垒郁积的象征。

  "后晋卿借去不还。"晋卿即是王晋卿，当朝的驸马王诜。此人也是位画家，兼字画古玩收藏家。"借去不还"，谈艺之文中夹杂以此四字，作者的委屈、气愤，溢于纸上，观之令人大笑。米芾向来坑蒙拐骗别人的珍藏，不料也有今天。

  借物不还，贵公子王诜，却是个惯犯。还有一次，借了米芾收藏的王羲之书法卷，归还时竟剪下一段，自己留存了。又有一次，看中苏东坡的两块奇石，前来相借，东坡心知不妙，又不好拒绝，只得写了一首长诗《仆所藏仇池石，希代之宝也，王晋卿以小诗借观，意在于夺，仆不敢不借，然以此诗先之》，再三申明爱石如命，恳请务必要归还，连同石头一起送去。王诜果然不还。苏东坡急得没法，又是写诗控诉，说我一个穷病老人，你怎能这样对我；又是打滚放赖，要求王诜用家藏唐代画家韩幹的《二马图》作交换……更有一帮朋友起哄的，劝架的，弄得朝野皆知。此事即是著名的"仇池石"风波。所谓不怕贼偷，就怕贼惦记，痴癫如米芾，屡次栽在王驸马手上，也不算冤。

东坡画壁 罗大经①

东坡谪儋耳②,道经南安③。于一寺壁间作丛竹丑石,甚奇。韩平原④当国,札⑤下本军取之,守臣亲监临,以纸糊壁,全堵脱而龛之以献。平原大喜,置之阅古堂中。平原败,籍其家,壁入秘书省著作庭。辛卯之火,焚右文殿道山堂,而著作庭幸无恙,壁至今犹存。

坡之北归,经过韶州⑥月华寺,值其改建法堂,僧丐坡题梁。坡欣然援笔,右梁题岁月,左梁题云:"天子万年,永作明主,敛时五福,敷锡庶民,地狱天宫,同为净土,有性无性,齐成佛道。"右梁题字,一夕为盗所窃。左梁字尚存。余尝见之,墨色如新。

坡归,至常州⑦报恩寺,僧堂新成,以板为壁,坡暇日题写几遍。后党祸⑧作,凡坡之遗墨,所在搜毁。寺僧亟⑨以厚纸糊壁,涂之以漆,字赖以全。至绍兴中,诏求苏黄墨迹。时僧死久矣,一老头陀知之,以告郡守。除去漆纸,字画宛然。临本以进,高宗大喜,老头陀得祠曹⑩牒⑪为僧。

《鹤林玉露》

【注释】

①罗大经(1196~?):字景纶,号儒林,又号鹤林。南宋庐陵

(今江西吉安)人。理宗宝庆二年(1226)进士。历仕容州法曹、抚州军事推官,后遭弹劾罢官,从此绝意仕途,闭门读书著作。著《鹤林玉露》。

②儋耳:古代南方国名。汉元鼎六年内属,称儋耳郡。在今海南岛儋县。

③南安:在今江西省,北宋时设南安军,领大庾、上犹、南康三县。

④韩平原(1152~1207):即韩侂胄,字节夫,祖籍河南安阳。南宋政治人物。曾任宁宗宰相,任内追封岳飞,力主对抗女真,却战况不利。后在金朝示意下,杨皇后和史弥远设计斩杀韩平原,函首金朝。曾封平原郡王,故世称"韩平原"。

⑤札(zhá):旧时官府中上级给下级的公文。

⑥韶州:北宋行政区划,治地约在今广东省韶关一带。

⑦常州:北宋行政区划,所辖范围基本包括现在的武进、江阴、无锡、宜兴。

⑧党祸:元祐党祸。由哲宗元祐元年开始,以王安石与司马光分别为首的新旧两党,围绕"变法"展开党争,一直持续到崇宁元年,宋徽宗赵佶听信宰相蔡京主张,将元祐年间反对王安石新法的大臣及政坛异己共三百零九人统列为元祐奸党,全国立"元祐党籍碑",并下诏禁毁所有在"籍"诸人的著作碑刻。

⑨亟(jí):急切。

⑩祠曹:祠部机构。祠部,属礼部,掌祠祀、天文、漏刻、国忌、庙讳、卜祝、医药及僧尼簿籍等。

⑪牒:文书、证件。此处指僧尼出家,官府发给的凭证,即度牒。

【赏读】

美好的事物,常住在人的心里,并不因政治禁锢而被抹杀。

元祐党争，是影响北宋历史至关重大的事件，人才内耗，精英凋零，最终使得蔡京等奸佞上位，与那位文艺皇帝宋徽宗一起，把国家治理得政治腐败，民怨沸腾，并导致金国入侵，最终以惨烈的"靖康之变"结束了北宋王朝的统治。崇宁年间，蔡京为了巩固权力，打击异己，以恢复宋神宗熙宁年间的"新法"为由，劝说徽宗赵佶，在全国立"元祐党籍碑"，将当年反对新法的大臣及政坛对手共三百零九人统统列为奸党，并下诏禁毁诸人的著作。这场随党祸而来的文祸，司马光、苏东坡、黄庭坚等大文人首当其冲。

故事就在这样的背景中发生了。我们知道，苏东坡是个从不吝啬墨宝的人，虽名满天下，却有求必应，在全国各地都留下了他的书画真迹。而各地的人们，对这位大文豪与他的艺术，也是发自内心地喜爱。悬赏禁毁东坡遗墨的金额，一度达到八十万钱。即使这样，还是有类似于常州报恩寺和尚这样的崇拜者，绞尽脑汁，用各种方法，将东坡的墨迹保护起来。多年以后，重见天日，成为稀世珍宝。

这证明了文化的力量，艺术的力量，以及东坡人格的力量。

北宋是汉文明发展到最高峰的历史时期，陈寅恪先生曾说："华夏民族之文化，历数千载之演进，造极于赵宋之世。"文化艺术大家纷出，灿若星辰。南宋偏安，元气大伤，整体颓靡的气氛中，知识分子往往内心充满对故国的怀想，对昔日盛世的追怀。从这些关于先贤逸事的津津乐道中，我们亦可以察觉到丝缕惆怅。

为商燕阳①题刘雪湖②画 徐　渭③

刘雪湖一日筒致此幅,余见之,眉舞须动,秘夹枕中。商燕阳见之,便掠去。攫石登车,攀船堕水④,古人颠贪无赖,燕阳何为效之?既又勒余题叙数字,用为券书⑤,快其永业⑥,真滑肩⑦也。然予与燕阳约,得此须用名锦装潢,安精舍中,便作奇香好茗,多调妙曲,往来用味、触、香发声闻⑧,发清音⑨之义,获此报者庶几小偿。倘余至无此三物,即当大骂秦廷,持赵璧归,不血溅王衣不止也⑩。

徐渭书于长安⑪邸中。

《徐渭集》

【注释】

①商燕阳(1527~1602):名为正,字尚德,号燕阳。明绍兴府会稽县(今浙江绍兴)人。隆庆五年(1571)进士,累官至大理寺少卿。

②刘雪湖(生卒年不详):名世儒,字继相,号雪湖。明绍兴府山阴县(今浙江绍兴)人。擅画梅。著《雪湖梅谱》。

③徐渭(1521~1593):字文长,号青藤道士、天池山人、山阴布衣、田水月等。明绍兴府山阴县(今浙江绍兴)人。有明一代杰出文学家、书画家、军事家、戏曲家。曾入胡宗宪府为幕僚。宗

宪下狱后，发狂疾，多次自杀未死。后病狂中杀死继妻张氏，下狱七年。晚年潦倒贫困。自称"吾书第一，诗二，文三，画四"。有《徐文长三集》《徐文长佚稿》及杂剧《四声猿》等。

④攀船堕水：用宋代书画家米芾典故。《清波杂志》记，"旧传老米在仪真，于中贵人舟中见王右军帖，求以他画易之，未允。老米因大呼，据舷欲赴水，其人大惊，亟畀之"。米芾，世称老米、米颠。

⑤券书：契约、文书。

⑥永业：即永业田，本为古代田制名，为世代承耕制。后亦将私有土地称为永业田。此处借指画卷被人占为私有。

⑦滑房：骂人语，类似今之"滑头"。

⑧声闻：梵文意译。佛家称闻佛之言教，证四谛之理的得道者。

⑨清音：清越之声。

⑩"即当"三句：用"完璧归赵"典故。战国时，秦昭王愿以十五城与赵惠文王换取和氏璧。蔺相如奉璧出使秦国，献璧后，见秦王无意偿赵城，乃设法复取璧，派从者送回赵国。此处借指要收回画卷。

⑪长安：汉、唐等多个朝代的都城。明代借指北京。

【赏读】

山阴刘雪湖，擅画梅。年少时见王冕所画之墨梅，大喜，遂废寝忘食学之，又走遍名山幽壑，访梅踏春，不知老之将至。画出的梅花，花蕊纷披，虬干如铁，韵格高超而逸态横生。据说，展图能使蝴蝶飞来相绕，蜜蜂栖停花蕊。

刘雪湖与徐渭是山阴老乡兼好友。徐渭亦擅画写意花草，然自认画梅不及刘。但他并不因此相妒相轻，却对刘的艺术成就由衷赞赏，得到刘雪湖寄来的画作，高兴得"眉舞须动"，慎重地藏在枕中。结果,仍让人横加抢夺了去。藏在枕中如何还能被发现?不用说,自然是得了好东西,心中快乐又得意,按捺不住地要在朋友面前炫耀一番,哪知道这朋友也有雅癖,将前贤米芾老先生的无赖劲头学了来,上前一把"掠"了就走。不仅如此,还要求徐渭在画上题跋,"用为券书,快其永业"——留下白纸黑字永久占有的证据。脸皮实在是太厚了!物主心疼不已,碍于友情,不能拒绝。何况,他实际上也没怎么真的生气。为什么呢?因为被横刀夺爱之苦恼程度,其实并不及同为此墨梅颠倒的知己感来得强烈。甚至我们也可以说:当物主将这幅珍重收藏的画拿出来在好友面前炫耀时,他就已经做好了被抢夺的准备。此中心态之微妙,非个中人不能解矣。然后,徐渭持其狂放豪逸之笔,写下了这么一篇风趣的妙文。

要求友人得到此画后,"名锦装潢,安精舍中,便作奇香好著,多调妙曲,往来用味、触、香发声闻,发清音之义",对待它像礼佛般虔诚,这样才算勉强对原物主的伤痛做了点补偿。如若不然,可就要像蔺相如当年在秦王殿上勇夺和氏璧那样,宁可血溅五步,首与璧俱碎于柱,也要把画作拿回来不可了。

在夸张的言辞、风趣的调侃背后,藏之不住、呼之欲出的是醉心于艺境之美的赤诚,是同好之间珍重的托付。

米元晖①山水 董其昌②

米元晖作《潇湘白云图》，自题云：夜雨初霁，晓烟欲出。其状若此。此卷予从项晦伯购之，携以自随。至洞庭湖舟次，斜阳篷底，一望空阔，长天云物，怪怪奇奇，一幅米家墨戏也。自此每将暮，辄卷帘看画卷，觉所携米卷为剩物矣。

湘江上奇云，大似郭河阳③雪山。其平展沙脚与墨沈④淋漓，乃是米家父子耳。古人谓郭熙画石如云，不虚也。

米元晖又作《海岳庵图》，谓于潇湘得画景，其次则京口⑤诸山，与湘山差类。今《海岳图》亦在余行笈⑥中。元晖未尝以洞庭、北固⑦之江山为独胜，而以其云物为胜，所谓天闲万马皆吾师也。但不知云物何心，独于两地可入画，或以江上诸山所凭空阔，四天无遮，得穷其朝朝暮暮之变态⑧耳。此非静者，何由深解。故论书者曰：一须人品高，岂非以品高则闲静，无他好萦故耶？

《画禅室随笔》

【注释】

①米元晖（1074~1153）：即米友仁，一名尹仁，字元晖。晚号懒拙老人。系米芾长子，世称"小米"。书法绘画皆承家学。南渡后，备受宋高宗赵构优遇，官至兵部侍郎、敷文阁直学士。工书

法，长于收藏、鉴赏。其山水画脱尽古人窠臼，发展了米芾技法，自成一家，世称"米家山水"，对后来"文人画"影响较大。

②董其昌（1555～1636）：字玄宰，号思白、思翁，别号香光居士，谥"文敏"。松江华亭（今上海松江）人。万历十七年（1589）中进士，官至南京礼部尚书、太子太保。通禅理、精鉴藏、工诗文、擅书画及理论，执艺坛牛耳数十年，为晚明影响最大最著名的书画家。著有《容台集》《容台别集》《画禅室随笔》。

③郭河阳（1023～1085）：即郭熙，字淳夫，河阳温县（今河南孟州）人，故世称郭河阳。北宋著名画家、绘画理论家。活动年代约在北宋神宗年间，曾入画院，任翰林待诏直长。擅山水画，为中国画史上重要的山水画家，与李成并称"李郭"，共创"李郭风格"，与董源、巨然的"董巨风格"并列为山水画的两种主要风格。有画论《林泉高致》传于后世。

④墨渖：墨汁。渖，汁液。

⑤京口：古城名，在今江苏镇江市，为古代长江下游的军事重镇。

⑥行笈：笈，竹、藤编制的书箱，常作为行李携带。

⑦北固：山名，在今江苏省镇江市东北。有南、中、北三峰，北峰三面临江，形势险要，故称"北固"。

⑧变态：改变形态。

【赏读】

米氏云山，又称米家山水，米芾与米元晖父子所开创的画派，将唐五代以来的中国山水画带入"文人画"领域，摒弃传统勾、皴技法的点染，善以"模糊"的笔墨绘云蒸雾绕的江南与潇湘景致，用大小错落的浓墨、焦墨、横点、点簇来再现层层山头。如米芾自谓："信笔作之，多以烟云掩映树石，意似便已。"这一画派声誉隆高,尤其为传统精英知识分子所推崇。

晚明又出一书画奇才大家董其昌。《画史绘要》评价道:"董其昌山水树石,烟云流润,神气俱足,而出于儒雅之笔,风流蕴藉,为本朝第一。"他对米家山水是极其推崇的,曾说道:"画至二米,古今之变,天下之能事毕矣。"在《画禅室随笔》这本艺术理论集中,对其渊源、技法、特质都有深刻的阐述。

身为收藏家、鉴赏家,董其昌握有米氏真迹,能够时时展摩把玩,卧游其间,意与神会。大千世界,江山如画,人人都会看会说,但风景落在每个人的眼里,其实是不一样的。艺术家眼里的世界,更别具魅力与神奇。身为晚明文坛领袖,董其昌的诗文品质亦是一流。于是,我们就看到了这样集高超艺术修养与清雅蕴藉文笔于一体、造化神奇与丹青境界相交织的绝妙小品文。

米元晖自题《潇湘白云图卷》云:"夜雨欲霁,晓烟既泮,则其状类此。余盖戏为潇湘写千变万化不可状神奇之趣。"董其昌携这幅画卷,乘舟经过洞庭湖,实地到访,风景吻合了画意,画意又重现风景,自由出入于艺术与原型之间,反复玩味,独立斜阳的身姿中,自有一种静默的欣喜。"觉所携米卷为剩物矣。"造化之神奇最终占了上风,这并非对画作的失望,而恰恰表达了山水画家"师法自然"的至理。

画家观摩古人名作,也看真山水,两者都是创作灵感的源泉。两者又往往是互相映照的。第二段里,痴痴观风景的人,依然伫立在船头,我们几乎可以看到他怡悦的神情,眼神里却又带着深邃的沉思:"湘江上奇云,大似郭河阳雪山。其平展沙脚与墨沈淋漓,乃是米家父子耳。古人谓郭熙画石如云,不虚也。"立刻敏锐地捕捉到了前辈画家创作的灵感来源、原型与思路。

要知道,董其昌曾说过:"画家以古人为师,已是上乘,进此当以天地为师。"在隽雅古淡的笔触背后,藏着的,是一个天才艺术家超越前人的志向与信心。

第三段里,他进一步分析起米氏云山中的"云"。董其昌曾下过定论:"画家之妙,全在烟云变灭中。"由此可知他对米氏云山的热爱其来有因。世传米元晖之画:"解作无根树,能描蒙鸿云。"云之瞬息万变,是世上最难捕捉的东西,而米元晖却以云为主角来创作他的画,这是"天闲万马皆吾师也",取法自然,穷极奥妙。为什么潇湘与镇江两地的云最宜入画呢?因为"江上诸山所凭空阔,四天无遮",原来,这两地的山川最适宜作为云的舞台,揭示动与静、远与近、空与实的辩证关系。

捕捉到这世上最奇妙的"云之动",只有"心之静"才可以做到。进而引发出艺术创作与个人素养的思考:"一须人品高,岂非以品高则闲静,无他好萦故耶?"书画同源,这句论书也可以用来论画,而此处的"人品",却非今天通常意义上所指的"道德水准",指的是一个人的气质、心性与涵养,都达到一定要求,才可以至于"闲静"——通俗地来说,便是要有充足的时间,心无旁骛的定力。这确实是通往艺术之秘径的不二法门。

清明上河图① 李日华

《清明上河图》临本，余在京师见有三本，景物布置俱各不同，而俱有意态。当是道君②时奉旨，令院中皆自出意作图进御，而以择端③本为最，供内藏耳。又余昔闻分宜相④柄国，需此卷甚急，而此卷在全卿⑤家。全卿已捐馆⑥，夫人雅珍秘之，诸子不得擅窥。至缝置绣枕中，坐卧必偕，无能启者。有甥王姓者，善绘性巧，又善事夫人，从容借阅。夫人不得已，为一发藏。又不欲人有临本，每一出，必屏去笔砚，令王生坐小阁中，静默观之。暮辄餍意而去。如此往来两三月，凡十数番阅，而王生归辄写其腹记，即有成卷。

都御史王忬⑦迎分宜旨，悬厚价购此图。王生以临本售八百金，御史不知，遽以献。分宜喜甚，发装潢匠汤姓者易其标识。汤验其赝，索贿四十金于王，为隐其故。王不信，吝予。因洗刷，露其新伪，严大嗛⑧王，因中之法⑨，致有东市之惨。

夫王固功名草草之士，宜不具鉴。分宜少颇淹雅⑩，晚年富贵已极，搜阅甚多，宜一见了了。而王生之伪，必借老匠以发，则临本之功，亦非泛泛者。今临本不知何在，而真者独出，亦有数存乎其间耶？夫书绘本大雅之玩，而溺者至以此倾人之生，诣者至以此媒身之祸，岂清珍之品，本非势焰利波所得借资⑪者耶？所谓卫懿公之鹤⑫，不如嵇、阮之酒⑬。观此，则有癖古之嗜者，不当复媒荣朊⑭。而都显倨者，亦可推此以逊寒士矣。

王生号振齐，亦因此构仇怨，瘐⑮死狱中，或云真本为卫元卿所得，元卿续献之严，伪本乃败。未知的据。

《味水轩日记》

【注释】

①《清明上河图》：传世名画，为北宋画家张择端所作风俗长卷，描绘了北宋京城汴梁及汴河两岸的繁华景象与自然风光。原画长五百二十八厘米，高二十四点八厘米，采用散点透视构图法，将繁杂景物纳入统一而富于变化的画卷。富于生活气息与情节性，生动、真实、细致地还原了十二世纪中国城市面貌。现藏于北京故宫博物院。

亦有一说，认为其创作年代为南宋，作者不止张择端一人。董其昌《容台集》说："乃南宋人追忆故京之盛，而寓清明繁盛之景，传世者不一，以张择端所作为佳。"后世仿作甚多，以"明四家"之一仇英所作的仿品，与清代朝廷组织画工再创作的仿制品最为有名，分别称为"仇本"与"清院本"。

②道君（1082~1135）：即宋徽宗赵佶，宋神宗之子，宋哲宗之弟，北宋第八位皇帝。在位期间，信任蔡京、王黼、童贯、梁师成等，朝政昏昧，导致金国入侵、北宋灭亡的"靖康之变"。本人也与儿子宋钦宗赵桓一同被掳至金国都城，金帝封之为"昏德公"，在五国城（今黑龙江依兰）囚禁九年后身死。遗骸于1142年运回临安（今浙江杭州），葬于永佑陵，立庙号为徽宗。

其信奉道教，自称"教主道君皇帝"。酷爱艺术，琴棋书画、诗词歌赋，乃至香道、茶道，无所不精。其绘画作品俱为传世佳作，擅书法，自创"瘦金体"。在位时成立翰林书画院，将画家地位提升至中国历史最高。广泛搜集历代文物，令下属编辑《宣和书谱》《宣和画谱》《宣和博古录》等著名美术史书籍。

③择端（1085～1145）：即张择端，字正道，北宋著名画家，东武（今山东诸城）人。宋徽宗时，供职翰林书画院。擅长"界画"，尤善画舟车、市街、城郭、桥架，皆独具风格。代表作有《清明上河图》《烟雨风雪图》《西湖争标图》等。最著名的作品是《清明上河图》。

④分宜相（1480～1567）：即严嵩，字惟中，一字介溪，江西分宜人。明孝宗弘治十八年进士，累进吏部尚书，谨身殿大学士、少傅兼太子太师，少师、华盖殿大学士。深得明世宗宠幸，擅专国政达二十年之久，为明史上恶名昭彰的权相与奸臣。史载其吞没军饷，废弛边防，招权纳贿，肆行贪污，戕害他人以成己私，并大力排除异己。忠良之士与严嵩及其子严世蕃之间的殊死斗争，是明代政治浓墨重彩的惨烈篇章，催生出众多文学与戏剧作品。晚年，为世宗所疏远，抄家去职，两年而殁。然其人颇为博学，擅诗文，精书法，著有《钤山堂集》四十卷。

⑤全卿（1458～1526）：陆完，字全卿，号水村，苏州人。明朝兵部尚书、吏部尚书。著有《水村集》。

⑥捐馆：抛弃馆舍，死亡的婉辞。

⑦王忬（1507～1560）：字民应，号思质，明苏州太仓（今属江苏）人。嘉靖二十九年（1550）迁任御史，巡按顺天。三十一年（1552）巡抚浙江及福、兴、漳、泉四府。嘉靖三十八年（1559）巡抚大同。为严嵩借机谗杀。其子王世贞、王世懋，俱为明代学者及官员。王氏兄弟于隆庆元年（1567）进京讼父冤，为其父平反。

⑧嗛：怀恨。

⑨中之法：利用法纪来中伤、陷害。

⑩淹雅：渊博。

⑪借资：借助利用别人，以作为自己进身之资本。

⑫卫懿公之鹤：卫懿公，春秋早期卫国国君，名赤。好养鹤，所蓄鹤有享受大夫待遇者。国政荒废，后遭北狄入侵，战败身死。《左传·闵公二年》："冬十二月，狄人伐卫。卫懿公好鹤，鹤有乘轩者，将战，国人受甲者皆曰：'使鹤，鹤实有禄位，余焉能战！'"

⑬嵇、阮之酒：魏晋名士嵇康、阮籍皆嗜酒狂饮，放诞自任，以此逃世自隐，不欲与西晋政权合作。

⑭荣朊：富贵荣华。

⑮瘐：囚犯因受刑、冻饿、生病而死在监狱里。

【赏读】

《清明上河图》，是享誉古今中外的传世名作，北京故宫博物馆珍藏之国宝，在问世以后的八百多年里，曾被无数收藏家和鉴赏家把玩欣赏，亦是帝王权贵巧取豪夺的目标。它几经战火，历尽劫难……五次入宫，四次被盗出宫，曾使许多人家败身亡。

李日华作为晚明时期优秀且著名的书画鉴赏家，曾亲眼得见张择端本《清明上河图》，展玩之间，不胜唏嘘感慨，遂提笔记录下了数十年前关于《清明上河图》的一个传奇。传奇其实又可分为上、下两个部分。

上部为王生摹图。灵心慧手的书生，百般讨得姑妈欢心，获得一览名作真迹的机会。在无纸无砚的小阁中，两三个月时间，其观看了十几回，回家以后，就把这幅人物、楼阁、船只、动物、草木……事物众多细致到难以点清数目的长卷画作，原样默画了出来。其仿真程度，除了老裱匠竟无人可以发现。

下部为严嵩夺宝。出场人物众多：气焰嚣张的权相、刻意媚上反招来杀身之祸的御史、精明刁滑的老裱工……种种人性表演，命运阴差阳错，连心存侥幸的王生亦难逃一死，耗费心力巧智制作的临本，也最终不知所踪。

前者还可以说是一个斗智斗巧的轻喜剧，而后者，则集中展现了政坛风云、世相波折、人心险恶，是一幕令人胆寒心颤的现实悲剧。李日华对此悲剧作了大段总结：首先，王生之伪作极精，以王御史之功名利禄中人，不具鉴别眼光，以严嵩之坐拥珍宝古玩无数，粗心大意，本都不该发现个中奥秘，偏偏又出现了一个汤裱匠，终至祸起萧墙。

时过境迁，四十年后，剧中人皆已不在，伪作泯灭，而真作复出，冥冥中似有天数。所以说，"夫书绘本大雅之玩，而溺者至以此倾人之生，诣者至以此媒身之祸，岂清珍之品，本非势焰利波所得借资者耶？"李日华认为，杰出的艺术品，本来就非权势与利益所能利用的，它们终将保留自己遗俗世而独立的"清珍"本色。那么，对于热爱它们的人，也即"嗜古"之人，又该如何保持不溺惑？

"所谓卫懿公之鹤，不如嵇、阮之酒。观此，则有癖古之嗜者，不当复媒荣朓。而都显倨者，亦可推此以逊寒士矣。"卫懿公是真的玩物丧志乃至丧身失国。嵇、阮魏晋风流，嗜酒是用来寄情抒志，逃名避世，有所为有所不为。李日华以鲜明对比，提出了他的最终意见：嗜古成癖者，就不必再图富贵荣华，走功名利禄之路。而显赫的达官贵人们，也能够由此而尊重清寒之士。

李日华急流勇退，正当壮年以母逝父老为由，辞官隐居乡里，正是看透了势焰利波之险恶。他曾自言道："但得终身啖白饭羹鱼，法酒精茗，家有藏书万卷，石刻千种，长年不出户，亦不引一俗汉来见，如此七八十年，即是极乐国人。"钱谦益为其作传，说道："君实和易安雅，恬于仕进。"更指其"一时士大夫风流儒雅、好古博物者，祥符王损仲、云间董玄宰为最。君实书画亚于玄宰，博雅亚于损仲，而微兼二公之长。落落穆穆，韵度颓然，可谓名士矣"。

本文末尾的感慨，也可以说是李日华本人的心声。全文虽记述惊心动魄之传奇，然行文雅驯，态度通达，并无晚明文士常见的"尚奇""求新"之风。钱氏所云"落落穆穆，韵度颓然"，确为的评。

题画为子薪① 李流芳②

去年以高丽茧③装成三册子，一遗淑士，一遗子薪，一留箧中。七月新凉，子薪窗前红茉莉烂漫异常，余连诣之。酒酣兴发，辄倚案取册子，弄笔作画。画尽十帧，尚未题字。

今年，子薪病中致此索书，暑月挥汗，懒近笔研④，置架上，一日，索之，已亡去矣。念子薪爱画入骨，又病中借以遣兴，不敢以告之。大索十日不得，简⑤箧中素册尚在，连夜篝灯⑥，画此偿之。前在子薪斋中乘兴走笔，多草草，不惬意。此册仿诸家，虽不尽得形模，然笔墨、气韵差不大谬于古人。岂独焕然复还旧观，直可谓后来居上矣。若画能疗疾，子薪当霍然而起，为余置酒红茉莉下，开东轩⑦一赏之。

壬戌七月十一日。

《李流芳集》

【注释】

①子薪（？～1624）：张廷械，字子薪，兵部侍郎张楸族子。工诗文，与李流芳、程嘉燧为友。

②李流芳（1575～1629）：字茂宰，一字长蘅，以所居檀园为号，又号香海、泡庵、六浮道人、慎娱居士等，祖籍安徽歙县，迁居苏州府嘉定县（今属上海）。万历举人。善诗文，工书画，精印

刻，与唐时升、娄坚、程嘉燧合称"嘉定四先生"。有《檀园集》《西湖卧游图题跋》。

③高丽茧：高丽茧纸，又名高丽贡纸、高丽纸。北宋陈槱《负暄野录》记："高丽纸以棉、茧造成，色白如绫，坚韧如帛，用以书写，发墨可爱。此中国所无，亦奇品也。"明沈德符《万历野获编》称："今中外所用纸，推高丽贡笺第一。"

④研：通"砚"。

⑤简：挑选，选拔。

⑥篝灯：置灯于竹笼中。

⑦东轩：住房向阳的廊檐。

【赏读】

张子薪是李流芳的好友，李流芳称其："骨清而坚，气弱而恬，神悴而全。"其人风雅，然体质纤弱，家境一般，家产仅三间屋，数亩园而已。个性恬淡，不以名利为意，虽寂寂无名，与当时已经享有文坛盛名的李流芳交往，也是磊落大方，但尽情性而已。

张子薪生平有两大癖好，一爱花，二爱李流芳之画。从李流芳为他写过的文字中，我们知晓，他的日常家居生活是："千花对榻，一编在手。"烂漫花丛中一个清瘦书生，因天生体弱多病，反而在这世上获得了难得的悠闲。他的日常交际并不广泛，而其中极重要也最热衷的一项，就是向李流芳索画，三天两头就来要一回，打着各种旗号，画得李流芳不胜其苦，大叫"手腕都要画脱掉了！"李流芳的书画，在当时名声与价格齐高，甚至街市上专门做其假画或倒卖兜售其画作的人，都能以此过上小康生活。李流芳自己也是要靠卖画挣钱养家的，却对张子薪的索求无度，有求必应。只因他是他的好友，是知音，是真正爱他作品的人。

在《跋盆兰卷》一文中，李流芳因与张子薪的一席赏兰夜话，宿疾顿消,因此作盆兰图卷以报答子薪并纪念那难得的良宵之乐。这一回,却是张子薪病情缠绵,作者为其作山水册页——用了市面上最好的纸"高丽茧"纸,连画十幅,丢失以后又尽心尽意重画,大费周章,却是抱了一个痴痴的想头:"若画能疗疾,子薪当霍然而起,为余置酒红茉莉下,开东轩一赏之。"去年七月,伴着主人窗前的红茉莉,客人酒酣兴发,自取笔墨、空白画册,挥毫作画不倦。文中未提主人如何,但可想而知,必在旁边殷勤招呼,眉开眼笑,啧啧称赏矣。今年七月,红茉莉再开时,一切又会如何呢?作者抱着温暖的回忆,在这些画册上题下了他的祈愿。

此题跋作于1621年,三年后,张子薪病逝。而游历在外的李流芳,直到半年后返乡才得知噩耗。在为张子薪所作的祭文中,他这样描述了彼此间的友情:"一日不见,忽忽若失。一味之甘,一花之开,飞书相报,我往子来。子病郊居,不能远涉,我数就子,时勤舟楫。屯桥之畔,村童里媪,指予而言,知与子好。"

住处相距不远,每有一些时鲜美味,或一种花新开,彼此便飞书相报,因张子薪多病,故往往是李流芳坐小船溯河拂柳而去,在张子薪家共同赏花饮酒的时候多些。渐渐地,连张家邻里的孩童老妪,都知道他俩是好朋友了。

知道了故事的结局,再回头来看这篇充满着花香酒气与画意的小品,心中难免会升起一种难言的怅惘。

跋盆兰卷 李流芳

己未春,余北上,至濠梁①,病还。夜辄苦不寐,独处惘惘,非对友生,流连花酒,即无以遣日。二月二日,与子薪、韫父、尔凝、家伯季、从子②,泛舟南郊,听江君长弦歌。值雨,子薪偕尔凝、君长宿余家。盆兰正开,出以共赏。子薪故有花癖,烧烛照之,啧啧不已。花虽数茎,然参差掩映,变态颇具。其葩或黄,或紫,或碧,或素;其状或含,或吐,或离,或合,或高,或下,或正,或欹。或俯而如瞰,或仰而如承,或平而如揖,或斜而如睨。或来而如就,或往而如奔,或相顾而如笑,或相背而如嗔,或掩抑而如羞,或偃蹇③而如傲,或挺而如庄,或倚而如困,或群向而如语,或独立而如思。盖子薪为余言如此,非有诗肠画笔者,不能作此形容也。余既以病,不能作一诗记之,欲作数笔写生而亦复不果。然是夜与子薪对花剧谈甚欢。胸中落落④,一无所有。伏枕便酣睡至晓,从此病顿减。此花与爱花人,皆我良药,不可忘也。

今日子薪邀过花癖斋,看莺粟花⑤,花既烂漫,映带新绿。时雨骤至,物色韶润。小窗对饮,情境清适。回思春夜赏花之乐,皆百年所未易有。子薪出素卷相属,因仿佛为写盆花,并追纪其语于后。四月朔日⑥也。

《李流芳集》

【注释】

①濠梁：即濠水，古水名，在安徽凤阳县境内。《庄子·秋水》："庄子与惠子游于濠梁之上。"即此也。

②从子：侄子。

③偃蹇：骄横傲慢状。

④落落：豁然开朗状。

⑤莺粟花：即罂粟花。中国古代作为观赏与药用植物栽培。

⑥朔日：旧历每月初一。

【赏读】

花可解语，花能助兴，不料，花与爱花人，还能治失眠之顽疾。子薪是真爱兰人，春雨之夜留宿，盆兰初开，兰花的姿态，在他的口中道来，是如此丰富、鲜活、迷人。"其葩或黄，或紫，或碧……或群向而如语，或独立而如思。"这段文字的赋陈，识兰之灵性，得兰之精神，堪称兰之知音。

作者良宵对花，又与花癖郎君一席谈，不禁心头大快，郁塞顿消，倒头就睡到天大亮，长期的失眠不治而愈，从此以后，身体也渐渐好起来了。待到春暮时节，再次与子薪在"花癖斋"相晤，莺粟花开，眼前红润绿新，一片韶华大好。心情、环境、气氛都到位，灵感不邀自来。知根识底的好友子薪，不失时机地奉上洁白的纸张，于是挥毫泼墨，绘盆兰图卷。并将这段缘由，记述下来，作为图卷的题跋。"回思春夜赏花之乐，皆百年所未易有。"——绘盆兰，绘的也是知心情谊，是珍重罕有的人生好时光。

李流芳三十二岁中举之后，屡考进士不第。且逢晚明多事之秋，时政倾颓。四十七岁那年，明王朝东北重镇为后金攻陷，举国震惊，正赴京应试的李流芳对政治彻底失望，《明史》记，"天启初，会试北上,抵近郊闻警,赋诗而返,遂绝意进取",回乡自建"檀园",绝意仕途。书此题跋时,为万历四十七年,李流芳四十五岁,是年春,北上赴试,至濠梁,因病弃考南归。而心中郁郁,本就体弱多病,加之中年失眠,幸而有山水清音可赏,有友朋知交相伴,才聊为慰藉。文中的张子薪就是其至交好友之一。

后人评李流芳品性高洁,尤其痛恨魏忠贤阉党之把持朝政,祸乱百姓。天启年间,各处尽建魏忠贤生祠,士绅官僚争先跪拜。而李流芳说:"拜,一时事;不拜,千古事。"虽隐居乡里而仍关心时政,常多忧时伤世之心。崇祯元年,又闻好友钱谦益被大学士温体仁陷害,坐杖论赎,被放还南,咯血浩叹:"事不可为矣!"病势加重,终至不起。

兰为逸品,君子之花,贞姿高韵,不随流俗,不媚世态,李流芳此文明写兰之知己张子薪,暗中亦带出一个同样热爱兰花的自己。"我"若不爱兰,又岂知爱兰者之心,岂能绘爱兰者心中之兰?

黄宗羲称:"长蘅无他大文,其题画册,萧洒数言,便使读之者如身出其间,真是文中有画也。"文中有画是其形,而更具感染力的是文中有情,这才是文章具有不衰生命力的核心所在。曾自命"情痴"的李流芳,为古今题跋小品名家,言必有物,平实中寓深意,文必有情,清冷中见温馨。

管夫人①画竹记 侯方域②

曹州余尉③出画竹一轴以示余,曰:"此元管夫人所作也。出自大内,明亡后,游燕市而得之。"呜呼!余闻书画之在大内也,中贵人④掌之,玉其楗而金其缄,而犹志之以别玺,曰"秘阁之宝"。今出自天子之宫而入尉之手,废兴之故,可以感矣!

然方其在大内也,虽玉楗而金缄,而天子倦万几⑤,或终岁不观,暇则妒宠工媚者各趋而前,书画不能以其落莫争也。虽中贵人掌之,而彼日徒营为酒食,醉饱,则斗鸡驯猫,亦不知观。而天下之文雅鉴赏者,固虽欲观之,而秘阁禁严,不能到也,是终无由见知于世也。方且真伪杂而美恶溷,不过荣其外而已。尉乃鉴之别之、爱之重之,与天下之有识者更拂拭而赞叹之。故天下之物,有不必荣于天子之宫,而绌⑥于尉之手者。呜呼!遇合之道,诚难与俗人言也。

尉又云:"今太保宋公,尝见而欲得之,诡辞以岁久剥落,将入吴中求国工装之以献。"时尉方求补官,舍于太保之馆,因遂逡巡以去。其后数见太保,辄问曰:"画固在乎?曾求国工治装乎?"言之而笑。尉终不献,太保亦不更索也。呜呼!尉诚高矣,若太保者不具论⑦,倘亦所谓不贪为宝者乎?

余尝观之,其绢细密有坚致,非近世所能为;竹潇洒神韵,旁有石,历落而远。其为管夫人作无疑。管夫人者,赵文敏⑧之妻也。文敏以宋宗姓仕元,为显官。今所传者,翰墨满天下,岂当时矜重,而求索不获辞耶?抑文敏夫妇借以写其"彼黍离离⑨"之感耶?何其有闲情而为此也?然当时仕之以显官,矜重其翰墨,而卒使之消遣于艺事,不忧不戚,夫妇偕老。呜乎!当时之所以待胜国⑩者厚矣。

凡此皆其可记者也,余因为之记。

《壮悔堂文集》

【注释】

①管夫人:即管道昇(1262~1319),元朝女画家。字仲姬、瑶姬。华亭(今属上海青浦)人。为书画家赵孟頫之妻。封魏国夫人,世称"管夫人"。工诗文、书法,尤长于绘画,擅画竹、梅、兰,兼山水、佛像等。

②侯方域(1618~1655):字朝宗,河南商丘人,明末清初著名文人,复社成员。性豪迈不羁,为文有奇气。与汪琬、魏禧合称"清初三大家"。与冒襄、陈贞慧、方以智,合称"明季四公子"。顺治八年(1651)出应乡试,中副榜。后深悔此举,有《壮悔堂文集》。与秦淮名妓李香君有过恋爱,孔尚任的戏剧作品《桃花扇》即写侯、李故事。

③曹州余尉:曹州,北周置,唐代辖境约相当于今山东省菏泽、曹县、成武、东明及河南省兰考、民权等地。明代治所在今山东省曹县。清雍正年间升为曹州府,治所在菏泽。尉,古代官名,一般为武职。

④中贵人:帝王宠幸的宦官,亦专指宦官。

⑤万几:几,通"机"。万机,特指帝王日常的纷繁政务。有

⑥绌：减损，失去身价。

⑦具论：详究，追查。

⑧赵文敏：即元朝书画家赵孟頫。死后晋封魏国公，谥文敏。详注见《日记二则》。

⑨彼黍离离：引自《诗经·王风·黍离》，原诗写周朝大夫行经荒草掩盖中的故都，见景生情，产生国家残破、今不如昔之感。后专指国破家亡之痛。

⑩胜国：被战胜之国，指前朝。

【赏读】

此文约作于顺治六年至八年。而顺治八年，侯方域出应乡试，中式副榜。九年，在家乡修建"壮悔堂"，作《壮悔堂文集》，其文集亦以堂名，表明虽才至壮年，而一生可痛悔事之多。是年，又致书"江左三大家"之一吴梅村，劝其不要出仕。十一年，卒，年三十七岁。

侯方域家世显赫，父、祖皆为名宦。少年时即才气纵横，海内推重。虽为诸生，但扬名官场与士林，主盟复社，与阉党余孽作斗争，慷慨激昂，有胸怀天下之志。不料明一亡于李自成，二亡于满清。复社旧友，或起兵抗清，或遁迹山林，或避家为僧，像侯方域这样参加清朝的乡试，是极少的。亦有后人为其辩白当时情形之迫不得已，然无论如何，于士人名节，于当事人的内心，早已留下无法磨灭的灰色烙痕。仅三年后，侯方域便以正当壮年而亡。不能不让人想到，或许是难言的痛苦，将他的健康摧毁了。

平生心路，作者纵使不愿提及，细心的读者，从文章中亦可以稍窥踪迹。本文记元代女画家管夫人的一幅竹画，本应为闲情之作，然句句暗藏别意，可谓话中有话，只是不便明说。为何不便明说？

自然是鼎革之际政治气候的影响了。

名画,从皇宫之内流入一介廷尉——小小武官之手,不逢乱世,怎有此可能?第一层,便写王朝废兴之感。唐代诗人刘禹锡在《西塞山怀古》一诗中道:"人世几回伤往事,山形依旧枕寒流。"自古以来,废兴是历史的规律,这倒也罢了。

第二层,写名画亦有其遇合。当其藏于深宫,皇帝无暇观看,保管的宦官只知吃喝玩乐,不懂欣赏,世间懂得欣赏的雅士,又无缘得见。所以,倒不如落入曹尉之手,还能够得到爱护尊重。表面上,写名画的落寞,实则,暗点前朝灭亡的原因:人才得不到任用,奸佞当道,当权者醉生梦死……

第三层,引入一个有趣的小故事。当朝贵人想得到这张画,曹尉不敢不给,又不愿意给,便拿谎话去搪塞。此段叙事画人,极为鲜活,贵人垂涎之情,曹尉狡黠之态,寥寥数语中跃然纸上。而双方几度较量,彼此心知肚明,最后竟然不了了之。结局令人松了一口气,也很出乎意料。作者议论说:"倘亦所谓不贪为宝者乎?"这位贵人,虽然很想要这张画,却并没有倚仗权势而强占,可谓爱而不贪,不辱雅癖。

第四层,却是陡然生发,作者的思绪,飞到了该画的作者——管夫人与其丈夫赵孟頫身上。宋亡于元,与明亡于清,性质颇为相似。而身为宋朝宗室的赵孟頫夫妇,亡国之后,在元朝能过上优裕闲适的日子,夫妇偕老,不忧不戚,可见当时元朝政权对待他们还是颇为宽厚的。言下之意,自然是现在的清政权,对待亡明的士大夫们,可不怎么样。

作者又说赵、管夫妇作画,是为了抒发"彼黍离离"的追思故国之情,这个推论未必成立。但在作者的思想中,却是理所当然的,完全符合当时大多数文人士大夫心中暗藏的遗民意识。

全文层层推进,形质皆重,而词微旨远,引而不发,故流水般自如的行文中，又别具一种沉郁顿挫之感。侯方域少年时词藻富丽，后潜心研究韩、柳、欧、苏之文，加以心志高远，终至以古文雄视当世。行文有唐宋风气，议论风发，豪宕不羁，叙事画人更具小说家法，多记述小人物，而读之令人慷慨忘倦。

写字作画,亦是俗事 郑燮①

　　写字作画是雅事,亦是俗事。大丈夫不能立功天地,字养②生民,而以区区笔墨供人玩好,非俗事而何?东坡居士刻刻以天地万物为心,以其余闲作为枯木竹石,不害也。若王摩诘③、赵子昂④辈,不过唐、宋间两画师耳!试看其平生诗文,可曾一句道着民间痛痒?设以房、杜、姚、宋⑤在前,韩、范、富、欧阳⑥在后,而以二子厕乎其间,吾不知其居何等而立何地矣!门馆⑦才情,游客⑧伎俩,只合剪树枝、造亭榭、辨古玩、斗茗茶,为扫除小吏作头目而已,何足数哉!何足数哉!愚兄少而无业,长而无成,老而穷窘,不得已亦借此笔墨为糊口觅食之资,其实可羞可贱。愿吾弟发愤自雄,勿蹈乃兄故辙也。古人云:"诸葛君真名士。"名士二字,是诸葛才当受得起。近日写字作画,满街都是名士,岂不令诸葛怀羞,高人齿冷?

《郑板桥全集》

【注释】

①郑燮(1693~1765):字克柔,号板桥、板桥道人,江苏兴化人,祖籍苏州,清朝著名画家、书法家、诗人。一生主要客居扬州,为"扬州八怪"之一。康熙秀才、雍正举人、乾隆元年进士。中进士后曾历官河南范县、山东潍县知县,有惠政。著作有《板桥

诗钞》《板桥词钞》《板桥家书》《板桥题画》《板桥先生印册》等自刻本行世。

本文节选自《潍县署中与舍弟墨第五书》,标题为编者所加。

②字养:抚养、养育。

③王摩诘(692~761):王维,字摩诘,河东蒲州(今山西运城)人。盛唐山水田园派诗人、画家。精通佛学,深受禅宗影响,有"诗佛"之称。

④赵子昂(1254~1322):赵孟頫,字子昂,号松雪道人。吴兴(今浙江湖州)人,宋室后代。元代官僚、书画家。详注见《日记二则》。

⑤房、杜、姚、宋:指房玄龄、杜如晦、姚崇、宋璟,俱为唐代名臣,并称"四大名相"。

⑥韩、范、富、欧阳:指韩琦、范仲淹、富弼、欧阳修,俱为北宋名臣。苏轼《范文正公文集叙》:"韩、范、富、欧阳,此四人者,人杰也。"

⑦门馆:官僚、贵族等大户人家专门给门客居住的地方。此处代指门客。

⑧游客:门客、清客。

【赏读】

写字作画,人人都知是雅事,郑板桥却说"亦是俗事",此话甚是出奇,且听他是如何道理。

像苏东坡这一类的大贤,"以天地万物为心",达到天人、物我相融境界。他们心怀天下,心牵万民,既为文豪,又是治世大才,只以偶尔闲情,画些枯木竹石——作者认为,此"不害也"。这种类型的"写字作画",是可以的。

又如王维、赵孟頫,俱以诗、书、画名传千古,但一生政治上并无多少作为，也未曾热衷于关心民间疾苦，在作者看来，这种"写字作画"技艺再高超，也不过是一代画师罢了。要知道，画师的社会地位在古代比较低，远不能与士大夫阶层相提并论。唐代著名画家阎立本，出身名门，官至右相，只因性好丹青，欲罢不能，曾被唐太宗传命当着众侍臣学士之面作画，回家后又羞又气，告诫儿子说："吾少好读书，幸免面墙，缘情染翰，颇及侪流。唯以丹青见知，躬厮役之务，辱莫大焉！汝宜深诫，勿习此末伎。"

自宋以后，文人画兴起，"写字作画"，从不登大雅之堂的"巧艺""末伎"，渐成为文人雅艺，明清以来，更成为"名士"风范的标配，士大夫争先矜夸以为能。

郑板桥本人，是职业画家出身，以江湖卖画为生，饱受世间风霜冷眼。直到中年才进入仕途，达成生平志愿，也完成了身份的转变。在这种出身背景之下，他对"写字作画"的看法和一般人不同，怀有着一种又爱又恨的复杂心态。艺术追求上，他不能忘情书画，但从人生理想上："愚兄少而无业，长而无成，老而穷窘，不得已亦借此笔墨为糊口觅食之资，其实可羞可贱。"本以为是消闲爱好，却成为谋生糊口工具，这种本末倒置的痛苦，其中更难免有牺牲艺术个性迎合商业市场的挣扎，诸般辛酸羞耻，实不足与外人道。

观点或许有失偏激，但也正说明，在郑板桥心目中，有没有政治抱负与作为，是否以家国天下为念，才是他对士大夫的评判标准。至于当时名士雅流，热衷于"剪树枝、造亭榭、辨古玩、斗茗茶"之类消遣，他就更不以为然，认为绝非正业，是寄人篱下的门客之流才会做的事情了。他敬佩的人，当然也就绝非以"写字作画"而扬名的王、赵等纯艺术家，却是房、杜、姚、宋、韩、范、富、欧阳等前代贤相名臣了。

康熙秀才、雍正举人、乾隆进士——郑板桥在晚年自述生平的文字中这样总结。他一生怀抱从政理想，乾隆七年出任山东范县县令，乾隆十一年调任潍县县令，任职期间，政绩颇佳，据说十二年治内无一件冤案。在潍县时，因大饥荒而做主放仓赈灾，又因为作物歉收，一把火烧掉百姓向官府打的借条，潍县百姓感戴他的恩德，为他建立生祠……这段经历，才是他真正引以为自豪的。

"诸葛君真名士。"诸葛亮隐居南阳，退则躬耕乐道，进则三分天下，鞠躬尽瘁，这才是真正的名士风流。最后，郑板桥借古人之口，借诸葛武侯之事迹，表达了对当世所谓"名士"们的不屑："近日写字作画，满街都是名士。"——不留情面、横扫一片的批评。板桥老人的倔怪之气跃然纸上。

板桥润格① 郑 燮

大幅六两,中幅四两,小幅二两,条幅对联一两,扇子斗方②五钱。

凡送礼物食物,总不如白银为妙;公之所送,未必弟之所好也。送现银,则中心喜乐,书画皆佳。礼物既属纠缠,赊欠尤为赖账;年老神倦,亦不能陪诸君子作无益语言也。

"画竹多于买竹钱,纸高六尺价三千。任渠③话旧论交接,只当秋风过耳边。"

乾隆己卯,拙公和尚属④书谢客。板桥郑燮。

《郑板桥全集》

【注释】

①润格:旧指为人作诗、作画等所定的报酬标准。

②斗方:书画所用的一二尺见方的纸张,也指一二尺见方的字画。

③渠:他。

④属(zhǔ):嘱咐。

【赏读】

乾隆十八年(1753)春,六十一岁的郑板桥罢官离开山东潍县

（今山东省潍坊市），回到扬州，重新过起卖画的生活。他在为二女儿出嫁所作的一幅《兰竹石图轴》上题诗道："官罢囊空两袖寒，聊凭卖画佐朝餐。最惭无隐奁钱薄，赠尔春风几笔兰。"虽不至于穷到不卖画就没早饭吃，但卖画收入确实算生活的主要来源。六十七岁这年，郑板桥将这张流传后世的著名"润格"，堂而皇之地贴在了大门上。此事产生了轰动效应，一时仿效者众多。尽管据称是听从了老友拙公和尚的劝告，但在"君子"不齿于言利、谈钱有伤风雅的社会风气之下，这种做法，还是颇为惊世骇俗的。

　　明清以来，职业画家走向社会舞台，代替隶属官方的院画画家和自得其乐的文人（其中很多同时便为达官显贵）画家，渐渐成为主流。以书画艺术谋生，本非见不得人的事情。明代唐寅就曾公然卖画，招摇过市。即便是董其昌这样的官僚阶层，家财万贯，也并不拒绝以书画作品换取优厚报酬。但文化人耻于谈钱的传统仍在维系着，尤其对于本身所处社会阶层较高的作者们，这种艺术品的买卖关系，通常还是会被包装得温文有礼，比如不能说"买画"，而是"求画"，求得画作后，并不付现金，而是以各种贵重或实用礼物相回报。甚至买家并不与作者见面，只是辗转托他人"代求"，以现代的定义来说，就是通过各种中间人、代理的形式来买卖作品。

　　晚年回到扬州的郑板桥，早已成为名家，又当过政府官员，跻身士绅阶层，获得了一定的身份地位，他的书画作品也热门起来，上门求画、索画者众多，于是就有人倚仗人情、托名风雅而企图免费，或是以极低的礼物为代价来获得画作，几乎可以猜想得到，提着一斗米、两升油，或者几斤猪肉，就想换回板桥老先生大作的家伙们，是怎样满脸堆笑，厚颜敲开郑家大门的。"礼物既属纠缠，赊欠尤为赖账"——郑板桥的烦恼，是所有成名与未成名的职业画家共同的烦恼。而此老放下面子，公然讲钱，写得却饶有风趣,意兴洒脱,亦可谓大俗中有大雅,堪称真性情。

与之可以共读的,是齐白石老人于1940年在大门上所张贴的润格:"吾年八十矣,尺纸六圆。"另又加声明:"卖画不论交情,君子自重,请照润格出钱。""绝止减画价,绝止吃饭馆,绝止照相。"

题 画 金农[①]

  饮郑氏园,大醉如泥。烂银月色,今夕尤佳,画此竹枝自代解醒,并题小诗其上。诗云:"花气已阑人罢酒,棋声方散月当阶。新篁一枝才落墨,便有清风生百骸。"余之竹与诗皆不求同于人也,同乎人,则有瓦砾在后之讥矣。

《金农题跋》

【注释】

  ①金农(1687~1763):字寿门、司农、吉金,号冬心先生、稽留山民、曲江外史、昔耶居士等。浙江仁和(今杭州)人,清代书画家,"扬州八怪"之一。好游历,久居扬州。其人博学多才,擅书画之外,更善诗、古文,精鉴别金石。

【赏读】

  金农是"扬州八怪"之中最富"怪才"的一位。他天资聪颖,博学多才,但从未能进入过仕途。乾隆元年(1736),受荐举博学鸿词科,入都应试未中,遂游历四方,走齐、鲁、燕、赵,历秦、晋、吴、粤,终无所遇。五十岁之后,才开始学画,遂成一代名家,晚年流寓扬州,以卖书画为生。他不擅理生计,虽然成名之后求书画者众多,有时"岁得千金",却又买金石书画、图书古董,潇洒得花个干净。"岁得千金,亦随手散去",晚年竟穷困潦倒,不得不以贩古董、抄佛经、刻砚来增加收入。他曾亲笔绘彩灯,在扬州销路不佳,遂托友人袁枚在南京代售。袁枚倒是一个理财能手,但对此事也爱莫能助,回信说:"您的笔墨,遗世独立,绘在灯具上,真是堪称稀世之宝,只是——哎,南京人只知道变着花样吃鸭子,艺术上一窍不通,大白天的,日头底下,连'画'是什么东西都不知道,更何况长夜悠悠,谁又会去欣赏这灯上之妙笔呢?"金农最终去世的时候,家徒四壁,连买棺材的钱都没有。

金农被后世尊为"扬州八怪"之首。其怪究竟在何处呢?当然不止乱花钱这一项。《清史稿》中记金农:"性逋峭,世以迂怪目之。"王昶撰《蒲褐山房诗话》亦言:"性情逋峭,世多以迂怪目之。然遇同志者,未尝不熙怡自适也。"艺术家率真而不擅人情交际,落在平常人眼里,却是很不合时宜的。他的书画艺术成就,在"扬州八怪"中被评为最高。吴颢所辑《国朝杭郡诗辑》中记:"年五十余始从事于画。始画竹,继画梅,继画马,最后画佛。其布置花木,奇柯怪叶,设色尤异,非复尘世间所睹。"是一个半路出家的天才型人物。金农诸种绘画题材都擅长,尤其精于墨梅,他的梅花,集前代众贤之长,造诣新奇,笔墨朴质,意趣天然,生机勃发。他亦工书法。包世臣《艺舟双楫》中,将他的隶书列为"逸品上",称之"楚调自歌,不谬风雅"。其楷书有隶意,自创一格,拙中寓巧,号称"漆书"。好友厉鹗曾评价为"堂堂小颜公,颇喜究奇怪"。晚年在漆书基础上,更创造了"渴笔八分",曾自言:"予年七十始作渴笔八分,汉魏人无此法,唐宋元明亦无此。"袁枚《随园诗话》中,曾提到金农的诗才。诸名士二十余人观芍药赋诗,金农最先成,一座为之搁笔。袁枚赞扬其为"天外落想",不仅才思敏捷,构思立意更是新奇巧妙。他亦能篆刻,得秦汉法。

可见金农之"怪",还在于艺术上的创新,处处自立门户,绝不傍人门下。更不会向流俗妥协。这种"怪",是一个艺术家的最高尊严,也是他才华的最高体现。知道了这些,我们就可以理解,在这则选自金农画作题跋的小文中,作者最后一句话的深意与分量了——"余之竹与诗皆不求同于人也,同乎人,则有瓦砾在后之讥矣。"在扬州时,金农最常画的是竹。他的竹画,也很受市场欢迎,为他带来了不少卖画收入。文中所提这幅"墨竹",即绘于这个阶段。他对自己的竹画成就,是很引以为自傲的。晚年,他在《金农画竹题记序》中说道:"冬心先生年逾六十始学画竹,前贤竹派,不知有人,宅东西种植修篁约千万计,先生即以为师。"亦是取法自然,幽韵天成。正所谓:"新篁一枝才落墨,便有清风生百骸。"本文中金农的题竹画诗句,正是他的艺心写照。

而大醉归来,月色烂如银,遂意兴湍飞,作墨竹以解酒。月下竹影萧疏,一枝枝落入宣纸,清风徐来,不知吹动的是阶下竹,还是画中竹?此情此景,虽解了作者之酒意,却令读者心醉神怡了。文虽短,而思致清绝,冬心先生果然奇才。

秋芙喜绘牡丹[①]　　蒋　坦[②]

秋芙喜绘牡丹，而下笔颇自矜重[③]。嗣从老友杨渚白游，活色生香，遂入南田之室[④]。时同人中寓余草堂及晨夕过从者，有钱文涛、费子苕、严文樵、焦仲梅诸人，品叶评花，弥日不倦。既而钱去杨死，焦、严诸人各归故乡。秋芙亦以盐米事烦，弃置笔墨。惟余纨扇一枚，犹为诸人合画之笔，精神意态，不减当年，暇日观之，不胜宾朋零落之感。

桃花为风雨所摧，零落池上，秋芙拾花瓣砌字，作《谒金门》词云："春过半，花命也如春短。一夜落红吹渐漫，风狂春不管。""春"字未成，而东风骤来，飘散满地，秋芙怅然。余曰："此真个'风狂春不管'矣！"相与一笑而罢。

余旧蓄一绿鹦鹉，字曰"翠娘"，呼之辄应。所诵诗句，向为侍儿秀绢所教。秀绢既嫁，翠娘饮啄常失时，日渐憔悴。一日，余起盥沐，闻帘外作细语声，恍如秀绢声吻，惊起视之，则翠娘也。杨枝[⑤]去数月矣，翠娘有知，亦忆教诗人否？

秋芙每谓余云："人生百年，梦寐居半，愁病居半，襁褓垂老之日又居半，所仅存者，十之一二耳，况我辈蒲柳之质[⑥]，犹未必百年者乎！庾兰成[⑦]云：一月欢娱，得四五六日。想亦自解语耳。"斯言信然。

《秋灯琐忆》

【注释】

①本文选自蒋坦《秋灯琐忆》,标题为编者所加。

②蒋坦(约 1818~1863):字平伯,号蔼卿,浙江钱塘人。终生秀才,善文章,工书法,著有《息影庵初存诗集》及《百合词》二卷,《夕阳红半楼词》二卷。其妻关瑛,字秋芙,负文才,解音律,著有《梦影楼词》,约于咸丰四至五年间(1854~1855)病死。数年后,蒋坦亦于太平军攻占杭州期间饿死。

③矜重:矜持,自重。

④南田之室:清代著名画家恽南田,擅山水、花鸟,尤以没骨画法绘花卉,精雅绝伦。此处指秋芙绘牡丹花,已习得恽南田一派技法,入其门户。

⑤杨枝:指唐代诗人白居易的侍妾樊素。樊素善唱《杨枝曲》,故以曲名人。后常用以为典,亦泛指侍妾婢女或所思恋的女子。

⑥蒲柳之质:蒲柳为水杨,秋天凋谢早,故多用以比喻身体衰弱或未老先衰。

⑦庾兰成(513~581):即庾信,字子山,小字兰成,祖籍南阳新野(今属河南)。少有文名,十五岁即任昭明太子侍读。后奉南朝梁元帝名,出使北朝被扣留,不得回归。文风感染北人雄浑豪迈之气,杜甫评曰:"庾信文章老更成,凌云健笔意纵横。"是南北朝文学的集大成者。曾仕北周,官至骠骑大将军、开府仪同三司,故又人称"庾开府"。

【赏读】

《秋灯琐忆》中,所记都是夫妻生活中的细琐事情。贯穿这爱人相伴岁月始终的,则是共同的对于生命、爱情的耽溺,于无常、丧失的痛感。伤春悲秋,对于他们,并不仅仅是文学审美上的意义,更是深扎于幸福生活中的一根毒刺,挥不去的心魔。

秋芙喜欢画牡丹,牡丹是最富丽娇艳的花,是春天的女王,在秋芙习画牡丹的日子里,他们与许多诗朋酒友欢聚,朝夕过往,习文论画,终日不知厌倦,然而,终有风流云散的一天。朋友们死的死,散的散,连女主人也为柴米油盐束缚,不再提笔作画了。只余一枚纨扇,上有当年众友人合作的牡丹花,犹保留着不败的丰姿神韵。逝去的光阴,凝固在小小的扇面上,当年的欢乐,却永远不再回来了。

捡拾桃花花瓣,砌字作词,很容易让人想起林黛玉的葬花。但黛玉葬花,更多的是敏感少女对于身世的自伤,对于现实的质疑与抗争,而秋芙拾花,却是少妇对于红颜易逝、好景不常的惆怅。这浪漫的行为里,其实还隐藏着一种宿命的苍凉感。作为她的爱人与唯一的知音,蒋坦当然明白她的叹息,于是在风将花瓣吹散,在愁意袭上妻子眉间的时候,故作豁朗地打了个哈哈:"此真个'风狂春不管'矣!"道破了,也就没事了。相与"一笑而罢",不仅是一笑开解,而且是互相,还是夫妻二人互相之间的默契,只在这一句话,甚至一个眼神里。

就连鹦鹉,也能引起物是人非之感,侍女嫁人离开,也让他们伤怀,世间竟无不散的筵席。所谓"人生百年,梦寐居半,愁病居半,襁褓垂老之日又居半,所仅存者,十之一二耳,况我辈蒲柳之质,犹未必百年者乎!"秋芙的这段话,几乎可以让每一个心灵不那么粗糙的人,为之一怔,进而怅然长叹。这正是生而为人,为有感情的人,来到这个世界上所共同面对的困境。

幸而,有亲情与爱与我们作伴,驱赶这人生的荒凉。亲人与爱侣,又终有一天与我们在生命的尽头告别。

有情皆苦。无情,生命又有什么欢乐可言呢?这,便是蒋坦与关秋芙所深深困惑着,总在寻求着答案的问题。

卷五

君子干嬉

谢安①好棋 《晋书》

时苻坚②强盛，疆埸多虞，诸将败退相继。安遣弟石及兄子玄等应机征讨，所在克捷。拜卫将军、开府仪同三司，封建昌县公。坚后率众，号百万，次③于淮肥，京师震恐。加安征讨大都督。玄入问计，安夷然无惧色，答曰："已别有旨。"既而寂然。玄不敢复言，乃令张玄重请。安遂命驾出山墅，亲朋毕集，方与玄围棋赌别墅。安常棋劣于玄，是日玄惧，便为敌手而又不胜。安顾谓其甥羊昙曰："以墅乞汝④。"安遂游涉，至夜乃还，指授将帅，各当其任。

玄等既破坚，有驿书至，安方对客围棋，看书既竟，便摄放床上，了无喜色，棋如故。客问之，徐答云："小儿辈遂已破贼。"既罢，还内，过户限⑤，心喜甚，不觉屐齿⑥之折，其矫情镇物⑦如此。以总统功，进拜太保。

《晋书·谢安传》

【注释】

①谢安（320～385）：字安石，陈郡阳夏（今河南太康）人，东晋政治家。长期隐居东山，四十余岁始出仕，孝武帝时位至宰相。曾领导东晋对前秦苻坚"淝水之战"的胜利，并乘机北伐取得收复洛阳等成果。死后追赠太傅，追封庐陵郡公。世称谢太傅、谢安石、

谢相、谢公。

②苻坚（338～385）：十六国时期前秦皇帝，字永固，一名文玉，略阳临渭（今甘肃秦安）人，氐族。初封东海王，后发动政变推翻堂兄苻生即位。在位期间重用汉人王猛，推行系列政策与民休息，加强生产，终令国家强盛，接着以军事力量消灭北方多个独立政权，成功统一北方，并攻占了东晋领有的蜀地。于383年发动"淝水之战"，意图消灭东晋，终败归，北方各族首领乘机反叛，本人亦遭羌人姚苌杀害，谥号宣昭，庙号世祖。

③次：临时驻扎和住宿。

④以墅乞汝：把别墅送给你。

⑤户限：门槛。

⑥屐齿：屐底的齿。屐，一种木制的鞋，前后各装有一齿，可以践泥水。魏晋时士大夫日常喜好着屐。

⑦镇物：使众人镇定。

【赏读】

"淝水之战"是中国历史上一次著名大战。东晋以八万兵马，对抗前秦八十万大军，竟然取得了反转性胜利。谢安作为此次大战的统领人物，居功甚伟。本文节选的，就是谢安传记中关于这次战争的记述。全文只字未提战争的具体过程，而战争的惊险紧张，跃然纸上，扣人心弦，气氛渲染出色，人物刻画生动异常。

大战在即，前秦武力强盛，苻坚挟声称的"百万"兵马来犯，投鞭断流，东晋偏安日久，士族名流只以清谈为要务，举朝之中，莫不震怖。在统帅的府上，却是另一派光景。

一边是将领频频问计，众人惊慌失措，一边是主帅悠闲地下着围棋，兴致勃勃地跟对手赌棋，乘对方心神不宁，狠狠地在棋盘上讨了便宜回来，又跑去游山玩水……难道谢安真的不在乎？不然，稳定人心而已。敌我力量悬殊的情况下，后方易起动乱，局面将更加不可收拾。谢安深谙此理，故弄玄虚地混到入夜，方才点兵布将，此时的指挥如意，越发衬托出前面的胸有成竹。

魏晋人好下围棋，尤其注重下棋时的风度，胜不喜，败不忧，绝对不能被外物干扰心境。以此来判定棋手的胸襟气度。谢安作为东晋名流之首，自然要作表率。但打胜仗的消息还是太重大了，他终于没能掩饰住内心狂喜，脚下不稳，绊到门槛上，把木屐的齿给撞折了。在最后一步，暴露了这位主帅的心弦其实也一直紧绷着，只是用下棋来暗自排遣紧张的心情。

清人龚自珍有诗句："不容儿辈妄谈兵，镇物何妨一矫情？""矫情"不算是个好词儿，但谢安的这次矫情，却是矫情得有理。

《丸经》①集叙 佚 名

捶丸②，古战国之遗策也。粤若③稽古，《庄子》之书：昔者楚庄王偃兵④宋都，得市南勇士熊宜僚者，工于丸，士众称之，以当五百人。乘以剑而不动，捶九丸于手，一军停战而观之。庄王免于敌而霸。降世尚习，盖闻而知之，未造其理也。

至宋徽宗、金章宗，皆爱捶丸，盛以锦囊，击以彩棒，碾玉缀顶，饰金缘边，深求古人之遗制，而益致其精也。且夫"饱食终日，无所用心，不有博弈者乎，为之犹贤乎已"！而圣人称之。

方今天下隆平，边陲宁谧，将帅宴安于橐弓戢矢⑤之际，士卒嬉游于放牛归马之余，苟非弹石习闲，何以临机而制敌也？至如芳春永昼，长夏留阴，秋朗气清，冬晴雪霁，高飙微动，纤云不惊，半酣乍醒，饫饱含铺⑥，于斯块坐鞍掌⑦，岂不肌肤固会而筋骸束焉者几希矣。宜乎视土燥、湿、坚、坌⑧而安基，择地平、峻、凹、凸以制胜，拽肘运杖，击杓收窝，体无低昂，意无急躁，手持欲固，意运欲和，诚足以收其放心，养其血脉，而怡怿乎神情者矣。不以勇胜，不以力争，斯可以正己而求诸身者也。由是观之，抑亦卫生⑨之微奥，而训将练兵之一伎也。宜乎"君子不器"，而与众乐之。考古今制作之详，索筹算多少之计，述为《丸经》二卷，增注简谅，好事者从而咏歌之。因书以为序。

《丸经》

【注释】

①《丸经》：元无名氏撰。是经共分三十二章，分上下二卷，全面论及捶丸游戏之规则、技巧、方法、器具、品行等。

②捶丸：古代球类竞技游戏之一。在旷地画线为基，离基线远处掘一浅穴为窝；球置基中，以棒击之，入窝者为胜。

③粤若：发语词。用于句首以起下文。

④偃兵：休兵，停战。

⑤櫜（gāo）弓戢（jí）矢：《诗·周颂·时迈》："载戢干戈，载櫜弓矢。"谓收藏干戈弓矢。后因以此谓停息战事。

⑥饫饱含餔：饫饱，吃得很饱。含餔，口含食物。形容人民生活安乐。

⑦块坐鞍掌：块坐，独坐；鞍掌，马鞍与马掌，代指骑马。此处意为贪于安逸，冷落了戎马生涯。

⑧垄：此处为土壤松浮意。

⑨卫生：养生，保护生命。

【赏读】

捶丸，这种与现代高尔夫球颇有相似处的游戏，至少在宋代已经很流行了，帝王后妃、达官贵人、文人墨客，甚至闺中女子，都对它很是喜爱。此风延续至元、明，入清以后才式微。现藏北京故宫博物院的《明宣宗行乐图》长卷中，便有"捶丸"场景，图中描绘的场地面貌、旗、穴及击丸的棒、侍从的位置等，都与《丸经》所说吻合。

《丸经》是关于中国古代体育的珍贵史料，作者是元代人，姓名已不可考。它追述捶丸发展的历史，讲解捶丸的场地、器具、竞赛规则，以及各种不同的击法和战术，并格外强调了体育游戏中的个人修养与道德精神。

本文作为《丸经》序言,意简而赅,论述明晰,技巧工稳而结构完整,是一篇很有代表性的半叙半议的散文。

战国时代,有勇士用其高超技艺,不战而屈人之兵——准确地说,熊宜僚擅长的应是"弄丸",一种个人杂技,而非后代多人竞技的"捶丸",后人"深求古人之遗制,而益致其精也",不仅追溯历史沿革,更为后文做铺垫。孔子曰:"饱食终日,无所用心,不有博弈者乎,为之犹贤乎已!"以儒家圣人之言,肯定了捶丸作为休闲竞技的积极意义。

到底有哪些积极意义呢?作者从天下太平的大环境讲起,度人情,论世理,得出结论:不仅可以锻炼体魄与心志,在游戏与竞技中提高个人素养,还能作为训将练兵的军事性娱乐,在太平的环境中,有益于军队的活力与斗志。所以,"君子"应该不拘泥于一物一事的功用,和大家一起来享受它的乐趣。

弈棋序　宋　白[①]

　　投壶博弈，皆古也，《礼》经有文，仲尼所称。弈之事，下无益于学植[②]，上无裨于化源[③]，然观其指归，可以喻大者也，故圣人存之。观夫散木一枰[④]，小则小矣，于以见兴亡之基；枯棋三百，微则微矣，于以知成败之数。是故弈人之说，有数条焉：曰品，曰势，曰行，曰局。

　　品者，优劣之谓也；势者，强弱之谓也；行者，奇正之谓也；局者，胜负之谓也。品之道，简易而得之者为上，战争而得之者为中，孤危而得之者为下。势之道，宽裕而陈之者为上，谨固而陈之者为中，悬绝[⑤]而陈之者为下。行之道，安徐而应之者为上，疾速而应之者为中，躁暴而应之者为下。局之道，舒缓而胜之者为上，变通而胜之者为中，劫杀而胜之者为下。

　　品之义有浅深，定浅深之制，由乎从时。势之义又有疏密，分疏密之形，由乎布子。行之义又有利害，审利害之方，由乎量敌。局之义又有安危，决安危之理，由乎得地。时有去来，乘则得之，过则失之。子有向背，远则断之，壓[⑥]则穷之。敌有动静，缓则守之，急则攻之。地有废兴，多则破之，少则开之。能从时者无不济，能布子者无不成，能量敌者无不勇，能得地者无不强。然从时之权戒乎迁，布子之权戒乎欺，量敌之权戒乎忽⑦，得地之权戒乎贪。无谓品高而怠其志，怠即将卑。无谓势大而骄其心，骄即将羸。无谓行长而泄其机，泄即将疲。无谓局盛而忘其败，忘即将危。若然则制术于未形之前，识宜于临事之际，转祸于垂亡之间。具此道者，为善弈乎！

　　引而伸之，可稽于古。彼简易而得之，宽裕而陈之，安徐而应之，舒缓而胜之，有若尧禅舜、舜禅禹乎。彼战争而得之，谨固而陈之，疾速而应之，变通而胜之，有若汤放桀、武王伐纣乎。彼孤危而得之，悬绝而陈之，躁暴而应之，劫杀而胜之，有若秦并六国、项王霸楚乎。是故得尧舜之策者为首，得汤武之诀者为心，得秦项之计者为趾焉。抑从时有如设教，布子有如任人，量敌有如驭众，得地有如守国。其设教也，在宽猛分。其任人也，在善恶明。其驭众也，在赏罚中。其守国也，在德政均。至于怠志而骄心，泄机而忘败，非止围棋，将规家国焉。故曰：弈之事，下无益于学植，上无裨于化源，然观其指归，可以喻大者也，故圣人存之。

《全宋文》

【注释】

　　①宋白（936～1012）：字太素，大名（今河北大名东）人。北宋学者、藏书家。建隆二年（961）中进士。历仕宋初太祖、太宗、真宗三朝。官至礼部尚书，卒赠左仆射，谥文宪。参与修《太祖实录》，雍熙中，诏李昉与宋白诸文士，纂《文苑英华》一千卷。又编辑故事千余门，号《建章集》。有文集百卷，今不存。其人学识宏博，善谈，喜聚书与收集古画。

　　②学植：同"学殖"，原指学问的积累增进，后泛指学业、

学问。

③化源：教化的本源。

④散木一枰：即木制棋盘。散木，原指因无用而享天年的树木。后多喻天才之人或全真养性、不为世用之人。枰，棋盘。

⑤悬绝：相差太大。

⑥戚：紧迫。

⑦忽：粗心，不注意。

【赏读】

投壶之礼，主人奉矢，司射奉中，使人执壶。主人请曰："某有枉矢哨壶，请以乐宾。"（《礼记·投壶第四十》）

子曰："饱食终日，无所用心，难矣哉！不有博弈者乎？为之，犹贤乎已！"（《论语·阳货第十七》）

这就是本文开篇所谓"投壶博弈，皆古也，《礼》经有文，仲尼所称"的由来。儒家思想体系下的古人，不赞成为艺术而艺术，为娱乐而娱乐。除礼、乐、射、御、书、数这正统"六艺"之外，其余医、卜、算、书画、博弈等，只算"末技"之流，非士大夫所宜。到了唐代，琴、棋、书、画并称，开始成为文人"四艺"。但是，严格讲起来，未免有玩物丧志之嫌，此等事，最好还是用"古已有之""圣人存之"来先正个名。

正名之后，更要证明不仅不丧志，反而于君子们修身齐家治天下的事业，大有启发与助益，这就是知名学者兼棋坛高手宋白想要表达的主题。"散木一枰，小则小矣，于以见兴亡之基；枯棋三百，微则微矣，于以知成败之数。"下围棋这件事，以小见大，以微知著，棋艺与政道可是相通的哦！

作者将棋艺归纳成品（优劣）、势（强弱）、行（奇正）、局（胜负）四个方面，每个方面都有上中下之分。上之道是"简易而得之，宽裕而陈之，安徐而应之，舒缓而胜之"，如同尧禅舜让一般众望所归，下之道则"孤危而得之，悬绝而陈之，躁暴而应之，劫杀而胜之"，如同秦并六国、项王霸楚般不得民心。重"和"而忌"争"，重"宽简"而忌"暴厉"，这正应合了儒家"仁""礼""和"的思想体系。

具体到棋局上，黑白对峙的实践中，又可分从时、布子、量敌、得地四个环节，每个环节各有成败关键，都是对弈者智慧与修养的磨炼。善弈者，是能够运筹帷幄，料敌先机，化险为夷的。所谓"制术于未形之前，识宜于临事之际，转祸于垂亡之间"。这一段，作者总结并运用了自己下棋的丰富经验，以棋盘为鉴，揭示了为人处事、天下兴亡亦不过乎此的道理。

最后，"从时有如设教，布子有如任人，量敌有如驭众，得地有如守国。其设教也，在宽猛分。其任人也，在善恶明。其驭众也，在赏罚中。其守国也，在德政均"，以儒学阐述棋道，剖析精切，将棋道与政道挂钩，全篇至此一气呵成，完成了将棋技从艺往道的升华。

养鱼记 程 颐①

书斋之前有石盆池。家人买鱼子②食猫,见其煦沫③也,不忍,因择可生者,得百余,养其中,大者如指,细者如箸。支颐④而观之者竟日。始舍之,洋洋然,鱼之得其所也;终观之,戚戚焉,吾之感于中也。

吾读古圣人书,观古圣人之政禁,数罟不得入洿池⑤,鱼尾不盈尺不中杀,市不得鬻,人不得食。圣人之仁,养物而不伤也如是。物获如是,则吾人之乐其生,遂其性,宜何如哉?思是鱼之于是时,宁有是困耶?推是鱼,孰不可见耶?

鱼乎!鱼乎!细钩密网,吾不得禁之于彼,炮燔⑥咀嚼,吾得免于此。吾知江海之大,足使尔遂其性,思置汝于彼,而未得其路,徒能以斗斛之水,生汝之命。生汝诚吾心,汝得生已多,万类天地中,吾心将奈何?鱼乎!鱼乎!感吾心之戚戚者,岂止鱼而已乎?因作养鱼记。

至和甲午季夏记。

《二程集》

【注释】

①程颐(1033~1107):字正叔,北宋洛阳伊川(今属河南)人,世称伊川先生,北宋理学家、教育家,历官汝州团练推官、西

京国子监教授。与其胞兄程颢共创"洛学",人称"二程",为后世之"程朱理学"奠定了基础。后追封洛国公,配祀孔庙。

②鱼子:小鱼。

③煦沫:语出《庄子·大宗师》:"泉涸,鱼相与处于陆,相呴以湿,相濡以沫。"指用唾沫互相润湿。

④颐:面颊,腮。

⑤数罟(gǔ)不得入洿(wū)池:数罟,细密的鱼网。洿池,水塘。语出《孟子·梁惠王上》:"数罟不入洿池,鱼鳖不可胜食也。"

⑥炮燔:烧烤。

【赏读】

很多年以后,程颐成为一代大儒,授徒讲学,世称"伊川先生"。偶尔的一天,他翻到了二十二岁那年写的一篇文章,不禁感叹起来:"吾昔作《养鱼记》,于兹几三十年矣,故稿中偶见之。窃自叹,少而有志,不忍毁去。"

写《养鱼记》的时候,还不过是个眉目青涩的年轻人。干的似乎也是稚气未脱的事:将家人买来喂猫的小鱼放生,养在书房前的石盆池里,自己呢,就托着腮帮,呆呆地看鱼,看个一整天。这个形象,委实可爱。不过,该青年脑子中转悠的,可全是正经的天地之间大道理。

鱼儿离开水,张皇失措地吐着泡沫,青年不忍,起了"仁心",想起了孟子的话:"不违农时,谷不可胜食也;数罟不入洿池,鱼鳖不可胜食也;斧斤以时入山林,材木不可胜用也。谷与鱼鳖不可胜食,林木不可胜用,是使民养生丧死无憾也。养生丧死无憾,王道之始也。"圣人之仁,对于自然万物要给予休息生养的机会,不可伤害其根本。这种小鱼都用细网捕回来的做法,是不合圣人之道,不具"仁心"的。

不仅"乐其生",还要"遂其性",鱼回到江海之中,才最适宜它们。小鱼暂时被养到石盆池里了,青年对着欢快游动的鱼儿,陷入沉思:"小鱼儿,是我这颗心,使我救活了你,而天地万物之中,我这颗心,又将会怎样呢?今天我所感怀的,又岂止养鱼这件事而已!"

自小立志钻研孔孟之道,渴求世间至理的程颐,问出这样的话,绝非一般青年的多愁善感,他是在严肃地格物致知。格物,内感于物而识其理;致知,智识渐明,乃能穷尽天理。而格物致知的关键,在于"心"——圣人以天地为心,"一切涵容复载,但处之有道";心"与天地合其德,与日月合其明,非在外也",所以由观鱼而体会圣人之仁,内感于心,引发对"天理"的追寻。

虽未提出鲜明的主张,但此篇确实是赤诚的立志之文。写下此文两年后,年仅二十四岁的程颐,来到京师开封,于繁塔之左,授徒讲学,踏上了理学宗师之路。

促织论　贾似道①

论曰：天下之物，有见爱于人者，君子必不弃焉。何也？天之生物不齐，而人之所好亦异也。好非外铄②，吾性之情发也。情发而好物焉，殆有可好之实存于中矣。否则匪好也，岂其性之真哉？况促织之为物也，暖则在郊，寒则附人，若有识其时者。拂其首则尾应之，拂其尾则首应之，似有解人意者。甚至合类颉颃③，以决胜负，而英猛之态甚可观也。岂常物之微者若是班④乎？此君子之所以取而爱之者，不为诬也。

愚尝论之：天下有不容尽之物，君子有独好之理。独促织曰莎鸡，曰络纬，曰蛩，曰蟋蟀，曰寒虫之不一其名。或在壁，或在户，或在宇，或入床下，因时而有感。夫一物之微，而能察乎阴阳动静之宜，备乎战斗攻取之义，是能超乎物者也。甚矣！促织之可取也远矣！盖自唐帝以来，以迄于今，于凡王孙公子，至于庶人、富足、豪杰，无不雅爱珍重之也。

《促织经》

【注释】

①贾似道（1213～1275）：字师宪，号悦生、秋壑，宋朝人，台州（现今浙江临海）人。南宋宋理宗时权臣。战时私自与蒙古议和，在宋蒙战争中指挥不力导致宋军大败，德祐元年遭罢贬，在漳

州为仇家所杀。著有《奇奇集》《悦生堂随抄》《促织经》等。

②铄：渗入。

③颉颃：较量。

④班：量词，用于群体。

【赏读】

贾似道，名列《宋史·奸臣传》，作为误国权奸被后世痛恨。虽然能诗文，好书画、收藏，也算得风雅之士，但中国的传统是因人废文，他的生平著作，大多至今已不传。唯有《促织经》，因着斗蟋蟀之风代代相传，一直保留到今天。

蟋蟀，又名促织、莎鸡、蛩……其名最早见于《诗经》："蟋蟀在堂，岁聿其莫。今我不乐，日月其除。无已大康，职思其居。好乐无荒，良士瞿瞿。"（《唐风·蟋蟀》）"七月在野，八月在宇，九月在户，十月蟋蟀入我床下。"（《豳风·七月》）

斗蟋蟀风俗，至少可以上溯到唐玄宗天宝年间。宋人顾文荐《负暄杂录》中云："父老传，斗蛩亦始于天宝间。长安富人镂象牙为笼而畜之。以万金之资，付之一啄。其来远矣。"

南宋时期，举国上下，已是斗蟋蟀成风。连活佛济公（济公，历史上真实存在的人物，天台人，出家于杭州灵隐寺），都爱好这一口儿。济公曾畜过一只叫"王铁枪"的蟋蟀，不幸冻死，遂安葬之并致悼词："促织儿、王彦章，一根须短一根长；只因全胜三十六，人总呼为'王铁枪'。　休烦恼，莫悲伤，世间万物有无常；昨夜忽值严霜降，恰似南柯梦一场。"这首名为《鹧鸪天·瘗促织》的词，诙谐中寓以禅理。

当朝一品，权倾朝野的贾似道，有这个业余爱好也不奇怪了。此人在当时就被人起了一绰号："贾虫"，后世更称其为"蟋蟀宰相"，恰与明宣宗之"促织天子"相映成趣。

作为资深玩家，贾似道写的《促织经》还是不错的。全书分上下两卷，一万四千余言。分"论赋、论形、论色、论胜、论养、论斗、论病"七类，每类又分子目。体例完整，蔚为大观。首次系统而科学地总结了有关蟋蟀遴选、决斗的饲养经验，为研究古代昆虫提供了翔实的史料，开后世蟋蟀研究之先河。

节选的这段《促织论》为全书序言。对小小虫子如何值得"君子"酷嗜，作了颇为有理有据的论证。他说，天生万物，一物为人所热爱，必然有其打动人心、应合情理的地方。而蟋蟀具有三种好处：一识天时，二解人意，三供观赏。他还从斗蟋蟀之法"悟"出"治国之道"，虽为"一物之微，而能察乎阴阳动静之宜，备乎战斗攻取之义"，将斗蟋蟀与治国相提并论，怪不得王孙公子、庶民、富足、豪杰，人们都热爱它呢。此番言论，发前人所未发，开中国蟋蟀文化之先河。而斗蟋蟀这件小事，直到当代，依然吸引着许多玩家乐此不疲。

书斗鱼 宋　濂①

予客建业，见有蓄波斯鱼者，俗讹为"师婆鱼"。其大如指，鬐鬣②具五采，两腮有小点如黛，性矫悍善斗。人以二缶畜之，折藕叶覆水面，饲以蚓若蝇，鱼吐泡叶畔。知其勇可用，乃贮水大缶，合之，各扬鬐鬣相鼓视，怒气所乘，体拳曲如弓，鳞甲变黑。久之，忽作秋隼③击，水泙然鸣，溅珠上人衣。连数合，复分。当合，如矢激弦，绝不可遏。已而相纠缠，盘旋弗解。其一或负，胜者奋威逐之。负者惧，自掷缶外，视其身纯白云。

予闻有血气者，必有争心。然斯鱼者，其亦有争心否欤？抑冥顽不灵而至于是欤？哀哉！然予所哀者，岂独鱼也欤？

《宋文宪公全集》

【注释】

①宋濂（1310～1381）：字景濂，号潜溪，又号玄真子，谥文宪，浙江省浦江县人。明初大臣、文学家、史学家。累官至翰林学士承旨、知制诰，奉命主修《元史》。年老辞官后，因长孙牵连"胡惟庸案"，全家被明太祖流放蜀地，途中病死于夔州（在今重庆奉节）。与刘基、高启并列为"明初诗文三大家"，《明史》称其为明代"开国文臣之首"。著作丰富，有《潜溪集》《宋学士集》《宋

文宪公全集》。

②鬐（qí）鬣（liè）：鱼、龙的脊鳍。

③秋隼：隼，一种猛禽，饲养驯熟后，可以帮助打猎。秋天围猎开始，隼则已换好羽毛，正是体格最矫健的时候。

【赏读】

　　斗鱼，与斗鸡、斗蟋蟀类似，都是闲时游戏，偏偏落在文学家的眼里，就有了如许多的感慨。

　　西哲说，社会是一个蛇井，所有的蛇都在井底互相噬咬，想要爬到最上层。东方的智慧，则从一只斗鱼缸里，看出了人世间的愚昧与悲凉。

　　作者先由人及鱼，想到人的争斗，是因为有"血气"，故起"争心"，那么难道鱼也有"争心"吗？或者只是本性冥顽无知，才被人利用赏玩？又由鱼及人，思维发散开去，这世间的纷纷人事，是否有比鱼更可哀可怜的呢？

　　斗鱼的表演，是由于人这"万物之灵"的操纵，目的是观赏取乐。人间的争斗，为名为利为权势为美色，尤为惨烈，这又是造物主什么样的安排呢？会不会也有神灵，围住人世间这一大鱼缸而指点嬉笑？

　　作者并没有明说。全文意味深长，戛然而止。

　　《明史》记载："濂状貌丰伟，美须髯，视近而明，一黍上能作数字。自少至老，未尝一日去书卷，于学无所不通。"宋濂，在世之时，天下学者共尊称其为"太史公"，被明太祖朱元璋屡次推为"开国文臣之首"。让外国贡使都慕名景仰，高丽、安南、日本等国出重金购其文集。谁能料到，这位明达而显赫的智者，在告老还乡之后，却因孙子牵涉进"胡惟庸案"，皇帝翻脸无情，差点便将白发苍苍的老头砍断送掉。最终因皇后太子求情，得了个全家流放，病死客途的结果。

"胡惟庸案",是朱元璋为了高度集中皇权,大肆杀戮功臣宿将的政治行动。开国元勋几乎无一幸免。朱元璋扫平了可能存在的隐患,将孙子扶上皇位,放心地咽下最后一口气。他却也料不到随后发生的"靖难之变"吧!

天地间一斗鱼场,谁是缶外拍手人?无论出于"争心",抑或是"冥顽不灵",说到底,谁敢肯定,自己就能摆脱这斗鱼的命运呢?

斗　蛛　袁宏道[1]

　　斗蛛之法，古未闻有。余友龚散木创为此戏。散木少与余同馆，每春和时，觅小蛛脚稍长者，人各数枚，养之窗间，较胜负为乐。蛛多在壁阴及案板下，网止数经，无纬。捕之勿急，急则怯，一怯即终身不能斗，宜雌不宜雄，雄遇敌则走，足短而腹薄，辨之极易。养之之法：先取别蛛子未出者，粘窗间纸上，雌蛛见之，认为己子，爱护甚至。见他蛛来，以为夺己，极力御之。惟腹中有子及已出子者，不宜用。登场之时，初以足相搏，数交之后，猛气愈厉，怒爪狰狞，不复见身，胜者以丝缚敌，至死方止。亦有怯弱中道败走者，有势均力敌、数交即罢者。

　　散木皆能先机决其胜败，捕捉之时即云某善斗，某不善斗，某与某相当，后皆如其言。其色鳖者为上，灰者为次，杂色为下。名目亦多：曰玄虎、鹰爪、玳瑁肚、黑张经、夜叉头、喜娘、小铁嘴，各因其形似以为字。饲之以蝇及大蚁，凡饥饱喜嗔，皆洞悉其情状，其事琐屑，不能悉载。散木甚聪慧，能诗，人间技巧事，一见而知之，然学业亦因之废。

《袁宏道集笺校》

【注释】

　　①袁宏道（1568～1610）：字中郎，号石公，湖广公安（今属

湖北）人，明代文学家。与兄袁宗道、弟袁中道并有才名，人称"三袁"，创"公安派"，发扬李卓吾"童心"思想，文学上反对"前、后七子"等人之拟古、复古，主张重性灵、贵独创。袁宏道是"三袁"中文学成就最杰出者，实为"公安派"领袖。著作极丰，其中以散文成就最高。举进士后，数次入仕，又数次辞归，游历山川名胜。

【赏读】

"公安派"为明代文坛重要文学流派，以籍贯湖北公安的袁氏三兄弟为代表，以狂人李贽的"童心说"为前驱，反对文坛"前、后七子"的复古、拟古风气，主张文随世变，存真去伪，抒写性灵。文章贴近生活，富于趣味，追求率真无粉饰。袁宏道是"公安派"实际上的领袖，文学成就最高，尤以散文为佳，游记、小品、尺牍……创作量丰富，题材多样，几乎无物不可写，无事不可入，俱明畅清新，意趣盎然。这篇《斗蛛》，便是一例。

写的是儿时游戏。文中没有多说，但读者完全可以想象得到场景：春日迟迟，万物萌动，学馆中的孩子们也不安分起来。四书五经束缚不住天性，趁着老师不在，尽情玩耍，且玩出了新鲜花样。作者对于"斗蛛"游戏的描述生动详尽，和这些张牙舞爪的蜘蛛一起活跃在读者面前的，还有两个小小少年。其中一个是主角，正挽起袖子，踮着脚尖，在窗间檐下寻寻觅觅，鼻尖上冒出细细的汗珠。忽而又全神贯注，原地动也不动，只有黑漆漆的眼珠子在灵活地打转，口中念念有词——这位名叫龚散木。另一个呢，虽然没有特写没有追光，但他始终存在于镜头里，挤在他的好友身边，脖颈伸得很长，小嘴惊诧地微微张开——他便是斗蛛游戏的忠实观众，未来的文学家袁宏道。

龚散木是袁宏道毕生好友，所谓从小看到大，作者对他的评价是"聪慧,能诗,人间技巧事,一见而知之",很有文学才华与发明创造天赋的人,"然学业亦因之废",这个急转而下的惆怅结局,很容易被理解为对"玩物丧志"的警告。实际上,作者的心意,并没有这样简单。袁宏道曾说道:"世人所难得者唯趣。趣如山上之色,水中之味,花中之光,女中之态,虽善说者,不能下一语,唯会心者知之。"又说:"夫趣,得之自然者深,得之学问者浅。"在他的文学理念中,传统上文以载道的沉重,被逐步消解,文章的宗旨,更多地指向了物本身的趣,人本身的情。人的自我意识变得突出,个性趋向于求解放,这也是整个晚明社会的文化思潮。很明显,少时发明"斗蛛"游戏,长大擅长"人间技巧事"的龚散木,就是一个很能在生活中"得趣"的人。这样的人,如果放在今天,大有用武之地。但在万般皆下品,唯有读书(圣贤书)高的年代,在科举是知识分子唯一出路的年代,他就前途不妙了。袁宏道对这位友人是欣赏的,可同时,也不禁为他而忧心。

时代与个体的矛盾,袁宏道这一类的文化精英,已经察觉到了,但囿于时代,又不可能想出解决的方案,只能处在矛盾中。数次入仕,又数次辞官,便是这种矛盾的最激烈表现。他只能用文字,用自己对生活的选择,一步步在迷惑中摸索向前。

关于虫之趣,袁宏道写过很多小品,比如有一篇《斗蚁》:"尝过西山,见儿童取松间大蚁,剪去头上双须,彼此斗咬,至死不休。问之,则曰:'蚁以须为眼,凡行动之时,先以须左右审视,然后疾趋。一缺其须,即不能行。既愤不见,因以死斗。'试之良然。余谓蚁以须视,古未前闻,且蚁未尝无目,必待须而行,亦异事也。识之以俟博物者。"

作为一个成年人,好奇心如此之重,趴在地上陪儿童看蚂蚁,回来还郑重地用文章记下来,表达自己在生物学方面的疑惑。袁宏道先生,可怎么说你好呢?

缘　饰① 卫　泳②

　　饰不可过，亦不可缺。淡妆与浓抹，惟取相宜耳。首饰不过一珠一翠一金一玉，疏疏散散，便有画意。如一色金银簪钗行列，倒插满头，何异卖花草标。服色亦有时宜。春服宜倩，夏服宜爽，秋服宜雅，冬服宜艳；见客宜庄服，远行宜淡服，花下宜素服，对雪宜丽服。吴绫蜀锦，生绡白苎③，皆须褒衣阔带④，大袖广襟，使有儒者气象。然此谓词人韵士妇式耳。若贫家女典尽时衣，岂堪求备哉？钗荆裙布，自须雅致。花钿委地无人收，方是真缘饰。

《枕中秘·悦容编》

【注释】

①缘饰：饰品、修饰。

②卫泳（生卒年不详）：晚明人。字永叔，号懒仙，江苏吴县（今苏州）人。出身书香门第，家富藏书，辑有《枕中秘》。是书编于天启七年（1627），所抄辑二十五种皆篇幅短小，都是有关士人闲暇雅游的内容。本文选自其中的《悦容编》。

③白苎：白色苎麻所织成的夏布。

④褒衣阔带：同"褒衣博带"。着宽袍，系阔带，为儒生装束。

【赏读】

卫泳辑《枕中秘》一书，冯梦龙为其作跋，称此书所收"皆逸士之雅谭，文人之清课，俗肠不能作，亦未许俗眼看"。内容分门别类为闲赏、二六时令、读书观、护书、悦容编、园史、瓶花史、盆史、酒缘、香禅、棋经、诗诀、琴旨、曲调、食谱、清供等，计二十五种。其中《悦容编》专讲女性生活，准确地说，是逸士、文人们所欣赏的女性生活，闺中清趣。

"顾丈夫不遇知己，满腔真情，欲付之名节事功而无所用，不得不钟情于尤物，以寄其牢骚愤懑之怀。至妇人女子，一段不可磨灭之真，亦惟寄之以色事人一道。昔云：'士为知己死，女为悦己容。'每感斯言，大抵女子好丑无定容，惟人取悦，悦之至而容亦至，众人亦收国士之享。"在《悦容编》的前序中，有这样的文字。以现代人的眼光看，如此视女性如园林、瓶花、古玩等文人清课，妥加珍惜爱护，比及伧父俗子视女性为玩物，本质上似乎也没多少区别。

但亦有可取之处。本文讲女性装扮，于今天也很有参考价值。比如佩戴首饰要少而精，恰到好处的点缀，远胜浑身披挂；服装色彩，可以根据季节变化而有所侧重：春装柔倩，夏装清爽，秋装雅淡，冬装艳丽；装扮风格，要考虑与环境的协调：花朵已经很缤纷，人则要素淡，雪天一片素白，人就要穿鲜亮暖色调……通过映衬对比，为自己的魅力加分；"吴绫蜀锦，生绡白苎，皆须褒衣阔带，大袖广襟，使有儒者气象"，亦可以联想到时尚界的"女装男性化"潮流，以及近年大热的"男友衬衫"。

贫寒人家，无力置办衣饰，荆钗布裙，简朴中自然有雅致。"花钿委地无人收，方是真缘饰。"这最后一句是点睛之笔，好比繁花落尽，枝叶亭亭，繁华散去，才现本真。

与何次德^① 周亮工

弟幼时见傀儡戏^②,二尺许长,线索累累,任人提弄。近则变为数寸许,以木板推之,全似自用聪明者。嗟夫!傀儡亦且渐小,何况于人?傀儡亦不由人线索,而欲自运聪明,可畏亦可悲夫。

《晚明二十家小品》

【注释】

①何次德:何杲,字次德,桐城(今安徽省桐城市)人。明末诸生,复社成员。

②傀儡戏:用木偶进行表演的戏剧,今通谓木偶戏。有布袋、提线、杖头木偶等。

【赏读】

周亮工古文宗法唐宋八大家,文风老辣,有郁挫之气。一则不足百字的尺牍小品,借小小傀儡,游戏之物,道出人世绝大悲凉。

世道之变,何其迅速。儿时所见傀儡戏,傀儡既大,提线又多,颇显其笨拙,一望便知是儿戏。如今再见傀儡,已由二尺许变为数寸长,形态备极精巧,又不见背后的提线,竟像是无人操控,傀儡们自己拥有生命一般。只知戏耍作乐的少年已遗失在岁月里,作为知世涉世已深的成年人,作者再次观看此戏,心中不禁悚惧。

天地一大舞台，名利即为绳索，牵引得无数活生生的灵魂作戏、挣扎不脱。更可怕的是，这幕戏越演越逼真，越演越投入，竟然已不知是戏。活傀儡亦不知自己为傀儡，越发地七情上脸，自作聪明，机关算尽。

作者周亮工，当他拍手欢笑，贪看傀儡戏之时，还只是个人人皆夸聪慧的孩童。并不知道未来的自己，将度过何其坎坷而戏剧化的一生——身负文韬武治，经明、清两朝，无论仕明仕清，都鞠躬尽瘁，然屡遭排挤诬陷，几至论死，最终还被他效忠的对象，赠予难堪的"贰臣"之名。

自称"时时与世抵牾"，本以为唯有文章能传世，可以存之名山，留待后人，最后也成虚无，晚年举火尽焚自己著作，对着火焰中的化为灰烬的毕生心血长声叹息："使吾终身颠踣而不偶者，此物也！"苏东坡曾有诗云："人生识字忧患始。"难道真是诗书从来误人多吗？又或者，像东坡另一首诗中所言："人皆养子望聪明，我被聪明误一生。惟愿孩儿愚且鲁，无灾无难到公卿。"聪明，有时也是一种磨难？

看得破，躲不过。命运的播弄，人世之大悲凉，往往正在于此。见傀儡而心惊，已是难得的智者。而大部分的芸芸众生，糊涂至死，从未看破，也许反而活得开心些。

张 灯 张大复[1]

上元[2]张灯,莫盛于唐开元间。神龙[3]以后,尤极严丽,士女阗塞[4],有浮行数十步者。自汉以来,但云宫中祀太乙[5],民家祀门而已。

尝考竺坟[6]云:"上元日天人围绕,步步燃灯十二里。"又云:"上元日观菩萨放光雨花[7]。"则知灯之盛未有如极乐界[8]者。

予家居片玉坊中,犹记嘉靖丙寅、丁卯之间,大梁王公为宰[9]。上元行学举乡饮礼[10]。既毕,公使吏执牌许民家放灯,否者有罚;民竞剪彩,按故事作鸟兽人物;千门万户,星罗炬列。自后岁岁有之。

大都先君子[11]与许先生为之倡,而里人杜谷塘、金玉涵又敛钱买灯,望门分派。一时里中颇不寂寞。自十二至十七日,烟花缭乱,金鼓喧填[12],子夜后犹闻箫管之声。

今夕月明如水,独立庭中,寂无启扉者。盖亦时运然矣!因忆昔寓长安[13],偶谈灯节之丽,有一二官人自号清节者极恶之,以为伤财废事,无过于此。

予谓清素可以持身,不可以御俗。俗尚清素,终是衰飒气象,雍雍[14]博大之世当不尔。众皆愕然。

《梅花草堂笔谈》

【注释】

①张大复（1554~1630）：字元长，自号病居士，昆山（今属江苏）兴贤里片玉坊人。少为诸生，四十岁眼疾失明。家贫，性旷达，多识，擅文学，著有《嘘云轩文字》《梅花草堂笔谈》《昆山人物传》。

②上元：农历正月十五日为上元节，也叫元宵节。

③神龙：唐武则天、中宗所用年号，神龙元年，武则天退位，唐中宗复辟。

④阗塞：拥挤堵塞。

⑤太乙：天神名。又作太一、泰一。《史记·封禅书》："天神贵者太一。"

⑥竺坟：指佛教书籍，又常代指佛教。竺，天竺国；坟，典籍。

⑦雨花：下花雨。出自佛经故事，传佛祖说法，诸天女降花，满空而下。《妙法莲华经序》："佛说此经已，结跏趺坐，入于无量义处三昧，身心不动，是时天雨曼陀罗华。"

⑧极乐界：即极乐世界。佛教指阿弥陀佛居住的国土，认为居住在那里，可获得一切欢乐，摆脱人间一切苦恼。《阿弥陀经》："从是西方，过十万亿佛土，有世界名曰极乐……其国众生，无有众苦，但受诸乐，故名极乐。"俗称"西天"。

⑨大梁王公为宰：大梁，战国时魏国都城，今河南省开封市。宰，官吏之名。如宰相，宰辅等，此处意为地方官。

⑩乡饮礼：即"乡饮酒礼"，古代嘉礼之一。周代乡学三年业成大比，考其德行道艺优异者，荐于诸侯。将行之时，由乡大夫设酒宴以宾礼相待，谓之乡饮酒礼。历朝沿用，亦指地方官按时在儒学举行的一种敬老仪式。

⑪先君子：对已故父亲的称呼。

⑫喧填：喧哗、热闹。

⑬长安：历史上汉、唐等多个朝代的都城。此处借指明朝之京城北京。

⑭雍雍：和洽、安乐之貌。

【赏读】

闲闲而起，娓娓而谈，正是一篇随笔小品应有的态度。然波澜不惊的数语之间，能令人动容、深思，却是作者的笔头功力与笔间情愫了。

从上元夜观灯的习俗讲起，渊流、掌故，交代得简洁明快，虽引经据典，并不使读者感到厌倦。随即转入回忆：当年，在家乡，因了一位地方官的明令推行，百姓张灯结彩，上元之夜从此明亮热闹起来。而这其中，还有作者父亲与其他几位父执辈的功劳：

"大都先君子与许先生为之倡，而里人杜谷塘、金玉涵又敛钱买灯，望门分派。一时里中颇不寂寞。自十二至十七日，烟花缭乱，金鼓喧填，子夜后犹闻箫管之声。"可以想见，那是一段充满欢乐的回忆。

于是便有今昔对比，今夜，又一个上元节，竟如此冷清，"月明如水，独立庭中，寂无启扉者"。作者父亲此时早已亡故，作者本人亦贫病交加，双目失明——据说头几年还残存一点微弱的视力，后来被江湖游医"治"得恶化，完全陷入黑暗。所以，这"月明如水"四字，要么是家人告诉他今夜的晴朗，要么就是盲人特有的敏锐感觉力，让他在黑暗中嗅到、听到、触摸到了，那熟稔的、浸满前四十年生命的月华。

月明如水，亦如水一样清冷。悄然独立，会想起很多事情吧？比如，少年时被称为神童的骄傲；青年时的才气纵横，被家族寄以光耀门庭的期望；偏偏科场屡屡失意的不甘；父亲含恨抱憾地去世，一个接一个近亲的丧失；还有自己的眼睛……当然，那是我们所无从知道的。作者也并不想说这些。庭院寂寂无声，门，始终没有人打开。上元之夜，即使作者不得不远离繁华，可也不至于清静如此。可推知这"张灯"之俗，不知什么时候，又已经中断了。

"盖亦时运然矣！"时也，命也。中国人信命，小到家业成败，大到时代变迁，最终往往只能付之于玄妙难测的天意、宿命。或许因为，中国人的苦难总是来得太频繁，太深重，你没法给它找到合情合理的解释。不过，在顺天应命的生存哲学与事实上坦然接受命运的安排之间，又不知隔着多少长夜沉默的哀痛了。

作者又想起一件往事，从前在长安与一些官场中人的谈话。"有一二官人自号清节者极恶之，以为伤财废事，无过于此。"这种论调历朝有之，总归指责大放灯火，浪费财力，且男女混杂嬉乐，通宵达旦，不利治安，有伤风化之类。而张大复则提出了完全不同的意见。"予谓清素可以持身，不可以御俗。俗尚清素，终是衰飒气象，雍雍博大之世当不尔。"作为官僚、士大夫，可以尽情清寒素朴，用各种清规戒律要求自身，但不能以此去束缚庶民大众的习俗乐趣。而当民间也都"清素"起来，那就一片衰飒，非盛世景象了。这段议论说得极其中肯。上元之夜，一年之始，也是上一年劳作结束后难得的假期，短则三日，长则达十余日的金吾不禁，鱼龙腾舞，百姓们尽情放松与欢庆，迎接新一年的生计与希望。这是世风民气的表征，所以天子也要表示与民同乐，以彰盛世。若只图节财省事而加以遏制，只会禁抑世风，消蚀民气。

庶民的欢乐，俗世的热闹，正是一个国家生命力的最直接表现。这，是那些自许清节、矫情求名的官人们所不懂的。张大复身经了明王朝从兴盛到衰败的历史时期，作为一直生活在底层的穷书生，他这双病眼看到的东西，远比高高在上位者多。他对那已经成为往事的绚烂上元夜，所抱的怀念之情，亦是如此的深厚。于是谦谦君子的他,也忍不住率直地反驳起人们的昏话来。而一席话毕,竟使"众皆愕然",也是在于他,并不隐晦地道出了明王朝的气象、国运,已经是大厦将倾!

全文清淡,而情致动人,朴质,且意蕴深沉。虽短小,却文思波折,一篇读罢,催人低回,似亦和作者一起,品尝了世事沧桑。

请看唱[1] 傅 山[2]

老人家是甚不待动[3],书两三行,眵[4]如胶矣。倒是那里有唱三倒腔[5]的,和村老汉都坐在板凳上,听甚么"飞龙闹勾栏[6]",消遣时光,倒还使的。姚大哥说:"十九日请看唱,割肉二斤,烧饼煮茄,尽足受用。"不知真个请不请?若到眼前无动静,便过红土沟,吃碗大锅粥也好。

《霜红龛集》

【注释】

①请看唱:请看唱戏。本文选自《霜红龛集》中信札卷,已失题,标题为编者加。

②傅山(1607~1684):初名鼎臣,字青竹,后改青主,别字公它,号朱衣道人、石道人等。山西阳曲(今山西太原)人。先世居山西大同,后徙于山西忻州。明诸生,明亡为道士,隐居土室养母。因着朱色衣,故号"朱衣道人"。顺治十一年(1654),因牵涉反清复明而入狱,称"甲午朱衣道人案",受拷打,绝食九日,后经营救出狱。康熙年间被荐举博学鸿辞科,屡辞不得免,至京,因装病,不试而归。于学无所不通,经史之外,兼通先秦百家,又长于书画、金石、医学。著有文学作品集《霜红龛集》、医学著作《女科》《青囊秘诀》等,并相传有武学作品《傅氏拳谱》。

③待动:动弹,行动。

④眵：眼屎。

⑤三倒腔：山西忻州地区的一种地方戏，约自明万历年间开始流行，后与山西梆子合流。

⑥飞龙闹勾栏：取材于传统戏曲与评书，演绎宋太祖赵匡胤未发迹时，在京城汴梁酒后大闹御勾栏的故事。

【赏读】

这是傅山一封著名的书札，虽然失题，历来文学名家对其评价极高。民国海纳川所著《冷禅室诗话》中云："此札可与金圣叹'盐菜与黄豆同嚼，大有胡桃风味'一书，并传不朽。"鲁迅曾将这则信札抄录于日记中，评点曰："语极萧散有味。"周作人在《关于傅青主》一文中亦写道："古人云，姜桂之性老而愈辣，傅先生足以当之矣。文章思想亦正如其人，但其辣处实实在在有他的一生做底子，所以与后世只是口头会说恶辣话的人不同，此一层极重要，盖相似的辣中亦自有奴辣与胡辣存在也。"

萧散、老辣，周氏兄弟的评语，下得精当，指出了傅山文章两个核心特点。傅山的文章与明末小品文的主流气质不同，他没有江南文人的优雅精致，而是充沛着三晋大地的浑朴与村拙。以本文为例，全用口语，夹以乡谈村言，所述事件，不过是听听热闹的地方小戏，所提到美食，不过是割两斤肉、烧饼加煮茄子，还不知吃不吃得上——实在不行，吃碗大锅粥也好。俗语说"小锅饭、大锅粥"，粥是要用大锅柴灶才煮得绵软香甜。傅山也是会吃的行家，只是这吃法、吃相，未免太不讲究了。

傅山博学多识，精通经史，擅书画、金石、医学，可谓少有的通才，若此人不雅，世上还有何人当得"雅"之一字？大雅似俗，返璞归真，正是傅山诗文的特色。傅山在谈论书法时，曾经提出："宁拙毋巧，宁丑毋媚，宁支离毋轻滑，宁真率毋安排，足以回临池既倒之狂澜矣。"这是他的书法论,和他的文学创作纲领也是相通的,甚至也反映在他的为人处世观念中。傅山平生最厌人云亦云、矫情自饰的"奴书生",他骂道:"奴书生眼里著不得一个人,自谓尊崇圣道,益自见其狭小耳,那能不令我胡卢也。"认为其俗在骨,无可救药。而宁可欣赏虽没见过世面却自然率真的"山秀才""山汉",正所谓:"矮人观场,人好亦好。瞎子随小笑,所笑不差。山汉啖柑子,直骂酸辣,还是率性好恶,而随人夸美,咬牙掠舌,死作知味之状,苦斯极矣。"故"我皆敬之为至诚君子也"。

做人为文,都需至诚,唯至诚,才得天机。明末清初思想家顾炎武,是傅山的好友,亦曾认为若论"萧然物外,自得天机",自己是不如傅青主的。读本文,仿佛可见一乡野老汉,卷裤腿,握大烟袋,箕踞于草间大石上,呵呵大笑。这笑声中,便是一片与物无碍,天机盎然。

祁止祥①癖 张 岱②

人无癖不可与交,以其无深情也;人无疵不可与交,以其无真气也。余友祁止祥有书画癖,有蹴鞠③癖,有鼓钹癖,有鬼戏癖,有梨园癖。壬午,至南都,止祥出阿宝示余,余谓:"此西方迦陵鸟④,何处得来?"阿宝妖冶如蕊女⑤,而娇痴无赖,故作涩勒⑥,不肯着人。如食橄榄,咽涩无味,而韵在回甘;如吃烟酒,鲠诘⑦无奈,而软同沾醉。初如可厌,而过即思之。止祥精音律,咬钉嚼铁,一字百磨,口口亲授,阿宝辈皆能曲通主意。乙酉,南都⑧失守,止祥奔归,遇土贼,刀剑加颈,性命可倾,至宝是宝。丙戌,以监军驻台州,乱民卤掠⑨,止祥囊箧⑩都尽,阿宝沿途唱曲,以膳主人。及归,刚半月,又挟之远去。止祥去妻子如脱屣耳,独以娈童崽子⑪为性命,其癖如此。

《陶庵梦忆》

【注释】

①祁止祥(1594~1683):祁豸佳,字止祥,号雪瓢,明绍兴府山阴县(今浙江绍兴)人。为文学家祁彪佳之弟。明天启七年(1627)举人,仕吏部司务。明亡,隐居卖画为生。工书善画,尤擅山水,间作花卉。能篆刻,能诗文。爱好广泛,歌、弈、图章、百戏俱善。

②张岱（1597～1689）：又名维城，字宗子，又字石公，号陶庵、天孙，别号蝶庵居士，晚号六休居士，明绍兴府山阴县（今浙江绍兴）人。寓居杭州。出身仕宦世家，自称"少为纨绔子弟，极爱繁华"。明亡后不仕，入山著书以终。著有《琅嬛文集》《陶庵梦忆》《西湖梦寻》《三不朽图赞》《夜航船》等。

③蹴鞠：中国古代的一种足球类运动，战国时代已开始流行，用以练武、娱乐、健身。

④迦陵鸟："迦陵频伽"的简称。梵语音译，意译为妙音鸟。是佛教传说中的灵禽。《正法念处经·观天品》："有七种鸟……珊瑚银宝，为迦陵频伽，其声美妙，如婆求鸟音，众所闻乐，翱翔空中，游戏自如。"

⑤蕊女：蕊宫（即蕊珠宫，道教中所说的仙宫）之女，仙女。

⑥涩勒：滞涩、生僻，形容别扭难相处之态。

⑦鲠诘：梗塞、曲折，形容难以下喉之状。

⑧南都：明代南京被称为南都。

⑨卤掠：掳掠。卤，通"掳"。

⑩囊箧：口袋与行李箱。

⑪娈童崽子：娈童，本义为美少年，后专指被成年男性玩弄的美貌少男，又作男妓解。崽子，本义为孩子，此处亦娈童意。

【赏读】

"少为纨绔子弟，极爱繁华。好精舍，好美婢，好娈童，好鲜衣，好美食，好骏马，好华灯，好烟火，好梨园，好鼓吹，好古董，好花鸟；兼以茶淫橘虐，书蠹诗魔。劳碌半生，皆成梦幻。年至五十，国破家亡，避迹山居。所存者，破床碎几，折鼎病琴，与残书数帙，缺砚一方而已。布衣蔬食，常至断炊。回首二十年前，真如隔世。"在《自为墓志铭》中，张岱如是总结自己的前半生。今昔对比，恍如一梦。然梦中又作痴人言，故又有《陶庵梦忆》《西湖梦寻》之书成，记前朝风物，历数所经过人物，虽或亡故，或流离，或失踪迹于兵火，亦必欲使其神气流于世间，虽经劫波而不能灭。

本文选自《陶庵梦忆》，所记之事为断袖之宠，同性之爱，事涉狎淫，放在今天，也应颇为道德卫士所不耻。然以其出奇入神之笔写来，成为劫灰中一抹凄艳的嫣红。

文中的祁止祥，为明朝官员、书画家，张岱友人兼同乡，也是富贵书香之家出身，享尽人间繁华，国破家亡，遁入山野，潦倒而自守清贫地度完余生，可谓气性相投的同流人物。他和张岱一样，有各种各样的"癖"，爱好极其广泛，而被张岱在此记录下的，却是一种娈童癖。娈童者，为人所狎玩的美少年，身份与妓女同。娈童之爱，与书画、鬼戏、梨园等并列，本质上是一种有闲阶级对玩物的态度。然祁止祥对娈童阿宝，爱之如性命，战乱兵火中，妻子家庭都弃之如敝履，唯与阿宝相依为命。彼此间已非单纯娈童与主人的关系，我们不得不认为：爱，不管以什么形式，是存在着的。张岱感叹道："其癖如此。"将其归结于主人那偏执狂热的癖好，对阿宝这个活生生的少年，或许是过于物化而不公正的态度。阿宝在张岱的形容下，如同一个妖冶的尤物，歌喉婉转，百伶百俐，又惯能撒娇作痴，弄得人欲罢不能，好像烟酒般令人莫名地就上了瘾。在今天，我们也可以这样说，阿宝作为经过训练的娈童，一身兼具天真孩童与浪漫情人的气质，非男亦非女中性的魅力，但这些解释对于沉浸在二人世界中的他们，都是多余的。如汤显祖在《牡丹亭记题词》中所言："情不知所起，一往而深。"

"人无癖不可与交，以其无深情也；人无疵不可与交，以其无真气也。"回过头来重新看这一句，便能理解得更深，而不止是当寻常隽语、警句看，这里藏着的是一个时代一个阶层的风尚与性情。

是的,他们,是张岱怀念着的故人,深情一往,成病成痴,放浪形骸之中有真性情在。他们所处的时代,就是张岱记忆中的晚明,繁华极致,在凋谢之前尽情盛放,有一种颓然的沉溺。

说　钓　吴敏树①

余村居无事,喜钓游。钓之道未善也,亦知其趣焉。

当初夏、中秋之日,蚤②食后,出门而望。见村中塘水,晴碧泛然,疾理竿丝,持篮而往。至乎塘岸,择水草空处,投食其中,饵钓而下之。蹲而视其浮子③,思其动而掣④之,则得大鱼焉。无何,浮子寂然;则徐牵引之,仍自寂然。已而手倦足疲,倚竿于岸,游目而观之,其寂然者如故。盖逾时始得一动,动而掣之,则无有。余曰:"是小鱼之窃食也,鱼将至矣。"又逾时,动者稍异,掣之得鲫,长可四五寸许。余曰:"鱼至矣,大者可得矣。"起立而伺之,注意以取之,间乃一得,率如前之鱼,无有大者。日方午,腹饥,思食甚,余忍而不归以钓。见村人之田者,皆毕食以出,乃收竿持鱼以归。

归而妻子劳问:"有鱼乎?"余示以篮而一相笑也。及饭后仍出,更诣别塘求钓处。逮暮而归。其得鱼与午前比,或一日得鱼稍大者某所,必数数往焉,卒未尝多得,且或无一得者。余疑钓之不善,问之常钓家,率如是。

嘻,此可以观矣。吾尝试求科第官禄于时矣,与吾之此钓,有以异乎哉?其始之就试有司也,是望而往,蹲而视焉者也;其数试而不遇也,是久未得鱼者也;其幸而获于学官、乡举也,是得鱼之小者也；若其进于礼部，吏于天官⑤，是得鱼之大，吾方数数钓，而又未能有之者也。然而大之上有大焉，得之后有得焉，劳神侥幸之门，忍苦风尘之路，终身无满意时，老死而不知休止，求如此之日暮归来，而博妻孥⑥之一笑，岂可得耶？

夫钓，适事也，隐者之所游也，其趣或类于求得。终焉少系于人之心者，不足可欲故也。吾将惟鱼之求，而无他钓焉，其可哉？

《柈湖文集》

【注释】

①吴敏树（1805~1873）：字本深，号南屏，别号柈湖渔叟、乐生翁。湖南巴陵柈湖（今岳阳县友爱乡）人，自幼才智超群，长于古文。不倚人门户，独创"柈湖文派"。有《柈湖文集》《柈湖诗集》等。喜山水，厌仕途，中举后曾任浏阳县教谕，不久即自免去。

②蚤：通"早"。

③浮子：钓鱼时露在水面的漂浮物，用以观察是否有鱼上钩。

④掣：拉、拽。

⑤天官：指吏部。吏部掌全国官吏之任免、考课、升降、调动等事。

⑥妻孥：妻子儿女。

【赏读】

钓鱼是件很有趣的事情，是许多人的消闲之爱。文章前半部分，把钓鱼过程中的辛苦与喜乐，种种细节与心理活动，写得生动诙谐，细致入微，非真玩家，是写不出这种体会的。回家之后，举篮以示妻子，相视一笑，饭后又携竿而出，到暮色降临才回来，钓事繁忙又心态悠闲的一天，就这样过去了。一个淡泊又具备浓厚生活情趣的钓者形象，呼之欲出。这个形象，和古典文学中典型的"渔翁""钓叟"形象是重叠的，象征着远隔红尘、逍遥山水的隐逸生活。

作者的高明之处是写前人所未写，用"钓鱼"来比拟仕途求官之路上的种种心情、得失。以具象喻抽象，以"鱼"比喻官职，人人求官心切，都希望通过科举后步步高升，贪求不厌，"劳神侥幸之门，忍苦风尘之路，终身无满意时，老死而不知休止"。然而，情虽类，事两样，功名利禄之路，一旦踏上便无归程，又怎么能够真的如钓鱼般轻松呢？"求如此之日暮归来，而博妻孥之一笑，岂可得耶？"

姜太公以无饵之钩垂钓，钓到的是周文王这条大鱼，钓出了周朝八百年江山。东汉严子陵披羊裘垂钓富春江畔，再三推辞老同学汉光武帝刘秀的征召，遂成就千载隐者之名。庙堂之高与江湖之远，在中国文人的心中，永远是彼此对立，又遥相呼应的。

  西塞山前白鹭飞，桃花流水鳜鱼肥。青箬笠，绿蓑衣，斜风细雨不须归。（唐·张志和《渔歌子》）

  老渔翁，一钓竿，靠山崖，傍水湾，扁舟来往无牵绊，沙鸥点点清波远，荻港萧萧白昼寒，高歌一曲斜阳晚，一霎时波摇金影，蓦抬头，月上东山。（清·郑板桥《道情》）

在中国的传统文化中，每一位渔翁、钓叟的诗意背影，都是一种姿态，暗示着入世与出世的选择，远非看上去那样简单。在吴敏树这里，是通过钓机看透世相，安身淳朴的乡村生活，冷眼看庙堂，知道官场之上，永远不会有真正的满足。失去了就想得到，得到后更想得到，终身劳神与艰辛，至死不能停止。然而能够拒绝诱惑的人，实在太少了。"吾将惟鱼之求，而无他钓焉，其可哉？"看透并不一定意味着能够做到，文章结尾的又一轮议论，作者提出了无奈与困惑,将文章的寓意推向更深层次。

吴敏树参加过科举乡试与会试,本身是举人,曾在浏阳县任教谕,年余即称病告退。因文名盛大,深受当时达官与名流欢迎,尤其是同为湖南籍的曾国藩,对他敬重有加,尊为上宾。但吴敏树一直与官场保持着相当的距离,大部分时间隐居乡里,潜心诗文,著书立说,最终自成宗派。曾国藩曾称吴敏树之文:"大抵节节顿挫,不矜奇辞奥句,而字字若履危石而下,落纸乃迟重绝伦。其中闲适之文,清旷自怡,萧然物外……"这位晚清散文大家,不仅文学才华高超,更是一个具有立身处世智慧的人。

卷六 求其友声

知 乐 《礼记》[1]

　　凡音者,生于人心者也。乐者,通伦理者也。是故知声而不知音者,禽兽是也。知音而不知乐者,众庶[2]是也。惟君子为能知乐。是故审声以知音,审音以知乐,审乐以知政,而治道备[3]矣。是故不知声者,不可与言音;不知音者,不可与言乐。知乐则几[4]于礼矣,礼乐皆得,谓之有德。德者得也。

《礼记·乐记》

【注释】

①《礼记》:中国儒家经典之一,是战国至汉初儒家礼仪论著的总集。现传《礼记》亦称《小戴礼记》或《小戴记》,为西汉戴圣所编纂,共四十九篇。大率为孔子弟子及其再传、三传弟子所记,内容庞杂,上至王室之制,下至民间之俗,无不涉及,对于研究先秦以至秦汉时代的婚丧嫁娶制度、家族制度、社会风俗等具有重要的史料价值。本文选自其中的《乐记第十九》篇。

②庶:百姓,平民。

③备:完备。

④几:接近,近于。

【赏读】

　　《礼记》为儒家经典"十三经"之一,是研究中国古代社会情况、典章制度和儒家思想的重要著作。全书以散文撰成,内涵丰富,朴质简雅,文学价值亦很高。本文采撷于其中的《乐记》一章。

中国古称为"礼乐之邦",在占据统治地位上千年之久的儒家思想体系中,"音乐"不仅是一门艺术,更被看成教化百姓、治理国家的重要工具。"礼""乐""刑""政"并举,可以达到"王道"之治。

他们认为:"知音"是人跟动物的区别。像禽兽之类,只能听得到原始的声音,人呢,却能从内心生发出"音"来,正所谓"凡音者,生人心者也,情动于中,故形于声,声成文,谓之音"。这是人类独有的情感力量,然而,跟禽兽区别开来了,还是远远不够的。作为一个合格的、超越于百姓之上的"君子",还要"知乐",即通过音乐了解社会、人情、治乱得失,进而达到与"礼"的相契,成就"德"的目标,最终通往理想的治世。

音乐,在"君子"的运用下,是熏陶,是教化,是自我修养的源泉,是经邦治国之重器。这种音乐观不是单独存在的,它关系到后世儒家体系下知识分子们对于包含音乐在内所有艺术形式的态度:在玩味雅趣的同时,确定其儒家伦理上的正当性,故虽是闲情,却不可只当闲情,虽是消遣,绝不能仅供消遣,雅人必有深致,赏心乐事背后,标榜的是中正平和的个人修养,寄托的是严肃庄重的政教目的。

郑师文①学鼓琴 列御寇②

匏巴③鼓琴而鸟舞鱼跃。郑师文闻之,弃家从师襄④游,柱指钩弦⑤,三年不成章⑥。师襄曰:"子可以归矣。"师文舍其琴,叹曰:"文非弦之不能钩,非章之不能成。文所存者不在弦,所志者不在声。内不得于心,外不应于器⑦,故不敢发手而动弦。且小假之⑧,以观其后。"

无几何,复见师襄,师襄曰:"子之琴何如?"师文曰:"得之矣。请尝试之。"

于是当春而叩商弦以召南吕⑨,凉风忽至,草木成实。及秋而叩角弦以激夹钟⑩,温风徐回,草木发荣。当夏而叩羽弦以召黄钟⑪,霜雪交下,川池暴沍⑫。及冬而叩徵弦以激蕤宾⑬,阳光炽烈,坚冰立散。将终,命宫而总四弦⑭,则景风翔,庆云⑮浮,甘露降,澧泉⑯涌。

师襄乃抚心高蹈曰:"微⑰矣,子之弹也!虽师旷⑱之清角,邹衍⑲之吹律,亡以加之。彼将挟琴执管,而从子之后耳。"

《列子·汤问》

【注释】

①郑师文:郑国名"文"的乐师。这里的"师"专指"乐师"。下文"师襄"亦同。

②列御寇：相传为战国时代早期的郑国人，称列子。古有列子能御风而行之说，被后世道家奉为神仙。《汉书·艺文志》著录《列子》八篇，早佚。今天流传的《列子》一书，共八篇，为晋人张湛所编，成为中国道教典籍之一。

③匏（páo）巴：古代传说中的乐人，擅鼓琴。

④师襄：鲁国的乐官，善鼓琴。孔子曾经向其学琴。又有一说为卫国乐官。

⑤柱指钩弦：即为"按指调弦"。又一解为琴艺中的柱法、指法、乐调与弹弦法。

⑥章：音乐的一曲为一章。

⑦器：乐器。

⑧小假之：姑且给我一些时日。

⑨当春而叩商弦以召南吕：在春天里奏出了秋之八月的音律。商，五音之一。五音为中国五声音阶上的五个级，分别为宫、商、角、徵、羽。中国古代阴阳五行理论把五音与五行、四时相配。其配合关系为：角音为木，属春；徵音为火，属夏；商音为金，属秋；羽音为水，属冬；宫音为土，属长夏（六月）并兼有四季。南吕，十二律之一，中国古代音乐律制，用三分损益法将一个八度分为十二个不完全相等的半音。十二律从低到高依次为：黄钟、大吕、太簇、夹钟、姑洗、仲吕、蕤宾、林钟、夷则、南吕、无射、应钟。古人把十二律与十二月相配。其配合方法，从黄钟开始，依次为十一月、十二月、正月、二月、三月、四月……以此类推，直到十月配应钟。

⑩及秋而叩角弦以激夹钟：在秋天奏出了春之二月的音律。

⑪当夏而叩羽弦以召黄钟：在夏天奏出了冬之十一月的音律。

⑫沍（hù）：冻结。

⑬及冬而叩徵弦以激蕤宾：在冬天奏出了夏之五月的音律。

⑭命宫而总四弦：拨动宫弦，而奏出了四季调和的音律。

⑮庆云：五色云，古人以为祥瑞之气。

⑯澧（lǐ）泉："澧"通"醴"，甘美之意。即甘美的泉水。

⑰微：精妙。

⑱师旷：春秋时晋国乐师。张湛注："师旷为晋平公奏清角，一奏之，有白云从西北起；再奏之，大风至而雨随之；三奏之，裂帷幕，破俎豆，飞廊瓦，左右皆奔走，平公恐伏，晋国大旱，赤地三年。故曰得声者或吉或凶也。"

⑲邹衍：战国时齐国人，阴阳家学派的创始者与代表人物。曾为燕昭王之师。张湛注："北方有地，美而寒，不生五谷。邹子吹律暖之，而禾黍滋也。"

【赏读】

《列子》是一部道家经典，全书充满寓言故事与幽玄奇妙的思辨，每一个故事，都阐述、注释了作者的思想主张。

郑国的乐师文，跟随鲁国的乐师襄学琴。师襄是一个非常著名的乐师，孔子都曾向他虚心求学。但师文三年学下来，甚至不能奏完一支完整的曲子。师文解释道，他心中所存想的并非琴弦，所追求的也非音乐本身。他向往的是像传奇乐师鲍巴那样，一鼓琴，能使鸟儿自云间飞来，鱼儿从水中跳出。

接下来，奇峰突转，作者展开了恣肆的想象力。师徒再次相逢，只见师文抱琴而来，手拂五弦：春日繁花盛开的枝头，瞬间结出果实累累；秋天黄叶飘飞的旷野，蓦地草长莺飞，暖煦的风中，老树抽出了绿色的枝条；夏天里霜雪齐下，河流冰封；冬天则烈日当头，坚冰解冻，融化的雪水滔滔地从目瞪口呆的听众耳边流过……而当最后兼有四季的宫音被奏起，万物和悦，景风、庆云、甘露、澧泉，种种世间难见的祥瑞都出现在眼前，无怪乎师襄激动得抚胸顿足：

你的技艺太精妙了，就连师旷、邹衍也比不上啊！

师旷和邹衍，一个能用音乐呼风唤雨，一个能用音乐在极寒之地种出禾黍，然而他们的才能都比不上师文，因为，他能够通过琴音与天地万物呼应，具有变迁四季、从心所欲的造化之力。

这个故事本身，是"玄"而"大"的，玄，而不荒诞，大，而非无当。作为一篇文辞瑰丽，气势磅礴的美文，它具备强烈的感染力与说服力。排比铺陈之中，乐与诗一样的节奏，音韵与形象并美。而所有的美，最终都指向作者追求的"道"。

"夫列子御风而行，泠然善也，旬有五日而后反。"《庄子·逍遥游》中如是说。列御寇，人称列子，这位庄子的前辈，早期的道家学者，在后世的传说中成为了一位仙人。仙人可以超越自然对凡人的约束。道家认为，只要掌握并遵循宇宙万物的规律，人就能够遨游于无穷。这就是"道"——那万物生息变化的根源，没有形体，神变莫测，却可以存在于任何事物中。

雍门周以琴见孟尝君 桓 谭①

雍门周②以琴见孟尝君③,孟尝君曰:"先生鼓琴,亦能令文悲乎?"对曰:"臣之所能令悲者:先贵而后贱,昔富而今贫,摈压④穷巷,不交四邻,不若身材高妙,怀质抱真,逢谗罹谤,怨结而不得信;不若交欢而结爱,无怨而生离,远赴绝国,无相见期;不若幼无父母,壮无妻儿,出以野泽为邻,入用堀穴为家,困于朝夕,无所假贷。若此人者,但闻飞鸟之号,秋风鸣条,则伤心矣。臣一为之援琴而太息,未有不凄恻而涕泣者也。今若足下,居则广厦高堂,连闼洞房,下罗帷,来清风,倡优在前,诣谀侍侧,扬《激楚》⑤,舞郑妾⑥,流声以娱耳,练色以淫目。水戏则舫龙舟,建羽旗,鼓吹乎不测之渊⑦。野游则登平原,驰广囿⑧,强弩下高鸟,勇士格猛兽,置酒娱乐,沈醉忘归。方此之时,视天地曾不若一指⑨,虽有善鼓琴,未能动足下也。"

孟尝君曰:"固然。"

雍门周曰:"然臣窃为足下有所常悲。夫角⑩帝而困秦者,君也;连五国而伐楚者,又君也。天下未尝无事,不从即衡。从成则楚王,衡成则秦帝。夫以秦、楚之强而报弱薛⑪,譬犹磨萧斧⑫而伐朝菌⑬也。有识之士,莫不为足下寒心酸鼻。天道不常盛，寒暑更进退，千秋万岁之后，宗庙必不血食⑭。高台既以倾，曲池有已平，坟墓生荆棘，狐兔穴其中，游儿牧竖，踯躅其足而歌其上，行人见之凄怆，曰：'孟尝君之尊贵，亦犹若是乎！'"

于是，孟尝君喟然太息，涕泪承睫而未下。雍门周引琴而鼓之，徐动宫徵，叩角羽，初终，而成曲。孟尝君遂歔欷而就之，曰："先生鼓琴，令文立若亡国之人也。"

《新论》

【注释】

①桓谭（前23～56）：字君山，沛国相（今安徽省濉溪县）人，西汉晚期、新莽、东汉前期学者和政治人物。善鼓琴，博学多才，遍习五经，喜非毁俗儒，提出"以烛火喻形神"的有名论点，断言精神不能离开人的形体而独立存在。东汉光武帝时，任议郎给事中，因反对谶纬神学，几遭处斩。被降为六安郡丞，病死途中。著作有《新论》二十九篇，内容涉及哲学、自然科学、社会科学及文艺等，涵括两汉时期几乎所有学术领域。惜早佚。现存《新论》之文，以清严可均辑本较全。传见《后汉书·桓谭冯衍列传》。

②雍门周：战国时齐国琴家，名周，居住在齐国的首都西门（称"雍门"），故以为号，亦称雍门子或雍门子周。据传是琴谱的发明人。

③孟尝君（？～前279）：妫姓，田氏，名文，战国四公子之一。战国时齐贵族，袭其父田婴的封爵，封于薛（今山东滕县南），称薛公，号孟尝君。被齐湣王任为相国，门下有食客数千。曾联合韩、魏先后打败楚、秦、燕三国。一度入秦为相，不久逃归。齐湣王七年（前294）因田甲叛乱事，出奔到魏，任魏相，主张联秦伐

齐，后来与燕、赵等国合纵攻齐。

④摈压：摈弃压抑。

⑤《激楚》：歌曲名。《汉书·司马相如传上》："鄢郢缤纷，《激楚》《结风》。"颜师古注引郭璞曰："《激楚》，歌曲也。"

⑥郑妾：郑国的美女。郑国以出产美女与被正统儒家斥为"俗乐""淫声"的音乐闻名。

⑦不测之渊：深渊。

⑧囿：养动物的园子。

⑨不若一指：《庄子·齐物论》："天地一指也，万物一马也。"谓天下虽大，一指可以蔽之，万物虽多，一马可以理尽，故无是无非。后因以"一指"为齐是非得失之典实。这里表示志得意满之状。

⑩角：角力，角斗。

⑪薛：孟尝君的封地。

⑫萧斧：古代兵器斧钺。萧，通"肃"。因斧钺用于刑罚，故取"严肃"之义。

⑬朝菌：某些朝生暮死的菌类植物。借喻极短的生命。

⑭宗庙必不血食：指因为无后嗣或国家灭亡而绝祀。古代祭祀用牲，谓血食。

【赏读】

如果来到现代，雍门周绝对是做商业营销的好手：广告、保险、房地产、投资顾问……样样精通，无他，凡有所图于人者，攻心为上，要熟知对方的心病，拿得住对方的软肋，才能够投其所好，出售梦想，换回钱财——当然，作为一位优雅的音乐人，雍门周所要做的，只不过是证明自己的琴艺绝非浪得虚名而已。

对方来头不小：孟尝君，战国四公子之一，齐之国相，齐国的实际主宰。风流慷慨，礼贤下士，门下食客三千。雍门周便以琴艺去拜见他。"先生鼓琴，亦能令文悲乎？"嘴里谦和地说着，实际上，是要考较来者的能力了。

雍门周并不忙着弹琴，却滔滔地说出一大段话来。首先，很实在地交代自己的局限性：我的琴艺，只对那些生命中经历过痛苦的人起效果。那样的人，秋风一起，乌鸦一叫，都会黯然神伤，我再用琴音加把力，没有不哭的。然后，又指出足下乃人生赢家，地位尊隆，走到哪里，马屁精们就跟到哪里；富贵豪奢，赏够了美女又去斗野兽，当真是天下风云出我辈；等等。正当对方志得意满、频频点头之际，兜头一瓢冷水浇下去：我很为您担心！您的处境太危险了，说不定很快就要完蛋！更别说千秋万代之后，尊贵如您，也只余一抔黄土，任游人同情了。

周旋于秦、楚二强国之间，自以为得计，其实稍不留神就会同封地一起，成为脆弱的牺牲品——雍门周一针见血，算是戳到对方的心尖上了。趁着人家唉声叹气，泪珠在睫毛上打转，雍门周"引琴而鼓之"，一曲终了，孟尝君流下了眼泪："先生鼓琴，顿时令我像亡国之人一样伤心啊！"

心弦，心弦，心中有那一根弦，才能被拨动，才能与乐师手中的琴弦取得共鸣。孟尝君不知是自己心动，却认为是雍门周的琴艺太神奇。

孟尝君死后，齐、魏两国联合灭掉了薛邑。不待千秋，就宗庙无存了。后世史家对其人评价各有褒贬。司马迁在《史记》中道："世之传孟尝君好客自喜，名不虚矣。"《资治通鉴》作者司马光则认为："（孟尝君）盗其君之禄，以立私党，张虚誉，上以侮其君，下以蠹其民……"王安石更不客气——"特鸡鸣狗盗之雄耳"。可知，本文虽阐述的是琴道，于史事、治道，或许也是有些弦外之音的。

王子猷① 刘义庆②

王子猷出都,尚在渚下③。旧闻桓子野④善吹笛,而不相识。遇桓于岸上过,王在船中,客有识之者云:"是桓子野。"王便令人与相闻,云:"闻君善吹笛,试为我一奏。"

桓时已贵显,素闻王名,即便回下车,踞胡床⑤,为作《三调》。弄毕,便上车去。客主不交一言。

《世说新语》

【注释】

①王子猷(336~388):名徽之,东晋琅邪临沂(今属山东)人,王羲之第五子。亦擅书法,性格卓荦不羁,纵情山水、声色,不理政务,后弃官退隐会稽山阴(今浙江绍兴),为东晋清谈放诞的名士代表人物。

②刘义庆(403~444):字季伯,彭城(今江苏徐州)人,南朝刘宋宗室,武帝刘裕之侄,袭临川王。任官各地清正有绩,后因疾病还京师,卒年四十一。《宋书》本传说他"性简素,寡嗜欲"。爱好文学,广招四方文学之士,聚于门下。集门客编著《世说新语》《幽明录》等书。《世说新语》,本名《世说新书》,简称《世说》,为志人小说集,原为八卷,今本作三卷,分德行、言语、政事、文学、方正、雅量、识鉴、赏誉等三十六门,记载自汉魏至东晋士大夫的言谈、逸事,对当时世族的思想、生活和清谈放诞的风

气，多有反映。全书语言精练，辞意隽永，对后世笔记小说的发展有深远影响。

③尚在渚下：渚，为水中小块陆地。《晋书·桓伊传》："王徽之赴召京师，泊舟青溪侧。"

④桓子野（生卒年不详）：即桓伊，字叔夏，小字子野（又作野王），东晋谯国铚县（今安徽濉溪）人，东晋将领，曾参与淝水之战，与谢玄、谢琰大破秦苻坚的军队。喜音乐，善吹笛，笛技时称"江左第一"。《神奇秘谱》所载琴曲《梅花三弄》，据传即依其笛曲《三调》改编。

⑤胡床：一种可以折叠的轻便坐具。又称交床。

【赏读】

这一年，王子猷应召赴京城建康（今南京），泊舟于郊外青溪码头，烟水渺渺，荻叶芦花，忽闻岸上有车马辚辚经过，有人打眼一看，道："那便是桓子野啊！"接下来发生的故事，情节非常简单，却又飘逸、隽永，充满难以言说的韵味，是魏晋风流的一声醉人余响。

先看看两位主人公的背景。王子猷，王羲之的第五子，出身东晋头等高门的琅邪王家。《晋中兴书》对其人评价为："卓荦不羁，欲为傲达，放肆声色颇过度。时人钦其才，秽其行也。"眼高于顶，玩世不恭，领国家俸禄，却不问公务，尸位素餐，仗着家族背景，谁也奈何他不得。皇帝竟然还把他召到京城，任黄门侍郎——天子近臣，清贵荣耀的职务，他也没放在眼里，干几年就甩手回家，继续做他的富贵闲人去了。在道德、功业等范畴内，此人的风评确实不好。但胜在有情调，有品味，有别出心裁、独此一家的名士风范。什么"雪夜访戴""看竹何须问主人"等史上有名典故，都是他干出来的。

桓子野，即桓伊，东晋名将桓宣之族子，本人亦具军事才干与政治抱负。不过，更为名流们所津津乐道的，是他的音乐才华。擅吹笛（魏晋时期所谓的"笛"，实为竖吹，六孔，类同日本的尺八箫），为"江左第一"。又擅弹筝、唱歌，唱的是挽歌。魏晋时期的士大夫们，雅爱在酒宴上唱送葬的挽歌，只因时局动荡，生死乱离寻常，生命的忧患意识空前强烈，故抒忧娱悲耳。桓伊不仅爱唱，每听别人唱得好，还不能自持地大呼"奈何！奈何！"也是一时之风流俊彦。

桓伊从岸上经过，可不像王子猷那般清闲，此时他已为朝廷立下了不少功劳，名列达官显宦。不料被陌生人唤住，要求吹个笛子来听听。要知道，魏晋门阀世家极其注重面子，讲究礼仪，王子猷这么干，实属无礼冒犯。出乎意料的是，桓伊二话不说，下车，坐胡床，持笛而吹。笛曲为自度，名为《三调》，也即后世的《梅花三弄》。原文中这段描述非常简洁，纯用动词，无任何描写与形容，然而，更使我们的想象无穷。

是时，寒江冷落，远处白鸟低回，舟中人、岸上人，皆屏息静听，连川流不息的水声、风声也沉寂，有笛音乍起，呜咽而出，渐至裂云，又婉转三弄，恍惚间，如有寒梅绽放，冷香沾上人衣……这才是最宜吹笛的环境，也是最宜赏笛的时分，借天地之广，江河之永，尽展乐曲的旷远清幽，这时候，才会知道，王猷之无礼的一"邀"，是多么恰到好处，桓子野无辜的一"奏"，是多么自然浑成。两人只是初遇，未来也不知如何，一入京城，友敌难分。但当此刻，这一相遇里，却有着山高水长。故事最美的部分就在这里，笛声做了灵魂的桥梁。桓子野肯下车吹笛，并非因为他是有名的好脾气，也并非对王家势力的谦让，只是因为，他知道，那一叶扁舟中的人，能够懂自己的曲子。

据地方志记载，故事发生的准确地点，在上元县东南青溪桥右侧，今为南京市江宁县地。原名萧家渡，后便因此事改为"邀笛步"，行人经过，犹可知袅袅旧风流。

沈阿翘 苏 鹗[1]

上[2]于内殿前看牡丹，翘足凭栏，忽吟舒元舆[3]《牡丹赋》云："俯者如愁，仰者如语，合者如咽。"吟罢，方省元舆词，不觉叹息良久，泣下沾臆。时有宫人沈阿翘为上舞《何满子》，调声风态，率皆宛畅。曲罢，上赐金臂环，即问其从来。阿翘曰："妾本吴元济[4]之妓女，济败，因以声得为宫人。"俄遂进白玉方响[5]，云本吴元济所与也，光明皎洁，可照十数步。言其犀槌即响犀[6]也，凡物有声，乃响应其中焉。架则云檀香也，而文彩若云霞之状，芬馥着人，则弥月不散。制度精妙，固非中国所有。上因令阿翘奏《凉州曲》，音韵清越，听者无不凄然。上谓之天上乐，乃选内人与阿翘为弟子焉。

《杜阳杂编》

【注释】

①苏鹗（生卒年不详）：字德祥，唐代京兆武功（今属陕西）人。自幼好学，长而忘倦，尤喜闻前代故实。自咸通间举进士，十上而未获登第，至光启二年（886）始登进士第。其后事迹不详。于乾符三年（876）撰成《杜阳杂编》，此书记载代宗广德元年（763）至懿宗咸通十四年（873）凡十朝间异闻逸事，文辞华美，颇为后世推崇。

②上：指唐文宗，名李昂（809～840），826年至840年在位。

③舒元舆（791～835）：字升远，婺州东阳（今浙江金华）人。唐大臣，擅文学。唐文宗时，官同中书门下平章事，因参与"甘露之变"，被腰斩，全族被诛。

④吴元济（？～817）：沧州清池（今河北沧州东南）人，唐朝后期藩镇将领。元和九年（814）起兵割据，元和十二年（817）为唐军所败，遭生擒，十一月，斩于长安。

⑤方响：古磬类打击乐器。由十六枚大小相同、厚薄不一的长方铁片组成，分两排悬于架上。用小铁槌击奏，声音清浊不等。创始于南朝梁，为隋唐燕乐中常用乐器。

⑥响犀：犀牛角所制的棒槌，击物能应声回响。

【赏读】

"一声《何满子》，双泪落君前。"《何满子》是一支悲伤的曲子。传说中，它本为开元年间一歌者姓名。歌者犯罪当诛，临刑前进此曲以求赎死。白乐天诗云："一曲四词歌八叠，从头便是断肠声。"其音调婉转凄越，其产生即已有着不祥的征兆，围绕着它所发生的故事，也都充满着哀伤。

中晚唐时期，宦官势力极大，把持朝政，挟天子以令天下。唐敬宗被宦官杀害后，唐文宗继位，不甘继续受欺辱，遂与李训、郑注等大臣密谋，诛灭宦官势力。大和九年（835）十一月廿一，发生了唐史上著名的"甘露之变"。计划失败后，文宗被宦官劫持，诸多大臣被捕杀，死者数以千计，写下著名的《牡丹赋》、深受唐文宗器重的舒元舆即是其中之一，遭腰斩、族诛。

《牡丹赋》辞藻华美，意态生动，在舒元舆的笔下，牡丹花被拟人化，具备充沛的情感力量与慷慨激烈的丈夫意气。文一问世，即被时人传颂。然而，死者已矣。又一个牡丹怒放的暮春，在后宫中郁郁寡欢的唐文宗,偶然念出了《牡丹赋》中的句子,由花思人,由人及事,潸然泪下。偏偏宫女沈阿翘,在此时为皇帝歌舞了一曲《何满子》,更投中了伤心人怀抱。

关于此事细节,野史中另有记载,说沈阿翘所唱的歌词中有一句道:"浮云蔽白日。"这句诗原出汉代陆贾《新语·慎微》:"故邪臣之蔽贤,犹浮云之障日月也。"唐文宗听后,吃惊地问道:"汝知书耶?"念过诗书、有文化的人,才会恰如其分地体会到皇帝的心情,这曲《何满子》,便默默传达着安慰的意思。

文宗皇帝感觉到这个宫女不简单,赐其金臂环,并问她的来历。果然,沈阿翘也是个伤心人,本是吴元济家的歌伎。吴元济为藩镇割据首领,起兵反唐失败被诛,沈阿翘因歌唱得好,被收入唐宫。此女在吴家时,看来曾颇为受宠,收有吴元济亲予的外国异宝:白玉方响。这件乐器由白玉、响犀、檀香木制成,华贵非凡。

文宗皇帝又命沈阿翘演唱《凉州曲》,又是一首不太吉利的曲子。史书记载:"天宝乐曲皆以边地为名,若《凉州》《伊州》《甘州》之类,曲遍声繁,名入破。又诏道调法曲与胡部新声合作。明年安禄山反,凉、伊、甘皆陷土蕃。"更有唐玄宗的哥哥宁王听到此曲后,向皇上进言:"斯曲也,宫离而不属,商乱而加暴,君卑逼下,臣僭犯上,臣恐一日有播迁之祸。"总而言之,就是说,这是祸国之音,冥冥中,象征着臣子篡权夺位。

此曲声调凄越,正如白居易诗云:"一曲《凉州》入沉寥。"唱完之后,在场"听者无不凄然"。却获得了文宗皇帝的盛赞,除了歌者技艺高超之外,个中更有复杂难言的情绪万千。

《毛诗序》中道:"言之不足,故嗟叹之。嗟叹之不足,故咏歌之。咏歌之不足,不知手之舞之足之蹈之也。盖乐心内发,感物而动,不知手足自运,欢之至也。"那个暮春之日,牡丹花前,贵为皇帝,也有着无法说出、只能以歌舞稍作排遣的悲痛与无奈。

羯 鼓① 南 卓②

汝阳王琎③，宁王长子也。姿容妍美，秀出藩邸，玄宗特钟爱焉，自传授之。又以其聪悟敏慧，妙达音旨，每随游幸，顷刻不舍。琎尝戴砑绢帽④打曲，上自摘红槿花一朵，置于帽上笡⑤处，二物皆极滑，久之方安，遂奏《舞山香》一曲，而花不坠落。上大喜笑，赐琎金器一厨⑥，因夸曰："花奴姿质明莹，肌发光细，非人间人，必神仙谪堕也！"宁王谦谢，随而短斥之。上笑曰："大哥不必过虑，阿瞒⑦自是相师。夫帝王之相，且须有英特越逸之气，不然有深沉包育之度，若花奴但端秀过人，悉无此相，固无猜也；而又举止淹雅，当更得公卿间令誉耳！"宁王又笑曰："若如此，臣乃输之。"上笑曰："若此一条，阿瞒亦输大哥矣。"宁王又谦谢。上笑曰："阿瞒赢处多，大哥亦用执拗⑧。"众皆欢贺。

上性俊迈，酷不好琴，曾听弹琴，正弄未及毕，叱琴者出曰："待诏⑨出去！"谓内官曰："速召花奴，将羯鼓来，为我解秽！"

《羯鼓录》

【注释】

①羯鼓：古代打击乐器的一种，据说起源于羯族。《通典·乐

四》："羯鼓，正如漆桶，两头俱击。以出羯中，故号羯鼓，亦谓之两杖鼓。"今有考证源自印度，从西域传入，盛行于唐开元、天宝年间。

②南卓（生卒年不详）：唐代中后期人，字昭嗣，宣宗大中年间，曾任黔南观察使；武宗会昌元年（841）任洛阳令。著有《唐朝纲领图》《羯鼓录》。《羯鼓录》，约成书于大中四年（850），是研究唐代音乐的重要资料。

③汝阳王琎（？~750）：李琎，小字"花奴"，唐宗室，封汝阳郡王。美姿容，擅音律。其父李宪，为睿宗李旦之长子，封太子，后让位于弟弟唐玄宗李隆基，封"宁王"，谥号"让皇帝"。

④砑绢帽：古人用卵形或弧形石块摩擦皮革、丝绸等原料，使之变得紧致光亮。砑绢帽，即用这种加工后的绢所制成的帽子。

⑤筃：即箬，一种可以用来编斗笠的竹叶。

⑥厨：此处为"柜子、匣子"的意思。

⑦阿瞒：唐玄宗在家人前的自称。

⑧扐（huī）挹：谦抑、谦让。

⑨待诏：待命供奉内廷的人。唐代不仅文词经学之士，即使医卜技术之流，亦供直于内廷别院，以待诏命。

【赏读】

汝阳王李琎，小名"花奴"，出身高贵，妙善音律，尤其擅长羯鼓，深得其叔叔唐玄宗的喜爱。杜甫《饮中八仙歌》的诗中也有他的踪迹，在八酒仙中排名第二："汝阳三斗始朝天，道逢曲车口流涎，恨不移封向酒泉。"敢喝了三斗酒之后去朝见皇帝，一可见其好酒不羁，二可见其深受皇上宠爱。

美少年于皇室家宴之上，头戴绢帽，帽上斜插盛开的大红槿花一朵，手持鼓棒，为皇帝演《舞山香》一曲。鼓声如急雨，花衬人面,人比花艳。曲终而帽檐上那朵险伶伶的花竟然还未坠地。原来,击奏羯鼓时,要做到"头如青山峰,手如白雨点",无论击鼓的动作多么激烈,头部却要一动不动,方可称为个中能手。

唐玄宗本人为音乐歌舞的行家,尤其喜欢羯鼓,称其为"八音之领袖,诸乐不可为比"。见侄儿技艺如此,自是大喜,赏赐丰厚,嘴里连夸带赞:"花奴姿质明莹,肌发光细,非人间人,必神仙谪堕也!"顿时惹得花奴的老父亲宁王惶恐不安。

宁王曾封太子,法定的皇位继承人,但是,在当年的宫廷政变中,李隆基诛杀韦后,直接上位,宁王非常识时务地拱手相让皇位,并从此以声色为娱,恭谨自守,不结交朝臣,不干预朝政,全力表白自己毫无野心,以让弟弟这皇帝当得放心。

不仅要深自贬抑,更得替儿子谦虚,太过出众,只怕要引起皇上猜忌。所以玄宗对"花奴"的赞美,落到宁王耳里,便吓得个冷汗满身。玄宗亦知其心,直接将话讲明白:别害怕啦,你这儿子,就只是个美貌,我看得出来,根本没有帝王的气质与才能。宁王的小心谨慎,如履薄冰,玄宗作为至尊的天威莫测,以及面对家人时的亲情流露、善于安抚,尽现对答之中。而家宴最终以"众皆欢贺"而结束,也可见在场诸位观众的识相与逢迎。伴君如伴虎,宫墙之内深如海,日子不是外人想象那样好过的。

皇权永远是危险压抑的,现实总是灰暗的。不过,还是有些令人怦然心动的时刻留下了,如千年之前某一日,清风中,那透风破远的鼓声,鼓声中,那簪花少年的风采出尘。

歌 段安节①

歌者，乐之声也。故丝不如竹，竹不如肉，迥居诸乐之上。古之能者，即有韩娥、李延年、莫愁。善歌者必先调其气。氤氲自脐间出，至喉乃噫②其词，即分抗坠③之音。既得其术，即可致遏云响谷之妙也。

明皇朝有韦青，本是士人，曾有诗："三代主纶诰④，一身能唱歌。"青官至金吾将军。开元中，内人⑤有许和子者，本吉州永新县乐家女也。开元末选入宫，即以"永新"名之，籍于宜春院。既美且慧，善歌，能变新声。韩娥、李延年殁后千余载，旷无其人，至永新始继其能。遇高秋朗月，台殿清虚，喉啭一声，响传九陌。明皇尝独召李谟吹笛逐其歌，曲终管裂，其妙如此。

又一日，赐大酺⑥于勤政楼，观者数千万众，喧哗聚语，莫得闻鱼龙⑦百戏之音。上怒，欲罢宴。中官高力士奏请："命永新出楼歌一曲，必可止喧。"上从之。永新乃撩鬓举袂，直奏曼声，至是广场寂寂，若无一人；喜者闻之气勇，愁者闻之肠绝。

洎⑧渔阳之乱⑨，六宫星散，永新为一士人所得。韦青避地广陵，因月夜凭阑于小河之上，忽闻舟中奏《水调》⑩者，曰："此永新歌也！"乃登舟与永新对泣久之。青始亦晦其事。后士人卒，与其母之京师，竟殁于风尘。及卒，谓其母曰："阿母钱树子倒矣！"

《乐府杂录》

【注释】

①段安节（生卒年不详）：唐代齐州临淄（今山东淄博）人。开唐"凌烟阁二十四功臣"之一段志玄的后裔。《酉阳杂俎》作者段成式之子，温庭筠之婿。自幼喜好音乐，精于音律。昭宗时任国子司业，官至朝议大夫。著有《乐府杂录》一卷。

②噫：呼气，或作叹息呼喝之声。

③抗坠：指音调的高低清浊。

④纶诰：亦作"纶告"。皇帝的诏令文告。

⑤内人：宫中的女伎。唐代崔令钦《教坊记》："伎女入宜春院，谓之'内人'，亦曰'前头人'，常在上前头也。"

⑥大酺：大宴饮。

⑦鱼龙：指古代百戏杂耍中能变化为鱼和龙的猞狲模型。亦为该项百戏杂耍名。

⑧洎：到、及。

⑨渔阳之乱：即"安史之乱"。因安禄山起兵叛乱，以蓟州为大本营（隋、唐蓟州又曾名为"渔阳郡"），故有此称。

⑩《水调》：曲调名。

【赏读】

《古诗十九首》中有两句道："不惜歌者苦，但伤知音稀。"

"歌者，乐之声也。故丝不如竹，竹不如肉，迥居诸乐之上。"人声是天地间最美的乐音，其美，不仅在于人天合一，尽善尽美的艺术性，还在于它天然有灵魂。遏云响谷的歌声里，有天翻地覆的一个时代，有风流云散的沉寂往事，亦有寻常男女再也无法说出口的爱恨情仇。

所谓盛唐繁华，是经济、政治的，更是文艺的盛世。那时，有一个非常"文艺"的皇帝叫唐明皇，他的宫廷与朝堂之上，活跃着许多"文艺"水准高超的风流男女，用音乐、舞蹈、百技……装点时代，为时代锦上添花，而他们自己，就是盛开在这风流世代的奇芳名卉。其中，有一个男人叫韦青，一个女人叫永新。

他们是著名的歌者。韦青是维护京城治安的金吾将军，出身书香门第。本名"许和子"的永新，则为宜春院内人，皇家歌舞团中的佼佼者。身份都自不凡，皆是时代的宠儿，他们的歌声里，浸润着整个天宝年间的风流、华丽与元气淋漓。

永新的出场，充满传奇色彩：于千万人的嘈杂中，轻撩鬓发，翩然举袂，曼声而歌。于是，一切安静下来，从至尊的帝王，到平头百姓，所有人都在倾听，好像这整个世界上，只剩下一个她，和她的歌声。她的歌声，能感染一切人，不论你有着怎样的处境与心境，是喜还是悲，她都能准确击中你，毫无滞碍。

传奇会落幕，繁华会消散。安史之乱，永新流落民间，嫁了人，并在逃难中与韦青偶遇。月色茫茫的夜晚，是熟悉的歌声，引得他登上她的孤舟。相见亦无言，相对痛哭一场，此后便是各奔东西。这里其实并无男女之情，动人心魄处，却胜过寻常的男女之情。悲凉中饱含诗意的叙述，将故事推入高潮。然而，结局却是太现实肮脏的：永新为生计沦入风尘。临死之前，对母亲说："阿母的摇钱树倒了！"

悲剧就是把美好的东西毁灭给你看。"不惜歌者苦，但伤知音稀"，这首诗的后两句是这样的："愿为双鸿鹄，奋翅起高飞。"歌声代表着人们内心最深处的梦，它将我们的灵魂带向天堂，而肉身，永远留在凡尘。

笛 段安节

笛者,羌乐也。古有《落梅花》曲。开元中有李谟,独步于当时,后禄山①乱,流落江东。越州②刺史皇甫政月夜泛镜湖③,命谟吹笛,谟为之尽妙。俄有一老父泛小舟来听,风骨冷秀。政异之,进而问焉。老父曰:"某少善此,今闻至音,辄来听耳。"政即以谟笛授之,老父始奏一声,镜湖波浪摇动;数叠④之后,笛遂中裂。即探怀中一笛,以毕其曲。政视舟下,见二龙翼舟而听。老父曲终,以笛付谟。谟吹之,竟不能声。即拜谢以求其法。顷刻,老父入小舟,遂失所在。

《乐府杂录》

【注释】

①禄山:即安禄山(?~757),唐营州柳城(今辽宁朝阳南)胡人。深得唐玄宗信任,身兼平卢、范阳、河东三节度使。天宝十四年(755)起兵叛乱,自立为雄武皇帝,国号燕。攻入长安,大肆杀掠。后被其子安庆绪所杀。

②越州:今浙江省绍兴市。

③镜湖:越州(绍兴)名胜,为晋唐时期著名的城市湖景。

④叠:乐曲的重复演奏。

【赏读】

这是个奇幻、瑰丽,而意境超然的故事。

吹笛高手李谟,笛技独步天下,却在月夜的镜湖之上,遇到了难以战胜的对手。是夜,月色宜人,湖面波光粼粼,笛声悠然响起,飘向天空,穿透远处的浓黑夜幕,引来了一位"风骨冷秀"的老者,一位异人。

老者忽然驾舟出现,已经够让人惊异。技艺高明如李谟,所用之笛,必非凡品,却被老者吹裂,又是一奇;笛声摇动镜湖的波浪,使蛟龙浮上水面,乖乖依附在船边倾听,更奇;老者赠笛于李谟,李谟竟然吹之无声,传授了技艺之后,老者便在万顷波光中消失了踪影,如其来时一样突然,奇至极处,似真还幻,如一场迷梦。

老者是仙人吗?抑或龙神、水妖?这并不重要。在笛艺上,李谟失败了吗?他只是个凡人,他的笛艺能够打动天地间的神秘力量,让那位神奇的老人前来交流并"炫技",已经证明了他这"凡人"的不凡。实际上,他也因此学到了更奇妙的技法。

真正的艺术家是自傲的,亦是虚心的,面对确实更高明的人,他们会心悦诚服,立刻向对方请教。因为在他们心中,没有什么比追求更高的艺术境界重要。

三琴记　欧阳修[①]

吾家三琴，其一传为张越琴[②]，其一传为楼则琴，其一传为雷氏琴。其制作皆精而有法，然不知是否，要在其声如何，不问其古今何人作也。琴面皆有横文[③]如蛇腹，世之识琴者以此为古琴。盖其漆过百年始有断文，用以为验尔。

其一金徽[④]，其一石徽，其一玉徽。金徽者张越琴也，石徽者楼则琴也，玉徽者雷氏琴也。金徽其声畅而远，石徽其声清实而缓，玉徽其声和而有余。今人有其一已足为宝，而余兼有之，然惟石徽者，老人之所宜也。世人多用金、玉、蚌琴徽，此数物者，夜置之烛下，炫耀有光，老人目昏，视徽难准。惟石无光，置之烛下，黑白分明，故为老者之所宜也。

余自少不喜郑卫[⑤]，独爱琴声，尤爱《小流水》[⑥]曲，平生患难，南北奔驰，琴曲率皆废忘，独《流水》一曲，梦寐不忘。今老矣，犹时时能作之，其他不过数小调弄，足以自娱。琴曲不必多学，要于自适。琴亦不必多藏，然业已有之，亦不必以患多而弃也。

嘉祐七年上巳后一日，以疾在告，学书，信笔作欧阳氏三琴记。

《欧阳修集》

【注释】

①欧阳修（1007~1072）：字永叔，号醉翁、六一居士，谥文忠。吉州庐陵（今属江西永丰）人，北宋文坛古文运动的代表人物，散文"唐宋八大家"之一。早年支持范仲淹的改革，但反对王安石的青苗法。与宋祁合修《新唐书》，自撰《新五代史》。有《欧阳文忠集》。

②张越琴：唐代著名制琴师张越制作的琴。以下楼则琴、雷氏琴都为唐代制琴名师所造之琴。

③文：通"纹"。

④徽：系琴弦的绳，后亦指七弦琴琴面十三个指示音节的标识。

⑤郑卫：春秋时郑、卫两地的民间音乐。后泛指俗乐、靡靡之音。

⑥《小流水》：即古琴曲《流水》。

【赏读】

欧阳修好琴，家藏有三张名贵古琴，故作《三琴记》，然全文并无拥宝琴在膝的自喜，亦无琴趣渲染，有的只是老人家常闲话的散淡。散淡里意味深长，如静夜中的一张琴，偶尔拨弄三两声，余音绕梁，不必成曲，已足够动人。

唐代妙手所制古琴，流传到北宋，已经成为文人案头珍玩。"琴面皆有横文如蛇腹"，琴为木制，木上涂漆，涂层经历岁月必会出现断裂的纹路，断纹有如蛇腹花纹的，就说明历史悠久，珍贵。据宋代陈伯葵《琴说》记载，当时的王公贵人们争以收藏的古琴的断纹相攀比："近世王公贵人之好琴者，往往以断相尚，而不知琴之所主者在声。"

欧阳修的三张琴，不仅做工好，有断纹，且发声清妙，堪为藏家之至宝。但欧阳老先生说：什么雷氏琴、张越琴，都是听说的，我并不知真假。琴这东西，主要在于声音，不必追究出身如何。然后更絮叨起老来视力问题——欧阳修向有目疾，晚年更甚，视物极为茫然。所以这三张琴呢，只有以石为琴徽的那张适合他，夜晚在烛光下，黑白分明，能看得清。平生虽好琴，却久已不弹，除最喜欢的《流水》之外，手都生了。琴曲又不必多学，足以自娱即可。琴也不必多，有一张能用就行。但既然有了，也不必特意嫌多……

欧阳文忠公一生宦海，政坛、文坛都为领袖，看尽繁华，看透繁华，老来更是返璞归真，口不津津于琴道，身实已与古琴的品格暗自相契。无可无不可的淡然口吻，透露出深厚的人生哲理：爱，而不执迷，不为物累，平生俯仰，终以自适为贵，唯这种从容随意，最是人生难得。

在一篇《书琴阮记后》的文章中，欧阳修道："官愈高，琴愈贵，而意愈不乐。在夷陵时，青山绿水，日在目前，无复俗累，琴虽不佳，意则萧然自释。及做舍人、学士，日奔走于尘土中，声利扰扰盈前，无复清思，琴虽佳，意则昏杂，何由有乐？乃知在人不在器，若有以自适，无弦可也。"更进一步阐述了人与琴的关系：只要能够自适其意，无弦琴也是可以弹的。

心中有弦，何妨指下无弦——这是欧阳修的琴道。

苏辙曾评价欧阳修的散文风格："雍容俯仰，不大声色，而文理自胜。"本文就是实例。结尾随意一句，细细品来，却有着橄榄之味："嘉祐七年上巳后一日，以疾在告，学书，信笔作欧阳氏三琴记。"嘉祐七年，欧阳修五十六岁，内心早已厌倦政坛，又兼体弱多病，告疾在家，以写书法为乐。本文就是在写书法之时信笔而成的，并非刻意为琴而作。这不刻意，越发凸显人与琴之间的两两忘机。

由是也可以猜到，为何欧阳修平生最爱《流水》一曲。其曲洋洋泄泄,从清泉汩汩,到山涧欢歌,江河奔流,水流云在,任意东西,于平和中无不包容,于包容中不失本性。若以这支琴曲相伴而读此文,却是最妙不过的了。

论弹琴 赵希鹄[①]

琴 室

前辈或埋瓮于地,上鸣琴,此说恐妄传。盖弹琴之室宜实不宜虚,最宜重楼之下。盖上有楼板,则声不散,其下空旷,清幽则声透彻。若高堂大厦则声散,小阁密室则声不达,园囿亭榭尤非所宜,若必幽人逸士,于高林大木或岩洞石室之下,清旷之地,更有泉石之胜,则琴声愈清,与广寒月殿何异。

露下弹琴

露下弹琴而声不泛,盖阳材[②]也。若钟鸣鸡唱,霜清月皎,以阳琴鼓之,声更清彻。阴材则不然。

弹琴盥手

未弹琴先盥手。手泽能腻弦损声,夏月尤甚。唯早晚差凉,宜弄琴,正午炎热,非惟汗污,天气太燥亦难为弦,若阴凉处无害。

焚香弹琴

惟取香清而烟少者。若浓烟扑鼻,大败佳兴。当用水沈、蓬莱,忌用龙涎、笃耨、儿女态者。

对花弹琴

弹琴对花,惟岩桂、江梅、茉莉、荼蘼、蒼卜③等。香清而色不艳者,方妙。若妖红艳紫,非所宜也。

弹琴对月

夜深人静,月明当轩,香爇④水沈,曲弹古调。此与羲皇上人何异,但须在一更后三更前,盖初更人声未寂,三更则人倦欲眠矣。

弹琴舞鹤

弹琴舞鹤,未必能舞,观者哄然,弹者心不专,此与观优⑤何异,诚非君子之事。

临水弹琴

湍流瀑布,凡水之有声,皆不宜弹琴。惟澄净池沼,近在轩窗或在竹边林下,雅宜对之。微风洒然,游鱼出听,其乐无涯也。

膝上横琴

春秋二候气清而和,人亦中夜多醒。月色临窗,披衣趺坐⑥,横琴膝上,时作小操,然须指法精熟,方可为此。

《洞天清录》

【注释】

①赵希鹄（生卒年不详）：南宋人，约活动于宋理宗时期。为宋宗室，《宋史·世系表》列名于燕王德昭房下。著有《洞天清录》，内容为鉴别古器书画等。

②阳材：参见作者《洞天清录》记载："古琴阴阳材者，盖桐木面日照者为阳，不面日者为阴……阳材琴，旦浊而暮清，晴浊而雨清；阴材琴，旦清而暮浊，晴清而雨浊。"

③薝卜：花名，梵语 Campaka 音译。传自西域，有浓烈芳香。可能即今之黄桷兰，又或为栀子花。

④爇（ruò）：烧。

⑤优：优伶，俳优。

⑥趺坐：盘腿端坐。

【赏读】

远在魏晋，嵇康就已经讲过"众器之中，琴德最优"，清淡冲和、宁静致远的古琴之声，代表着君子的情操。到了宋代，古琴更已成为文人士大夫最尊崇的乐器，从琴器本身的收藏鉴赏，到琴艺的欣赏，弹琴环境的要求，都渐渐形成一整套风雅的守则。

赵希鹄所著《洞天清录》中，关于琴的篇幅很多，除对于后世雅士的实用指南意义之外，文学意义上，亦是一则则隽美空灵的小品。

弹琴，高堂大厦、小阁密室都不适宜，富贵人家精心设计的园林亭榭更不佳，必得高林大木或岩洞石室，最亲近自然的地方，有泉石相伴，拂弦者还应是幽人逸士。其他诸如弹琴的时机、对花与焚香的搭配，甚至细致到夜露下该用什么样的琴材……舞鹤本为韵事，可打扰了琴的独奏，就成为画蛇添足，如此等等。当我们一则则读下来,会发现,作者的要求真是太高了!但是,最美好的乐器,难道不应该用最庄敬而温柔的态度相待吗?这与其说是文人雅癖,不如说是一种高远理想与幽独情怀在音乐上的寄托——手挥弦应,物我两忘,灵魂在俗世就有了休憩之所。

销魂之听 吴从先[①]

故人恩重,来燕子于雕梁;逸士情深,托凫雏于春水。论声之韵者,曰溪声、涧声、竹声、松声、山禽声、幽壑声、芭蕉雨声、落叶声,皆天地之清籁,诗肠之鼓吹[②]也。然销魂之听,当以卖花声为第一。

《小窗自纪》

【注释】

①吴从先(生卒年不详):字宁野,号小窗,明南直隶常州府人氏,约生于明嘉靖年间,卒于明崇祯末期。毕生博览群书,醉心著述。著有《小窗自纪》四卷,《小窗艳纪》十四卷,《小窗清纪》五卷,《小窗别纪》四卷。

②鼓吹:演奏音乐。

【赏读】

任何丝竹之声都不及天籁,天籁之中,又以溪声、涧声、竹声、松声、山禽声、幽壑声、芭蕉雨声、落叶声有韵致。声之韵致从哪里来?只为能感人幽怀,催动诗肠。那清寂中的一声声,是造化的鼓吹,远比人工的技艺荡人心魄。

最销魂的，是卖花声。孟元老的《东京梦华录》中载："是月季春，万花烂漫，牡丹芍药，棠棣香木，种种上市，卖花者以马头竹篮铺开，歌叫之声，清奇可听。晴帘静院，晓幕高楼，宿酒未醒，好梦初觉，闻之莫不新愁易感，幽恨悬生，最一时之佳况。"这就很好地解释了卖花声为何"最销魂"。卖花声起，意味着春意正浓，同时，也就暗示着春天即将逝去。春逝，春愁，春恨，是萦绕在中国古典传统文学中的一个永恒意象，没有任何人能逃开它：岁月更替，对于美好事物的珍惜，以及知道美好多么短暂却无从挽留的哀伤。

花是世间最脆弱美好的事物。一竹篮的鲜花，就像是盛放于眼前的幸福，虽然终将枯萎，你知道它确切地存在过，在每一个到来的春天。只要还爱着花儿，赏着花儿，对人世就还有着期盼与爱。战乱困苦的年代里，卖花的人也会稀少甚至消失的。在中国历史不断的分分合合、乱世与治世循环中，人们相信，只要卖花声重新响起，安稳的日子就会回来。诗人陈著，在南宋灭亡之后，忽然有一夜梦中，听见旧都临安的卖花声，醒来痛哭失声："万花厄运至此极，纵有卖声谁耳倾？"国破家亡，鲜花与民族、百姓共命运。所以，卖花声，同时又象征着太平盛世，百姓安乐。甚至，专门有了《卖花声》这样的词曲，词人们用它来谱写清平景象。而卖花人的吟唱，本身就是一支婉曼而深沉的歌谣。元末明初谢宗可的《卖花声》就这样写道："春光叫尽费千金，紫艳红香藉好音。几处唤回游冶梦，谁家不动惜芳心？响穿红雾楼台晓，情逐香风巷陌深。妆镜美人听未了，绣帘低揭画檐阴。"

关于卖花声，文人墨客留下的诗句太多了，随便选摘一两首，让我们回到古中国的春天，此番销魂意，今古却是一般同。

世味年来薄似纱，谁令骑马客京华。小楼一夜听春雨，深巷明朝卖杏花。矮纸斜行闲作草，晴窗细乳戏分茶。素衣莫起

风尘叹,犹及清明可到家。(南宋·陆游《临安春雨初霁》)

踏歌槌鼓近清明,小雨霏霏欲弄晴。唤起十年心上事,春风楼下卖花声。(南宋·何应龙《清明》)

卷七 其次立言

六一居士传　欧阳修

六一居士初谪滁山,自号"醉翁"。既老而衰且病,将退休①于颍水之上,则又更号"六一居士"。

客有问曰:"六一,何谓也?"居士曰:"吾家藏书一万卷,集录三代以来金石遗文一千卷,有琴一张,有棋一局,而常置酒一壶。"客曰:"是为五一尔,奈何?"居士曰:"以吾一翁,老于此五物之间,是岂不为六一乎?"客笑曰:"子欲逃名者乎?而屡易其号。此庄生所诮畏影而走乎日中者也;余将见子疾走大喘渴死,而名不得逃也。"居士曰:"吾固知名之不可逃,然亦知夫不必逃也;吾为此名,聊以志吾之乐尔。"客曰:"其乐如何?"居士曰:"吾之乐可胜道哉!方其得意于五物也,太山在前而不见,疾雷破柱而不惊;虽响九奏②于洞庭之野,阅大战于涿鹿之原,未足喻其乐且适也。然常患不得极吾乐于其间者,世事之为吾累者众也。其大者有二焉,轩裳圭组③劳吾形于外,忧患思虑劳吾心于内,使吾形不病而已悴,心未老而先衰,尚何暇于五物哉?虽然,吾自乞其身于朝者三年矣,一日天子恻然哀之,赐其骸骨④,使得与此五物偕返于田庐,庶几偿其夙愿焉。此吾之所以志也。"客复笑曰:"子知轩裳圭组之累其形,而不知五物之累其心乎?"居士曰:"不然。累于彼者已劳矣,又多忧；累于此者既佚⑤矣，幸无患。吾其何择哉？"于是与客俱起，握手大笑曰："置之，区区不足较也。"

已而叹曰："夫士少而仕，老而休，盖有不待七十者矣。吾素慕之，宜去一也。吾尝用于时矣，而讫无称焉，宜去二也。壮犹如此，今既老且病矣，乃以难强之筋骸，贪过分之荣禄，是将违其素志而自食其言，宜去三也。吾负三宜去，虽无五物，其去宜矣，复何道哉！"

熙宁三年九月七日，六一居士自传。

《欧阳修集》

【注释】

①退休：古代官员辞职休息。

②九奏：指古代行礼奏乐九曲。

③轩裳圭组：轩裳，官员的车马服装；圭组，印绶。此处俱借指官位爵禄。

④骸骨：身体。旧称一身为上尽事，故辞官又称"乞骸"，此处"赐其骸骨"亦其意也。

⑤佚：安逸。

【赏读】

欧阳修号"六一居士"，有六个"一"。

第一个"一"是藏书。欧阳修家有藏书一万卷。一万卷今天看来不足为奇，在出版印刷业并不算发达的北宋已很了不起了，当时国家藏书也不过三万多册。他幼年家贫，看书都靠借与抄，到二十五岁，在洛阳建藏书阁，号"非非堂"，此时藏书才数百卷。经过数十年积累，万卷书每本都手自校理，藏书质量极高，既萃集精华，又广收博采，无论传世图书，还是当代手稿，无论正史典籍，还是民间诗文，都编纂保存，不愧"藏书家"之美名。

第二个"一"是金石。一千卷金石遗文，即夏商周三代以来的碑帖铭文拓片。始集于宋仁宗庆历五年（1045），完成于宋仁宗嘉祐七年（1062），费时十八年。在历史上，这是第一次对金石遗迹作系统整理，自称千卷，事实上编订成《集古录》后为十卷，共收录跋四百余种，释文考事，以金石证史，中国金石考据学兴起于宋代，创始人即欧阳修。

第三个"一"是琴。欧阳修好琴，《三琴记》中我们已经知道了，他甚至用琴声来做心理治疗："予尝有幽忧之疾，退而闲居，不能治也。既而学琴于友人孙道滋，受宫声数引，久而乐之，不知其疾之在体也。"（《琴说》）

第四个"一"是棋。欧阳修很爱下围棋。诗文中经常提到弈棋。有一首诗是这样的："竹树日已滋，轩窗渐幽兴。人闲与世远，鸟语知境静。春光蔼欲布，山色寒尚映。独收万虑心，于此一枰竞。"当此春日和融，轩窗下人起幽兴，俯首棋盘，一切忧烦都付之于叮咚的落子声中。

第五个"一"是酒。欧阳修贬居滁州时，自称醉翁，写《醉翁亭记》，虽说"醉翁之意不在酒"，然实实在在已经是喝得颓然了。他的《六一词》中尽是酒气："日日花前常病酒，不辞镜里朱颜瘦。""劝君莫作独醒人，烂醉花间应有数。"他行酒令，说道："酒沾衫袖重，花压帽檐偏……当此际，徒刑以上的罪行也都敢去做了！"

第六个"一"在哪呢？我们不禁和客人一样发出疑问了。第六个"一"是他自己，置身于以上五物之间的这一身，摆脱世间名利纷扰，逃离官场争逐是非，陶然忘我，其乐不可胜道。这就想不再劳形累心，告隐归田，与五物相伴终日，做个自在快活的"六一居士"去也!

《宋史》中评价欧阳修:"天资刚劲,见义勇为,虽机阱在前,触发之不顾。放逐流离,至于再三,志气自若也。"然而,得罪的人太多,"于是邪党益忌修"——再刚劲的人,也架不住无休止的攻谮,顶不过岁月风霜侵白发,终于累了,倦了。此为熙宁三年(1070),欧阳修更号为"六一居士",表达了辞官隐居的决心。这一年,他因长期反对王安石青苗法的实施,对皇帝的安抚又拒不买账,终于讨来个"改知蔡州(今河南汝南县)",这篇文章就是在蔡州任上所写。此后又不停地上书要求致仕——退休回家。熙宁四年夏季,如愿以偿,回到了颍州(今安徽省阜阳市)西湖边养老,真正当上"六一居士"了。熙宁五年八月初八,居士病逝于颍州。

书《六一居士传》后 苏 轼

　　苏子曰：居士可谓有道者也。或曰：居士非有道者也。有道者，无所挟①而安，居士之于五物，捐世俗之所争，而拾其所弃者也，乌得为有道乎？苏子曰：不然。挟五物而后安者，惑也。释五物而后安者，又惑也。且物未始能累人也，轩裳圭组，且不能为累，而况此五物乎？物之所以能累人者，以吾有之也。吾与物俱不得已而受形于天地之间，其孰能有之？而或者以为己有，得之则喜，丧之则悲。今居士自谓"六一"，是其身均与五物为一也。不知其有物耶，物有之也？居士与物均为不能有，其孰能置得丧于其间？故曰：居士可谓有道者也。虽然，自一观五，居士犹可见也。与五为六，居士不可见也。居士殆②将隐矣。

《东坡文集》

【注释】

①挟：倚仗。

②殆：大概。

【赏读】

　　此篇可与《六一居士传》合读。欧阳修欲隐，作《六一居士传》以表心声，苏东坡为其作注读，亦是解人。今日我们读东坡此文,略可想象两位文豪当年的风采。

苏轼视年长自己三十岁的欧阳修为师、为长、为友,更尊其为人生楷模。对于老师暮年的选择,他不仅理解,更由衷赞美这与琴、棋、书、酒、金石等五物的偕隐,是真正"有道者"的表现。为什么呢?在文章中,东坡提出了"物我同一"的观念:六一居士,身与五物并列为六,物不能拥有他,他也不必拥有物,无得无失,无忧无喜,人物合一,同归大化,自在逍遥。

物我、穷达、生死,实乃了解中国古代士大夫世界观与生命价值观的三个关键点。纠结周旋于此三组矛盾中的士大夫们,各自交出自己的答案。东坡的答案,无疑是非常高明的。秦观就曾说:"苏氏之道,最深于性命自得之际,其次,则器足以任重,识足以致远,至于议论文章,乃其与世周旋,至粗者也。"东坡先生平生思想,得力于释、儒、道的杂糅融汇,促成旷达、乐观、开阔、圆融的个性,助他从容度过半生的湖海风波、颠沛流离。写作此文时,东坡才过而立之年,命运还未完全向他展露出险恶嘴脸,但凭着天才与睿智,不经意中,他已经在内心打造了对抗命运的武器。

《燕闲清赏笺》①自序 高　濂②

高子曰：心无驰猎之劳，身无牵臂之役，避俗逃名，顺时安处，世称曰闲。而闲者，匪徒尸居肉食，无所事事之谓。俾闲而博弈樗蒲，又岂君子之所贵哉？孰知闲可以养性，可以悦心，可以怡生安寿，斯得其闲矣。

余嗜闲，雅好古，稽古之学，唐虞之训③；好古敏求，宣尼之教④也。好之，稽之，敏以求之，若曲阜之舄⑤，岐阳之鼓⑥，藏剑沦鼎⑦，兑戈和弓⑧，制度法象，先王之精义存焉者也，岂直剔异搜奇，为耳目玩好寄哉？故余自闲日，遍考钟鼎卣彝⑨，书画法帖，窑玉古玩，文房器具，纤悉究心。更校古今鉴藻，是非辩正，悉为取裁。若耳目所及，真知确见，另事参订补遗，似得慧眼观法。他如焚香鼓琴，栽花种竹，靡不受正方家，考成老圃⑩，备注条列，用助清欢。时乎坐陈钟鼎，几列琴书，帖拓松窗之下，图展兰室之中，帘栊香霭，栏槛花妍，虽咽水餐云，亦足以忘饥永日，冰玉吾斋，一洗人间氛垢矣。清心乐志，孰过于此？编成笺曰《燕闲清赏》。

《遵生八笺》

【注释】

①《燕闲清赏笺》：《遵生八笺》中的第五笺，记述文房雅玩、

居室清供、古玩鉴赏、藏书、焚香、莳花等"闲事"。《遵生八笺》为明代高濂所著,全书分《清修妙论笺》《四时调摄笺》《延年却病笺》《起居安乐笺》《饮馔服食笺》《灵秘丹药笺》《燕闲清赏笺》《尘外遐举笺》。为我国古代养生学的重要文献之一。

②高濂(1573~1620):字深甫,号瑞南,钱塘(今浙江杭州)人,明万历年间名士、戏曲家、养生家及书籍收藏家。曾在北京鸿胪寺任官,后隐居西湖。平生著作甚丰,主要有《玉簪记》《节孝记》《遵生八笺》《草花谱》《野蔌品》《四时幽赏》《四时逸事》《艺花谱》《兰谱》等。

③唐虞之训:唐虞,为唐尧与虞舜的并称。对应上文的"稽古之学",见《尚书·尧典》:"曰若稽古。"

④宣尼之教:孔子的教诲。对应上文的"好古敏求"句,《论语·述而》:"子曰:'我非生而知之者,好古,敏以求之者也。'"

⑤曲阜之舄:周武王之弟周公旦封于曲阜,为鲁公,为鲁国之始。《诗经·豳风·狼跋》中有句:"公孙硕肤,赤舄几几。"古人解为歌颂周公旦。赤舄为天子、诸侯之鞋,通常用于最高规格的祭祀礼仪。《周礼·天官·屦人》:"屦人掌王及后之服屦,为赤舄、黑舄、赤繶、黄繶、青句、素屦、葛屦。"

⑥岐阳之鼓:宋代欧阳修《集古录》:"石鼓文,在岐阳,初不见称于世,至唐人始盛称之。而韦应物以为周文王之鼓,至宣王刻诗尔。韩退之直以为宣王之鼓,在今凤翔孔子庙中。"又名"陈仓石碣""岐阳石鼓",是十座刻有文字的石墩,刻于先秦时期,627年发现于陕西宝鸡的荒野,现保存在北京故宫博物院。

⑦藏剑沦鼎:成者藏,衰者沦,分别用于象征功业成败、王朝兴亡。藏剑,藏剑于山。例如,传说夏禹之剑藏于会稽山,夏启之剑藏于秦望山。沦鼎,九鼎沦于水。《史记·封禅书》:"周德衰,宋之亡社,鼎乃沦没,伏而不见。"《汉书》:"周显王四十二年,

九鼎沉没于彭城泗水之下。而后始皇出巡,经彭城,驱千人泗水而寻,得鼎之际,忽有蛟龙出水,断缆而沉鼎,再失所踪。"

⑧兑戈和弓:《尚书·顾命》:"兑之戈、和之弓、垂之竹矢,在东房。"《尚书正义》注:"兑、和,古之巧人。垂,舜共工。所为皆中法,故亦传宝之。"皆为古代一国宗庙之内的陈列兵器。

⑨卣(yǒu)彝(yí):卣,盛行于商与西周初期的一种青铜酒器。彝,亦为盛酒器具。并用以泛指古代宗庙常用的祭器。

⑩老圃:有经验的菜农,喻行家老手。

【赏读】

人生难得富贵,更难得闲,富贵且闲,完全是托天之福,几世修得,万万人中出得一个。

明代万历年间的高濂,家境富裕,长年隐居西湖,文化修养深厚,诗词歌赋、琴棋书画无一不通,医道、养生、金石,广泛涉猎,"尝筑山满楼于跨虹桥,收藏古今书籍",多为宋本善籍。又精通音律,"能度曲,每开樽宴客,按拍高歌以为娱乐";喜热闹,通俗文学也爱好,"又尝聚邻人为说宋江故事"……当之无愧,是一位世间少有的"富贵闲人"。

世事也不会十全十美。高濂先天身体素质差,据其自述:"少婴羸疾,复苦瞆眼。"不仅瘦弱,还有眼疾。因此热心于医道,遍访奇方秘药,居然自己把眼睛治好了,体质也强健起来。这些经验、心得,以及搜罗的医方、养生资料,都收在《遵生八笺》中。

《燕闲清赏笺》把赏鉴清玩作为养生的一个重要内容。涉及器物广泛,从古铜器、玉器、瓷器,到历代碑帖、绘画、古琴的鉴赏;从葵笺、宋笺、松花笺等制法,到各种名香的品评;从插花艺术,居室设计,到怎样当一个好园丁……

在这篇自序中,作者首先为"闲"下了定义:"心无驰猎之劳,身无牵臂之役,避俗逃名,顺时安处,世称曰闲。"不为生计奔波,不受俗务缠身,有富足的时间,做想做的事情。不禁让人想起英国文豪萧伯纳的名言:"真正的闲暇并不是说什么也不做,而是能够自由地做自己感兴趣的事情。"

真正的"闲",是静中有动,闲中有忙,用各种清心乐志的爱好,来陶冶情操,度过愉快充实的每一天。

"余嗜闲,雅好古",好古敏求,孜孜不倦的探索中,有无穷思维与审美的乐趣。当然,文人在谈及爱好时,往往会赋予其一个更冠冕堂皇的理由。作者的笔锋一转,直接扫向上古时代:"曲阜之舄,岐阳之鼓,藏剑沦鼎,兑戈和弓……"列举出远到商周时期的种种国之礼器、章服,自然是为了说明:请不要小看我这博古的爱好,其中包含的意义很重大!"制度法象,先王之精义存焉者也,岂直剔异搜奇,为耳目玩好寄哉?"闲,就此有了更正当的理由。

最终,将通过这样的"闲",在物质与精神的双层结构上,都为自己创造出一个自足、忘我之境,尘俗间的纷扰烦恼,一扫而空。这样的生活,怎么可能不利于养生呢?

《长物志》①序 沈春泽②

夫标榜林壑,品题酒茗,收藏位置图史、杯铛③之属,于世为闲事,于身为长物,而品人者,于此观韵焉,才与情焉。何也?挹古今清华美妙之气于耳目之前,供我呼吸,罗天地琐杂碎细之物于几席之上,听我指挥,挟日用寒不可衣、饥不可食之器,尊逾拱璧,享轻千金,以寄我慷慨不平,非有真韵、真才与真情以胜之,其调弗同也。近来富贵家儿与一二庸奴钝汉,沾沾以好事自命,每经赏鉴,出口便俗,入手便粗,纵极其摩挲护持之情状,其污辱弥甚,遂使真韵、真才、真情之士,相戒不谈风雅。嘻!亦过矣!

司马相如④携卓文君,卖车骑,买酒舍,文君当垆涤器,映带犊鼻裈⑤边;陶渊明方宅十余亩,草屋八九间,丛菊孤松,有酒便饮,境地两截,要归一致⑥;右丞⑦茶铛药臼,经案绳床⑧;香山⑨名姬骏马,攫石洞庭,结堂庐阜⑩;长公⑪声伎酣适于西湖,烟舫翩跹乎赤壁,禅人⑫酒伴,休息夫雪堂⑬,丰俭不同,总不碍道,其韵致才情,政⑭自不可掩耳!

予向持此论告人,独余友启美氏⑮绝颔之。春来将出其所纂《长物志》十二卷,公之艺林,且属予序。予观启美是编,室庐有制,贵其爽而倩、古而洁也;花木、水石、禽鱼有经,贵其秀而远、宜而趣也;书画有目,贵其奇而逸、隽而永也;几榻有度,器具有式,位置有定,贵其精而便、简而裁、巧而自然也;衣饰有王谢之风,舟车有武陵蜀道之想,蔬果有仙家瓜枣之味,香茗有荀令[16]、玉川[17]之癖,贵其幽而闲,淡而可思也。法律指归[18],大都游戏点缀中一往,删繁去奢之意存焉。岂唯庸奴、钝汉不能窥其崖略[19],即世有真韵致、真才情之士,角异猎奇,自不得不降心以奉启美为金汤[20],诚宇内一快书,而吾党一快事矣!

《长物志》

【注释】

①《长物志》:明代文震亨所著,是关于生活和品鉴的笔记体著作。书成于崇祯七年(1634),内容广泛,分室庐、花木、水石、禽鱼、书画、几榻、器具、衣饰、舟车、位置、蔬果、香茗十二个部分。是了解晚明生活和文人情趣的重要著述,也是了解这一时期园林居室设计的重要资料。

②沈春泽:生卒年不详。字雨若,晚明江苏常熟人。后移居南京。才情焕发,能诗,工草书,善画兰竹,为吴中名士。著有《雨若吟稿》。

③杯铛:杯,酒器;铛,温器。

④司马相如:字长卿,西汉文学家,成都人。景帝时为武骑常卫,武帝时召为郎,通西南夷有功,后拜孝文园令。长于辞令,所作《子虚赋》《上林赋》等,丰赡富丽。曾以琴挑临邛新寡富家女卓文君,二人私奔,以开酒肆为业。

⑤犊鼻裈:形如犊鼻的短裤,一说为"围裙"。仅蔽膝以上,为佣保之服。

⑥境地两截,要归一致:所处环境地位截然不同,但襟怀洒落

的性质是一致的。要，宗旨、特质。

⑦右丞：即王维（692~761），字摩诘，河东蒲州（今山西运城）人。盛唐山水田园派诗人、画家。精通佛学，深受禅宗影响，有"诗佛"之称。唐玄宗时，官尚书右丞，故世称之"王右丞"。

⑧茶铛药臼，经案绳床：茶铛，煮茶器；药臼，捣药的石臼；经案，摊经书之案；绳床，即胡床。《唐书·王维传》："维在京师，日饭十数名僧，以玄谈为乐，斋中无所有，唯茶铛、药臼、经案、绳床而已。"

⑨香山：即白居易（772~846），字乐天，晚号香山居士、醉吟先生，唐代下邽（现在陕西省渭南县）人，著名诗人。在文学上积极倡导新乐府运动，主张"文章合为时而著，歌诗合为事而作"。早期多作讽喻诗，如《秦中吟》和《新乐府》，长篇叙事诗《长恨歌》《琵琶行》也很有名。著有《白氏长庆集》。

⑩攫石洞庭，结堂庐阜：《旧唐书·白居易传》："乐天罢苏州刺史时得太湖石五。"又云："立隐舍于庐山遗爱寺，自著《草堂集》。"

⑪长公：指苏轼。苏轼字子瞻，又字长公。

⑫禅人：指苏轼之友佛印禅师。曾与苏轼同游赤壁。

⑬雪堂：见苏轼《赤壁赋》："步自雪堂，将归于临皋。"雪堂为东坡所建堂室名，曾为文以记之。故址在湖北黄冈县东。

⑭政：通"正"。

⑮启美氏：即《长物志》作者文震亨，字启美。

⑯荀令：即荀彧（yù）（163~212），字文若，颍川郡颍阴县（今河南许昌）人，东汉末年曹操帐下首席谋臣。官至汉侍中，守尚书令，追赠太尉，谥敬侯。因其任尚书令，居中持重达十数年，人敬称他为"荀令君"。其人嗜香，习凿齿《襄阳记》："荀令君至人家，坐幕，三日香气不歇。"

⑰玉川：即卢仝（约775~835），号玉川子，河南济源人。唐朝中期诗人，终生布衣，死于甘露之变。诗风奇诡险怪，人称"卢仝体"，有《玉川子诗集》传世。好饮茶，有长诗《走笔谢孟谏议寄新茶》，人称"玉川茶歌"，与陆羽《茶经》齐名。

⑱指归：主旨、意向。

⑲崖略：大略。

⑳金汤："金城汤池"之略语，形容城池之坚不可破。

【赏读】

明代社会，政治、经济、文化等各个方面都发生了重大变化。以工商业为重心的经济型城市如苏州、杭州达到空前繁荣，城市居民的精神与物质的消费需求都更饱满。

清代学者伍绍棠校阅《长物志》时说："有明中叶，天下承平，士大夫以儒雅相尚，若评书品画，沦茗焚香，弹琴选石等事，无一不精，而当时骚人墨客，亦皆工鉴别，善品题，玉敦珠盘，辉映坛坫……"逐雅成为风尚，则必然面临庸俗的攀比、炫富，正如本文作者沈春泽所言："近来富贵家儿与一二庸奴钝汉，沾沾以好事自命，每经赏鉴，出口便俗，入手便粗，纵极其摩挲护持之情状，其污辱弥甚。"雅，经好事者之手，变成了媚雅，甚至恶俗。以至于真正懂风雅的人，反而相戒不谈风雅，以与渠辈同列而为耻了。

也有人对这种避雅不谈的矫枉过正不以为然，文震亨就是代表。文氏约请沈春泽为《长物志》作序，沈春泽亦确实是一位解人。他首先解释了何为"长物"，以及"长物"无用之大用：

集古今美物于眼前，而"供我呼吸""听我指挥"，乃至"寄我慷慨不平"，这已不再是单纯的审美愉悦，不仅寄情于物，更通过对"物"的欣赏和运用，将个体理想与人格投射其中，从而驱除忧烦，获得心灵平静，最终构建出精神世界的桃花源。显然，这是风波险恶的官场、党争激烈的政坛,以及平庸的世俗社会所不能提供的。

这就是"长物"之大美。作者进一步提出:唯真韵、真才、真情之士,才能真正理解"长物"之美。他们超拔于功名利禄,不与世浮沉,坚持道德操守,追求自我人格的完善。他列举了司马相如、陶渊明、王维、白居易、苏轼等历史人物为例,证明虽身份、地位、贫富不同,只要有一致的审美趋向,共同的道德与理想取向,就将殊途同归。而世人追慕的所谓"风雅",根本上,也只有真韵、真才、真情,才是内在的评价标准。

这样,经过美学上的拒绝、情操的检验,即使在物欲横流的世界,风雅也就不可能成为纯粹的消费品,它终得以摒挡尘俗而独立。

表面上,《长物志》对于雅玩清供之事,具有权威的指南作用。而实质上,它提供的审美细节,更像是一个个属于晚明知识精英阶层的文化暗号。他们——真正具有才、情、韵的雅士们,为时势所影响,纷纷隐于"长物",又同气连枝,通过"长物"来重新确立群体社会地位,获得文化上的主流话语权。这让我们知道,中国式的风雅,即使最终流于"玩物"、避世,但在最初的指向与最核心的诉求里,它终归与人们的入世理想紧密相联,这就是全文最终,沈春泽一声"吾党"里蕴含的深意。

与宜伶罗章二① 汤显祖②

　　章二等安否，近来生理③何如？《牡丹亭记》要依我原本，其吕家改的④，切不可从。虽是增减一二字以便俗唱，却与我原做的意趣大不同了。往人家搬演，俱宜守分，莫因人家爱我的戏，便过求他酒食钱物。如今世事总难认真，而况戏乎！若认真，并酒食钱物也不可久。我平生只为认真，所以做官做家，都不起耳。《庙记》⑤可觅好手镌之。

《玉茗堂尺牍》

【注释】

　　①宜伶罗章二：宜伶，指宜黄腔艺人。明代江西宜黄籍人、抗倭将领谭纶，将浙江海盐腔引入老家，而使宜黄腔成为海盐腔的一个变种。汤显祖的剧作《临川四梦》，最初就是由宜黄班演出的，因此有"宜伶""宜黄子弟"之说。罗章二为人名，当时的宜黄腔艺人。

　　②汤显祖（1550～1616）：字义仍，号海若、清远道人，晚年号若士、茧翁，江西临川人，明代戏曲剧作家及文学家。万历十一年（1583）进士，曾任太常寺博士、礼部主事，因弹劾首辅大臣，降为广东徐闻典史，后调任浙江遂昌知县，于万历二十六年（1598）弃官回乡，在临川建"玉茗堂"，以埋首戏剧和文学创作终

老。所著传奇《牡丹亭》《邯郸记》《南柯记》《紫钗记》,合称《玉茗堂四梦》,以《牡丹亭》最为著名。

③生理:生计。

④吕家改的:《牡丹亭》问世之后,为使其适应江浙昆山腔的搬演,昆曲家们遂对剧本进行删削润色,并调整曲牌格律,对曲辞施以通俗化等,这种改本有吕改本、沈改本、臧改本、冯改本、硕园改本等多种,引起汤显祖不满。此处所说的即吕改本,为戏剧家吕胤昌(字玉绳)所作改本。又一说并无吕改本,实为沈(璟)改本,汤显祖此处有所误会。

⑤《庙记》:即《宜黄县戏神清源师庙记》,为汤显祖所著论戏剧表演艺术的理论性文章,亦是中国戏曲史上重要文献。

【赏读】

这是汤显祖写给宜黄腔艺人的一封信,可能因对方文化水平的原因,与对其他文士朋友的措词不一样,用语极浅显,近乎口语。寥寥数句,事事交代清晰,情感朴实诚挚,道理明畅。

传奇《牡丹亭》一出,天下轰动,海内追捧,除了汤显祖本人在老家训练宜黄腔艺人全本演出之外,其余各地好事者也纷纷搬演,其中江浙一带已经流行昆山腔,为使这部传奇体例的"奇作"能够与昆山腔更顺利接合,更适应昆山腔音韵特点以及舞台演出方便,一些昆曲家对《牡丹亭》进行了删削润色的工作,其中一部,由友人吕玉绳寄给了汤显祖。引起了汤显祖的严重不满:"不佞《牡丹亭记》,大受吕玉绳改窜,云便'吴歌'。不佞哑然笑曰:'昔有人嫌摩诘之冬景芭蕉,割蕉加梅。冬则冬矣,然非王摩诘冬景也。'"自己呕心沥血的著作,被他人大加改动,自然是非常令人光火的。除版权之外,汤显祖最难以容忍的是改动过的剧作失去了原有的"意趣"。汤显祖作《牡丹亭》,虽为戏曲剧本文学,但并未严格遵循音律。他认为，音律应该服从于情辞，为了文学性表达，不惜与音律相违。在给吕玉绳的信《答吕姜山》（玉绳号姜山）中说道："凡文以意趣神色为主。四者到时，或有丽词俊音可用，尔时能一一顾九宫四声否？如必按字摸声，即有窒、滞、迸、拽之苦，恐不能成句矣。"

针对时人认为其剧作音律不协、演唱起来拗口的批评，汤显祖更是正面反击，在《答孙俟居》一文中放言道："弟在此自谓知曲意者，笔懒韵落，时时有之，正不妨拗折天下人嗓子。"《牡丹亭》是一部传奇体例的剧本，作为创作者的汤显祖从没有想过让其去适应某种流行声腔的音律，他更看重艺术家的创造精神，看重的是才情、个性与文采，也就是他一再强调的"意趣"。

《庙记》，即是《宜黄县戏神清源师庙记》，是汤显祖应宜黄腔艺人们所请而作，是为艺人们参拜的戏神庙所作之庙记，也是汤显祖关于戏剧艺术的理论性阐述。在《庙记》中，他这样写道："择良师妙侣，博解其词，而通领其意。动则观天地人鬼世器之变，静则思之。绝父母骨肉之累，忘寝与食。少者守精魂以修容，长者食恬淡以修声。为旦者常自作女想，为男者常欲如其人。其奏之也，抗之入青云，抑之如绝丝，圆好如珠环，不竭如清泉。微妙之极，乃至有闻而无声，目击而道存。使舞蹈者不知情之所自来，赏叹者不知神之所自止。若观幻人者之欲杀偃师，而奏《咸池》者之无怠也。若然者，乃可为清源师之弟子，进于道矣。诸生旦其勉之，无令大司马长叹于夜台，曰：'奈何我死而此道绝也。'"

将优伶之技提高到严肃的表演艺术范畴，这是非常领先于时代的想法。汤显祖本人对艺人的态度亦与一般士大夫迥异，并不视艺人为传统所谓贱民、仆役之流，也不是名士中流行的"家乐""清娱"，他是将艺人们引为朋友与同道的。不仅亲自对演出进行编排、导演、教习，自己有时候甚至也袍笏登场。将这封口吻白话家常、与艺人的通信，编入文集正式出版……都体现着一种平等与尊重。但他又深知艺人们久混江湖、周旋富贵场所浸染的不良习气，故在信中提出忠告。这忠告却是委婉的，并以自己举例，带有淡淡的人生自嘲，意味深长。

与龚惟长先生书 袁宏道

　　数年闲散甚,惹一场忙在后。如此人置如此地,作如此事,奈之何?嗟夫,电光泡影,后岁知几何时?而奔走尘土,无复生人半刻之乐,名虽作官,实当官耳。尊①家道隆崇②,百无一阙,岁月如花,乐何可言。

　　然真乐有五,不可不知:目极世间之色,耳极世间之声,身极世间之鲜,口极世间之谭③,一快活也。堂前列鼎,堂后度曲,宾客满席,男女交舄④,烛气熏天,珠翠委地,金钱不足,继以田土,二快活也。箧中藏万卷书,书皆珍异。宅畔置一馆,馆中约真正同心友十余人,人中立一识见极高,如司马迁、罗贯中、关汉卿者为主,分曹部署,各成一书,远文唐宋酸儒之陋,近完一代未竟之篇,三快活也。千金买一舟,舟中置鼓吹一部,妓妾数人,游闲数人,泛家浮宅,不知老之将至,四快活也。然人生受用至此,不及十年,家资田地荡尽矣。然后一身狼狈,朝不谋夕,托钵歌妓之院,分餐孤老之盘,往来乡亲,恬不知耻,五快活也。

　　士有此一者,生可无愧,死可不朽矣。若只幽闲无事,挨排度日,此最世间不紧要人,不可为训。古来圣贤,公孙朝穆、谢安、孙玚辈,皆信得此一着,此所以他一生受用。不然,与东邻某子甲蒿目⑤而死者,何异哉!

《袁中郎尺牍》

【注释】

①尊:对长辈的敬称。

②隆崇:兴盛。

③谭:同"谈"。

④舃(xì):古同"舄",指鞋。

⑤蒿目:极目远望。语出《庄子·骈拇》:"今世之仁人,蒿目而忧世之患。"指对时局深怀忧思。

【赏读】

袁宏道在写给舅舅龚惟长的这篇尺牍中,抒发的见解是惊世骇俗的。

首先,他表达了对"当官"生涯的极度厌恶,说简直就没有活人的乐趣。然后,对舅舅的生活状态表示艳羡:家道兴盛,百无一缺,没有俗务缠身,不需为生计奔走,真是岁月如花,乐何可言。但是,他认为,此还不足为人生之至乐、真乐。

元明以来,"存天理,灭人欲"的理学思想占据统治地位,礼教对人的束缚越来越僵化,与之相对应的,却是城市手工业、商业发达,市民文化兴起,同时在知识分子精英阶层,掀起追求个性解放、心灵自由的潮流。最先体现在文艺方面,出现种种"非圣无法"行为,无论徐渭的癫狂,李贽的离经叛道,还是"公安三袁"的"性灵",乃至汤显祖《临川四梦》的情痴与奇幻,冯梦龙对市井俗文学的重视与搜集……都是一脉相承,思想上有意识的反动,真实人性与欲望的回归。同时,对于"士"这个传统阶层,所持有的生命观、价值观，有了重新审视，甚至颠覆。

传统的"士"之一生，是为儒家伦理体系而服务，为皇权政治而驱使，以功名利禄、光宗耀祖为人生追求的。到了明代，科举制度的高度成熟，让全国读书人以做八股——中举——做官为毕生唯一理想，袁宏道却将这天经地义的一切，统统打破，公然地宣扬起放浪形骸的生活方式来。

五种"真乐"，层层递进："目极世间之色，耳极世间之声，身极世间之鲜，口极世间之谭"，为物质上的享乐主义；"堂前列鼎，堂后度曲，宾客满席，男女交舄，烛气熏天，珠翠委地，金钱不足，继以田土"，为情欲与金钱上的放纵；"箧中藏万卷书，书皆珍异……远文唐宋酸儒之陋，近完一代未竟之篇"，这却是文化上的理想了，且是极其精雅又雄心勃勃的理想；"千金买一舟，舟中置鼓吹一部，妓妾数人，游闲数人，泛家浮宅，不知老之将至"，又是心灵上的放逐与自我成全。前面四种"快活"倒还寻常，唯到最后，"一身狼狈，朝不谋夕，托钵歌妓之院，分餐孤老之盘，往来乡亲，恬不知耻"，出人意表的一个收场，将全文推向一种颓废的浪漫。"一身狼狈"与"恬不知耻"中，俨然有了种"跳出三界外，不在五行中"的率性与圆满。

袁宏道本人虽厌弃官场，但从政生涯中，却是一个非常有担当与社会责任感的人。甚至连一向执论严厉的鲁迅都说过这样的话：

"中郎还有更重要的一面么？有的。万历三十七年，顾宪成辞官，时中郎主陕西乡试，发策，有'过劣巢由'之语。监临者问：'意云何？'袁曰：'今吴中大贤亦不出，将令世道何所倚，故发此感尔。'(《顾端文公年谱》) 中郎正是一个关心世道、佩服方巾气人物的人，赞《金瓶梅》，作小品文，并不是他的全部。"

所以，这篇在中郎作品中有名的尺牍小品，其实是不能从"玩世"的表面意义上理解的。中郎的宗旨，并非鼓励大家都要去过这种"五快活"的生活——本来那种纸醉金迷也绝非一般人可沾得上边。他只是以夸张激烈的手法,对笼罩在这世界之上那些僵硬死板的东西,进行挑战。

《打枣竿》[1]小引 俞琬纶[2]

街市歌头[3]耳，何须手为编辑，更付善梓[4]，若欲不朽者，可谓童痴。吾亦素作此兴，尝为琵琶妇陆兰卿集二百余首，间用改窜。不谓犹龙[5]已早为之，掌录甚富，点缀甚工。而兰卿所得者，可废去已。盖吾与犹龙，俱有童痴，更多情种；情多而寡缘，无日无牢愁，东风吹梦，歌眼泣衣，吾两人大略相类。此歌大半牢愁语，聊以是为估客[6]乐。每一宛唱，便如归风信鸽，平时阔绝者，恍然面对。天下多情，宁独吾两人乎？如以春蛙秋蝉[7]听之，而笑为蛩鄙[8]，笑者则蛩鄙矣。歌不足传，以情传。巴歌、棹歌、踏歌、白苎歌、吴歈歌[9]，或入琴笺，或供诗料，至今有其名，是岂在歌也。

《自娱集》

【注释】

①《打枣竿》：晚明的一种民歌时调，亦名《挂枝儿》。冯梦龙收集编纂以成书。

②俞琬纶（1576～1618）：字君宣，号艳明。明苏州府长洲县（今江苏省苏州市）人。万历四十一年（1613）进士，任浙江衢州府西安县令。风流文采，有名士风。撰有《琬纶诗余》《自娱集》等书。

③歌头：唐人大曲，截大曲多遍之开头部分，倚声填词，称之为"歌头"。此处代指歌谣。

④梓：意为木头雕刻成印刷用的木板，引申为出版。

⑤犹龙：即冯梦龙（1574~1646），明代文学家、戏曲家。字犹龙，号龙子犹、墨憨斋主人、顾曲散人等。明苏州府长洲县（今江苏省苏州市）人，同其兄画家冯梦桂、其弟诗人冯梦熊并称"吴下三冯"。曾任寿宁知县。晚年参加抗击清军活动，忧愤死，或说为清军所杀。文学思想深受李贽"童心说"影响，诗文之外，重视小说、戏曲与通俗文学。编著与著作丰富，有《喻世明言》《警世通言》《醒世恒言》等话本集，《山歌》、《挂技儿》（即《打枣竿》）等民歌时调集，《情史》《智囊》等笔记小说集，《双雄记》等传奇剧多部，以及《七乐斋诗稿》《中兴伟略》等。

⑥估客：行商。

⑦春蛙秋蝉：春天蛙叫，秋天蝉鸣。比喻喧闹夸张、空洞无物的言谈。

⑧蛮鄙：粗野拙劣。

⑨巴歌、棹歌、踏歌、白苎歌、吴歈歌：俱为中国历史上各时期各地域之民歌时调名。

【赏读】

晚明时期，种种向来不入大雅之堂的俗文学，如民间话本、传奇、时调小曲，被名士文人纳入案头，重新审视，得到了收集与整理。冯梦龙是其中居功最伟者。

《打枣竿》，又名《挂枝儿》（一说为两调，声调、情韵相近），是流传在市井尤其是妓馆歌楼中的时新小曲儿。沈德符《万历野获编》云："比年以来，又有《打枣竿》《挂枝儿》二曲，其腔调约略相似，则不问南北，不问男女，不问老幼良贱，人人习之，亦人人喜听之,以至刊布成帙,举世传诵,沁入心腑。"袁宏道在《叙小修诗》一文中亦道:"吾谓今之诗文不佳矣。其万一传者,或今闾阎妇人孺子所唱《劈破玉》《打枣竿》之类,犹是无闻无识真人所作,故多真声,不效颦于汉、魏,不学步于盛唐,任性而发,尚能通于人情之喜怒哀乐、嗜好情欲,是可喜也。"民间小调,举国传唱,文坛巨擘们,亦皆注意到了其中的艺术性。毕生关注市民通俗文学的吴中才子冯梦龙,兴致勃勃地从民间采集歌曲,整理编纂,直到正式出版,前后花了足有二十年时间,又请同样是风流才子的俞琬纶为其作小引。俞琬纶不负所托,一篇婉转生情的文字,道出了冯梦龙编此书的深义。

全文最重要的两个词:童痴、情种。童痴者,童心之痴,接李贽之"童心说"而来,以一念之本心、真心为最可贵。情种,则与汤显祖的"至情说"相为呼应,推崇情感与天性的自然流露,相信万物以情为本,人生世上,自然有一种深情在焉。甚至"借男女之私情,发名教之伪药"。人有深情,而情无处可寄托,故常多愁多恨,如梦如痴,欲歌欲哭。这些流行于市井,由妓女歌儿嘴中唱出、听众多为行客游商的歌谣,唱的也多半是多情常被无情恼、人生难得一展眉之事,故能够如"归风信鸽"一般,陡然唤起人平时被忙碌掩盖的种种离愁苦恨来。所以,"歌不足传,以情传"。这些歌,是唱给多情的人们听的,像历史上那些风传过的民歌一样,最终"或入琴笺,或供诗料",展现了历久不衰的艺术魅力。

书《张维遇^①志状》后　傅　山

　　平定张生煜，不忍厥父维遇之不闻于乡也，列其行，请居实^②志墓，复欲老夫言。老夫学老庄者也，于世间诸仁义事，实薄道之。即强言之，亦不能工，不过于居实之志喔喔^③耳，又恶^④用之！老夫以别眼看维遇，其敢死为胜。状志皆云：以少不谨致疾，名际而字遇。际遇若此，敢死于床箦^⑤，与敢死于沙场等也。且道今世纵酒悦色，以期于死者，吾党有几人哉？

　　吾最喜啖州中河漏^⑥。每过州，知交辄为设河漏，遂皆竞精河漏之法。而吾尝曰："平定无河漏矣。"维遇亦吾一河漏檀越^⑦也，居东门小亭，藏古梅一株，高丈三四尺，传为百余年物。初为某百户^⑧家所藏，转而至维遇家。岁寒时著花高槙^⑨，不受俗物攀嗅。又冬青一芨^⑩，亦不类常所见。挓挓^⑪浓茂，一老干耳。复于根旁小分一枝，瘦缩并举枝头，叶皆以少为贵，如刘松年^⑫画松法。吾每于此啖河漏，辄多进一半碗，如梅、冬青之劝我也。无何，梅与冬青无故忽枯死，而维遇亦随物故。异哉！

　　煜能读书抄书，皆始终笔画精细不怠，是州中一后辈好学人也。即此，维遇有子，闻维遇者，尚烦友朋之言哉！

《霜红龛集》

【注释】

①张维遇：张际，字维遇，山西平定人，明遗民。为傅山友人。

②居实：白孕彩（又作允彩），字居实，山西平定人。少有隽才，崇祯七年（1634），与傅山同为山西三立书院学生。明亡后，遁入乡间隐居，曾暗中进行反清复明活动。著作有《测鱼村集》。

③喔喔：象声词，鸡鸣声。此处指以声附和。

④恶（wū）：同"乌"，表示疑问，相当于"何""怎么"。

⑤床箦（zé）：床和垫在床上的竹席。泛指床铺。

⑥河漏：用河漏床子（做河漏的工具，底有漏孔）把和好的荞麦面、高粱面挤压成长条，下入锅内，煮熟后配上各种浇头或打卤食用，为山西人的传统面食。也作合饹，或饸饹。

⑦檀越：梵语音译，施主。

⑧百户：官名。元代设百户为"百夫之长"，隶属于千户，为世袭军职。明、清为低级军官。

⑨槙（diān）：树梢。

⑩荄：草根。

⑪抟抟：圆圆聚成一团的样子。

⑫刘松年（生卒年不详）：钱塘（今浙江杭州）人，南宋画家，为画院待诏，工山水、人物、器物。因家住清波门，人称"刘清波"。与李唐、马远、夏圭合称为"南宋四家"。

【赏读】

放荡不检，纵情酒色而死，说起来总归不光彩，傅山却为这种死法喝起彩来，说好在哪里？就两个字："敢死！"蝼蚁尚且偷生，何况于人。古话说"酒是穿肠毒药，色是杀人钢刀"，沉溺于酒色不能自拔的当然大有人在。但傅山认为，他的这位友人，并非意志脆弱的酒色之徒。

醉翁之意不在酒，友人只是借酒与色来展现一个拒绝的姿态，打发一种深沉的绝望，是一种慢性的自杀，因为：这个世界，已经不值得再保重身体，顾惜名誉地活下去了。同为拒绝与清政府合作的明遗民，傅山是理解朋友的，甚至隐隐对友人的举动表达了愤懑的认同："今世纵酒悦色，以期于死者，吾党有几人哉？"

人固有一死。亲戚或余悲，他人亦已歌。对友人之死，傅山并未作寻常戚戚之态，对故人之子的请求，想为父亲留名乡里的心愿，也不置可否。傅山的理由是："老夫学老庄者也，于世间诸仁义事，实薄道之。即强言之，亦不能工。"老庄之道，参透生死，认为人世不过如一大梦，儒家则讲究仁义，傅山于儒学经义及当世大家，在清军入侵时坚守民族气节，现在却如此说，似乎有些自相矛盾，然而，要知道，表面的矛盾，往往是因为情感层面的复杂，是因为历经了太多沧桑。

笔锋一转，作者竟讲起自己最爱的美食来了。朋友们知道他喜食"河漏"这种面食，故变着法儿争相做最好吃的河漏来请他，其中，便有一个张维遇。张家的古梅与冬青树，亦非凡品。梅于树梢著花，不肯受俗物攀嗅；冬青奇倔秀逸，如刘松年画中之松。傅山来作客，梅与冬青便似为主人劝客加餐，当主人将辞世之时，树亦忽然枯死……冥冥中，草木有灵，且复有情。

行文至此，无一语渲染及主人，而主人之音容笑貌宛在眼前，不肯与世同流的高洁品质、彼此间的深情厚谊，不言而喻。最后，对友人之子寄予了鼓励与厚望。

全文结构由反入正，情感由平淡入深沉，构思巧妙，运笔老辣圆融，是一篇力透纸背、格韵苍古、更带有一股慷慨洒落之气的奇文。

晴窗书事　龚鼎孳①

　　月来阴雨黯晦，檐溜②滴沥，如远公山房莲漏③，丁丁吉吉④，使人春愁暗长。今午风日稍霁，取架上书一卷，伏几读之。瓶梅细细作寒香，从鼻间度去，急追之，如炉烟因风，一丝散漫，已复再来袅人。

　　因念此数点幽花，入吾碧纱净榻间，已十许日。仆⑤兵事⑥冗沓，跌尘土坑堑中，披衣晨出，夜不得息，才支枕小卧，衙鼓⑦一声，好梦又敲断矣。彼冰魂淡淡，孤芳自怜，从开至落，仅博吾半晌幽赏。莺花九十⑧，忽忽焉虚掷其三。人生百年，为茫劫⑨驱迫如此，清福难享，信哉！

《定山堂古文小品》

【注释】

　　①龚鼎孳（1615~1673）：字孝升，号芝麓，安徽合肥人。明崇祯七年（1634）进士，初仕湖广蕲水（今湖北浠水）知县，有政绩，"蕲人德之，立生祠祀焉"。后授兵科给事中。曾因"冒昧无当"罪下狱。明亡，先降李自成，后降清。累官至刑部尚书、兵部尚书、礼部尚书。谥端毅。其仕清期间，屡疏为江南请命，又为傅山、阎尔梅等明遗民开脱，为士人所称。少年早慧，诗文并工，与吴伟业、钱谦益并称为明际"江左三大家"。有《定山堂集》《香严

词》等。

②檐溜：檐沟。亦指檐沟流下的水。

③远公山房莲漏：莲漏，即莲花漏，为古代一种计时器。远公，指慧远，东晋时高僧，住庐山中。唐代李肇《唐国史补》卷中："初，慧远以山中不知更漏，乃取铜叶制器，状如莲花，置盆水之上，底孔漏水，半之则沉。每昼夜十二沉，为行道之节，虽冬夏短长，云阴月黑，亦无差也。"

④丁丁吉吉：象声词，雨滴的声音。

⑤仆：古代男子谦称自己。

⑥兵事：国家军事职能部门之事务。作者仕明曾任兵科给事中，仕清曾任兵部尚书。

⑦衙鼓：旧时衙门中所设的鼓，用以集散曹吏。

⑧莺花九十：古人以春季三个月，共九十天。唐代陈陶《春归去》："九十春光在何处？古人今人留不住。"莺花，莺啼花开，借指春光。

⑨茫劫：佛教有"劫波""度劫"之说。传说世界每经若干万年会毁灭并重新开始，这一个周期为一"劫"。茫，纷繁众多之意。

【赏读】

时节已是初春，连日阴雨，寒意侵人，天色总是晦暗着，雨水从屋檐上滴滴沥沥地落下，那"丁丁吉吉"的声音，单调且日夜不停，就像从前慧远禅师在山中用过的莲花更漏一样，无情催报着时间的流逝，让人心中滋生出如许惆怅。

然后突然来了一个晴天，连绵雨后的乍晴，多么令人欢欣。于是取来架上书，伏几案上读，不管怎么样，忙里偷闲，也要享受这难得好天气。一缕梅花的清寒幽香，就在这时候，悄然来到人的鼻端。此处，作者用了一个动词"度"，香气是会走动的，是步履飘忽的，仿佛只是偶然路过，便又掉头远飏，而留在嗅觉里美妙的惊动，让人情不自禁，抬起头，耸起鼻，要追寻它的踪迹。它却也似乎知道了人对它的眷恋，悠然又飘了回来，如炉中轻烟，袅绕在人的身边。

瓶中的梅花已经在这书房中放了十几日了，尽管春寒料峭，冷雨连宵，它倒是掐着时令，认认真真地开了花。只可惜，琐屑尘事，烦冗公务，冷落了这一枝梅，让它"冰魂淡淡，孤芳自怜"，寂寞开落，一冬积蓄终于绽放的美与芬芳，只换来"我"这半晌的欣赏。心思细腻浪漫的作者，由衷地怜惜起花来了，更进一步想到，一整个春天，就这样被虚掷了。

"人生百年，为茫劫驱迫如此，清福难享。"这种感叹，本是老生常谈。唯"茫劫"二字，却将常谈之意，加深加重了不少。俗务冗事，视之如茫茫无尽之劫波，不可逃之，只可度之。全文因此蒙上了一种宿命的悲伤。联想作者的生平与其生活的时代，几番政权更迭，兵火相连，乱世苟且，龚鼎孳本为奋发激昂的明朝青年官员，少年得志、博雅多情的才子，最后却沦为皇权专制架构下的声名狼藉的"贰臣"，连著作也受到其投降效忠的清政府禁毁，亦真可谓层层劫波。劫灰烬余，始终陪在他身边，同享荣华，同受唾骂的，却是年少时不顾俗议娶回身边的秦淮名花：顾横波，那一个兼具艳质与奇香的女子。前尘往事翻过，是非荣辱休论，再读此篇，则文外之余韵，更堪咀嚼了。

卷八

韵士天成

米 芾 周 辉[①]

曾祖殿撰[②]，与元章交契无间，凡有书画，随其好即与之。一日，元章言："得一砚，非世间物，殆天地秘藏，待我而识之。"答曰："公虽名博识，所得之物真赝居半，特善夸耳。得见乎？"元章起，取于笥[③]。曾祖亦随起，索巾涤手者再，若欲敬观状，元章顾而喜。砚出，曾祖称赏不已，且云："诚为尤物，未知发墨如何？"命取水。水未至，亟以唾点磨研。元章变色而言曰："公何先恭而后倨？砚污矣，不可用，为公赠。"初，但以其好洁，欲资戏笑，继归之，竟不纳。陈通乱[④]后，偕古大悲[⑤]、雷琴莫知所在。米老尝有题跋云："侍讲仁熟携顾陆真迹、保大琴会于米老庵。"即此画，并《女孝经》[⑥]是也。曾祖字仁熟，时守京口。唾砚事，吴虎臣《漫录》[⑦]误书为东坡。

老米酷嗜书画，尝从人借古画日临拓，拓竟，并与真赝本归之，俾其自择而莫辨也。巧偷豪夺，故所得为多。东坡《二王帖跋》云："锦囊玉轴来无趾，粲然夺真疑圣智。"因借以讥之。旧传老米在仪真，于中贵人舟中见王右军帖，求以他画易之，未允。老米因大呼，据舷欲赴水，其人大惊，亟畀[⑧]之。好奇喜异，虽性命有所不计，人皆传以为笑。

徽宗尝命米芾以两韵诗草书御屏，次韵乃押"中"字，行笔自上至下，其直如线。上称赏曰："名下无虚士。"芾即取所用砚入怀，墨汁淋漓，奏曰："砚经臣下用，不敢复进御，臣敢拜赐。"又一日，米回人书，亲旧有密于窗隙窥其写至"芾再拜"，即放笔于案，整襟，端下两拜。

《清波杂志》

【注释】

①周辉（1126~?）：字昭礼，淮海人。出身官宦世家，但终生不仕。晚年隐居杭州清波门，著有《清波杂志》十二卷、《别志》三卷。

②殿撰：宋代集英殿修撰、集贤殿修撰（后改为右文殿修撰）的省称。作者曾祖周种（字仁熟），曾任集贤院修撰一职。

③筥：盛饭或衣物的方形竹器。

④陈通乱：南宋建炎元年（1127）八月，杭州胜捷军校陈通造反，十二月，为朝廷诱杀。

⑤大悲：此处指观世音菩萨画像。

⑥《女孝经》：唐郑氏撰。郑氏，朝散郎侯莫陈邈之妻。其书仿《孝经》分十八章，章首皆假班大家以立言。此处当指《女孝经图》。

⑦《漫录》：即南宋人吴曾所撰《能改斋漫录》。吴曾，字虑臣，又作虎臣（疑误）。

⑧畀：给予。

【赏读】

米芾，字元章，号鹿门居士，自称"老米"，书画双绝，爱石爱收藏成癖，加上本人衣着言行怪异，还有万人不耐烦的"洁癖"，故又被世人唤为"米颠"，关于他的故事，那真是太多了。

周辉，出身官宦世家，交游广泛，致力于八卦事业的笔记作家，本着严谨且有趣的态度，写有《清波杂志》一书，记录了许多北宋文人的逸事，文笔简洁生动，刻画人物鲜明，富于史料及文学价值。他笔下的米芾，狂怪而不失真性情，痴迂中又带些狡黠，几则故事读下来，活画出一位可爱又可笑的"老米"其人。

第一则故事中，作者曾祖与米芾交好，利用米芾的洁癖，调笑于他，不料竟意外从他手中获得一方宝砚。轻松的行文，透出友情的欢乐。结尾笔锋淡淡一转，自那场战乱（作者祖宅就在钱塘，后毁于陈通之乱）后，这块宝砚，已经和家藏的其他珍贵文物一起丢失了。又令人顿生今昔之感。

更多时候，是米芾撒疯卖癫，巧取豪夺别人手头的宝贝。所谓"窃书不算偷"，这种雅癖名声在外，大家都拿他没办法。

第二则中，公然造假画坑人不算，老米"贪婪"的魔爪，还伸向了皇上宠幸的宦官。宦官之吝啬贪小，可算天下首屈一指，结果照样败给了以跳河相威胁的"米颠"，活生生让他抢走了王羲之书帖。

第三则中，老米胆大包天，连九五至尊的皇上也敢下手，从龙嘴里夺走了一块好砚台。

如此胡作非为，为什么会被人们容忍？作者又举了一个例子："又一日，米回人书，亲旧有密于窗隙窥其写至'芾再拜'，即放笔于案，整襟，端下两拜。"原来，这个人，当真是"痴"的。套用郭德纲的相声名言，这真是：艺术家会耍赖，谁也挡不住啊！

云林遗事 王锜①

倪云林②洁病,自古所无。晚年避地光福徐氏③。一日,同游西崦,偶饮七宝泉,爱其美,徐命人日汲两担,前桶以饮,后桶以濯。其家去泉五里,奉之者半年不倦。云林归,徐往谒,慕其清秘阁④,恳之得入。偶出一唾,云林命仆绕阁觅其唾处,不得,因自觅,得于桐树之根,遽命扛水洗其树不已。徐大惭而出,其不情⑤如此。后家渐替⑥,往游江阴,有习里夏氏馆之,所奉大不如意,因染痢,秽不可近,卒。夏以小棺葬于近地,其墓尚存。后人皆传云林为太祖投溷厕中死,尽恶其太洁而诬之也。其遗址今为周济广所居,济广最知其详。

《寓圃杂记》

【注释】

①王锜(1433~1499):字符禹,自号苇庵处士,别号梦苏道人。明代长洲(今江苏苏州)人。幼好学,博览群书,尤精于史学,曾负责《元史》的编修工作,一生不仕。著有《寓圃杂记》,史料价值很高。

②倪云林(1301~1374):倪瓒,字元镇,号云林、幻霞生、荆蛮民。元代画家、诗人。江苏无锡人。家富,元末散尽家财,浪迹太湖一带。擅画山水、墨竹,后世将其和黄公望、王蒙、吴镇并

称"元四家"。

　　③光福徐氏：光福，为历史悠久的古镇名，在今苏州市吴中区。徐氏为光福望族。

　　④清秘阁：倪云林的书房名。明代张岱《夜航船》记其为"前植碧梧，四周列以奇石，蓄古法书名画其中，客非佳流不得入"。

　　⑤不情：不近人情。

　　⑥替：衰败。

【赏读】

　　倪云林是中国艺术史上可与北宋米芾并驾齐驱的怪人，天才非凡，孤高乖僻，至于"洁癖"方面，比"老米"还要严重，为此，一生中留下了许多真真假假的八卦，被时人称为"倪迂"。"倪迂洗桐"，便是这些八卦中最脍炙人口的一则。

　　那年，倪云林因战乱借住在友人之家，友人对他是有情有义，仁至义尽，每天去五里地之外挑泉水，供这位品味奇高又挑剔莫名的朋友用与饮。一坚持就是半年之久，毫无怨言。如此热诚，终于换来了到倪家"清秘阁"一游的资格。"清秘阁"是倪云林的书房，珍藏有他的图书古玩，陈设之高雅、环境之精洁、藏品之珍奇，已经成为一个世间的传说，神秘而令人景仰。张岱《夜航船》中曾有过这样的描述："倪云林所居，有清秘阁、云林堂。其清秘阁尤胜，前植碧梧，四周列以奇石，蓄古法书名画其中，客非佳流不得入。尝有夷人入贡，道经无锡，闻云林名，欲见之，以沉香百斤为贽，云林令人给云：'适往惠山饮泉。'翌日再至，又辞以出探梅花。夷人不得一见，徘徊其家。倪密令开云林堂使登焉，东设古玉器，西设古鼎彝尊罍，夷人方惊顾，问其家人曰：'闻有清秘阁，可一观否？'家人曰：'此阁非人所易入，且吾主已出，不可得也。'夷人望阁再拜而去。"献以重礼，费尽心机，仍然得不到半分踏入清秘阁的机缘。相比之下，这位姓徐的朋友实在是很幸运。结果呢，一口唾沫坏了事，惹动了"倪迂"的迂性，又是亲自寻找那口肮脏的唾沫，又是派人扛水拼命冲洗树根，弄得朋友面红耳赤，羞愧难当地溜走了。

当洁癖到了不近人情的地步，人情也会施以刻薄的反击。倪云林虽大富出身，性格古怪，但一生清白，并未做过恶事。世人却怀着恶作剧的心态，给他编排了被明太祖朱元璋扔进粪坑淹死的下场。当然，否定了传闻，作者给出的答案，也还是颇具讽刺意义的——得了痢疾，拉肚子而死。总之，对于太好洁太孤高的人，人情也好，上天也好，似乎都不愿意让他称心如意。这真是，欲洁何曾洁，过洁世同嫌。

倪云林的山水画，孤高疏淡，画面中几乎从无人物出现，人问为何？答道："天下无人也。"他避世索居，吴王张士诚的弟弟张士信请他作画，被轻蔑拒绝。气恼之下，张士信将他抓住痛打一顿，挨打过程中，倪云林一声不吭，回到家，人惊问怎么了？他悠悠地道："一说便俗。"这样一个人，内心世界的丰富与高逸，绝非"洁癖"二字便可以概括的。

"十二月九日夜，与惟寅友契篝灯清话，而门外北风号寒，霜月满地，窗户阒寂，树影零乱，吾二人或语或默，寤寐千载，世间荣辱悠悠之语不以污吾齿舌也。人言我迂谬，今固自若，素履本如此，岂以人言易吾操哉！"在晚年一首赠友的诗前小序里，倪云林终于开口，为自己的人生做了一点总结。而这样的话，只是说给至友与懂得者听的。

韵 友① 吴从先

　　凡游戏结伴，有一不韵，尚令烟霞变色、花鸟短致，况高斋秘阁间乎？必心千秋而不迁者，冥心②而不妄解者，破寂寥者，谈锋健而甘枯坐者，氤氲③不喷噪者，不颠倒古今而浪驳者，奏调皆合者，或师之，或友之，皆吾徒也。若夫大惊小怪，非魇呓④则阴蚀，不类而分之座，缥缃⑤觉有愁目也。触邪之豸⑥，指佞之草⑦，即在邺架⑧矣。华歆之见割⑨，岂无谓哉！然或嵚崎⑩历落⑪，吻合在耳目之外，譬书目中之有稗官⑫，另当置之别论。

《赏心乐事五则》

【注释】

　　①本文标题为编者所加。

　　②冥心：泯灭俗念，使心境宁静。

　　③氤氲：烟气、烟云弥漫的样子；气或光混合动荡的样子。此处用以形容人的气度和静蕴藉。

　　④魇呓：梦呓。

　　⑤缥缃：缥，淡青色。缃，浅黄色。古时书衣常用淡青、浅黄色的丝帛，后因以代指书卷。

　　⑥豸：指獬豸，古代传说中的异兽，能辨曲直，见人争斗就用角去触坏人。

⑦指佞之草：神话传说中能识别奸伪的草。晋张华《博物志》："尧时有屈轶草生于庭，佞人入朝，则屈而指之，一名指佞草。"

⑧邺架：本指唐邺侯李泌府中的书架。韩愈《送诸葛觉往随州读书》诗："邺侯家多书，插架三万轴。一一悬牙签，新若手未触。"后因以称藏书之多。

⑨华歆之见割：《世说新语》："管宁与华歆尝同席读书，有乘轩冕过门者，宁读如故，歆废书出看。宁割席分坐曰：'子非吾友也。'"华歆，三国时人，字子鱼。

⑩嵚崎：本为险峻之义，比喻人的品格卓异不群。

⑪历落：磊落，洒脱不羁。

⑫稗官：小官。《汉书·艺文志》："小说家者流，盖出于稗官……"后因以用作小说或小说家的代称。

【赏读】

高斋秘阁，雅玩清赏，一一备办妥当，种种赏心乐事，吟啸之余，游目四顾，于江山风月之外，似乎还少了些什么？少的是可以与其共乐者。天下之大，可以邀请来同席而清谈的人，偏偏又是"多乎哉？不多也"！

交一韵友，本着宁缺毋滥的态度，宁可闭门谢客，也不能让不相宜者败坏了兴致。作者列举了种种相宜者：心怀千秋而不迂腐的人，素心内敛而不妄下雌黄的人，有趣多才可以打破寂寥的人，谈锋极健却能甘于枯坐的人，蕴藉温雅而不粗鲁聒噪的人，讨论问题不胡乱辩驳的人，谈吐行为合拍相契的人……哪怕狂怪不羁，也不失为磊落个性，对之自有意兴，不觉俗浊便好。

要求看起来很高，仔细一想都在情理之中。所说种种反面例子，放在我们日常交际中，也是颇为令人讨厌的。更何况，人生百年，多风雨忧愁，一年之中，闲暇时光，佳景良辰并不易得，能够友朋相约作尽兴一晤的时刻,更是少之又少,如果说交际应酬面对各色人等是迫不得已,那么,这难得的私密时光,要与何人共度,焉能不慎重呢?

一个人的气质与品性,看他交往的朋友便可知道。一个有趣且有教养的人,到哪里的沙龙都是受欢迎的。这里的所谓"韵友",已经不是"谈笑有鸿儒,往来无白丁"的简单归类,更着重于追求精神上的共鸣,思想上的震荡,智识上的交流,与这样的朋友相对,即使沉默也是享受。

世间赏花赏鸟赏风赏月及古玩清供者,若不能懂得赏"人"之美,不是真雅士。世间最美好的景致,原来是人。

梅花驿令[1] 李日华

九日，招鉏心云父子夜坐。鉏伯谷谭[2]其邻人静村王翁者，少游胶序[3]，颇有声。后弃去，敦[4]隐操。自十五六时，手植一梅于庭，旦暮剪拂之。今柯樾[5]横覆一亭，下可张五六燕几[6]，春时敷[7]十万花，香浮满座。翁每旦持竿坐树下，自护鸟雀。花时开门纵客入玩。有雅士，翁即具精茗醇酝，尽日款洽[8]不厌，自号"梅花驿令"。年八十余而终。人曰："翁胡不大征[9]梅咏，或绘成卷轴，侈盛[10]事乎？"翁蹙额曰："若是，又为梅花作疮疣也。"人闻而弥高之。

《味水轩日记》

【注释】

①驿令：驿丞。明清两代管理各州县驿站中仪仗、车马、迎送之事的官员，不入品。

②谭：谈。

③胶序：学校。

④敦：推崇。

⑤柯樾：柯，枝条；樾，树荫。

⑥燕几：用于宴会，长度不一，可以错综排列成各种图形的几桌。

⑦敷：开。"敷花"即"开花"。
⑧款洽：亲密、亲切。
⑨征：公开召请、寻求。
⑩侈盛：放纵至极。

【赏读】

驿令，掌管各州县邮驿之事，日日为过客安排仪仗、车马，往来迎送，工作辛苦，还是不入品的小官，老人自号"梅花驿令"，以家为驿，以梅花为主人，而种梅护梅爱梅的人，只是这"花发十万朵，暗香浮座。"美景良辰的暂时看护者。一种对梅花的深情，以及于世间万物的旷达襟怀，在此名号中便尽显矣。

虽是夜谈听人转述，然作者描写老人，其人、其情、其襟怀、风度，呼之欲出；摩画梅花，则其形、其影、其态、其芳洁、其精神，都让读者如身临其境。全文深婉而清丽，意境浑脱，笔触自然流转间有画意，是一篇精雅绝伦的小品文。

为梅花征集诗文、绘卷，结而成集，是许多文人墨客认为的侈盛之事。老者却皱眉摇头，避之唯恐不及，"若是，又为梅花作疮疣也"，认为不仅大煞风景，更是对梅花之美的损害与冒犯。世间爱花人众多，而为花之知己者少，老人可以算得一个。在他的心目中，他少年时即种下，并精心呵护的这一树梅花，绝非供人赏玩的客体，而是与自己魂魄相通，拥有着独立个性与尊严的一种似亲似友的存在。正所谓"草木有本心，不求美人折"。梅的高洁与芳馥，出于自然的天性，又何尝需要那些摇头晃脑、卖弄文才之辈的多余赞美呢？而什么样的画图，又能描绘出这一树梅花的精神？

香远自溢，不求闻达。作者本人弃仕途而乡居，对于爱梅老人这样的乡间隐者，是抱有认同好感，并深深理解其心志的。正是基于这理解与共鸣，文章才写得如此诗情画意，饱含深情。

松　痴　史震林[①]

　　松痴老人，家黄山。黄山产异松，常命童负糇粮[②]，策杖信步往探松。稍佳者，辄徘徊之。入山益深，松益奇。松之顶，可坐，可卧，可步，可跃；其倒枝横干，可梯，可桥，可栏。下可避雨雪，嚼其叶，甚甘。无虎豹蛇蝮害人之属，有黄帝时青猿，不易见也。其结根悬崖怪石间，不土而活，不水而润。则弃杖，攀援匍匐造[③]之，疲且眩，卧于石，仰玩之。饥时，食糇粮，酌涧泉。粮尽，食松叶。有碧苔附松节，食之芳美。会日暮，寻山舍宿焉。弗值，就松之偃盖[④]者，跏趺[⑤]其下，以至晓。童苦之，弗肯从。一日，独携酒入深山，曲折迷岩壑，青猿跃其前，导之得出。

　　至老兴益豪。胸次高旷，不婴[⑥]名利，和易坦直，好善乐施。渊渊[⑦]然，莫测其量也。庭外植异松百余株，朝夕觞咏[⑧]。月夜著素袍，步松影，如鹤。喜吹笛，笛已，或抚琴。笛声琴韵与松籁相有无。闻得异松者，虽百里访焉。购之弗获，则吹笛于其下而去。邀老人弗往，每诡言得异松，述虚状，绐[⑨]老人。老人惊，遽曳杖往。因自号"松痴老人"，郡守额[⑩]其居曰"怀葛[⑪]遗风"。童孺妇女及负贩佣仆，无不颂老人者。

《西青散记》

【注释】

①史震林（1692～1778）：字公度，号梧冈，别署瓠冈居士、华阳外史等。江苏金坛人。早年科举失利，有长达十年的漫游生活。乾隆三年（1738）中进士，授广东高要县尹，后以母老，改就淮安府学教授。晚年辞官回乡。擅诗词字画，时人称为"四绝"。有《华阳散稿》《西青散记》行于世。本文节选自《西青散记》卷一。

②糇粮：干粮。

③造：到、去。

④偃盖：形容松树枝叶横垂，张大如伞盖之状。

⑤跏趺："结跏趺坐"的略称，为佛教中修禅者的坐法。两足交叉置于左右股上，称"全跏坐"；或单以左足压在右股上，或单以右足压在左股上，叫"半跏坐"。据佛经说，跏趺可以减少妄念，集中思想。亦泛指静坐、端坐。

⑥婴：即"婴心"，关心、挂心之意。

⑦渊渊：深广之状。

⑧觞咏：饮酒作诗。

⑨绐：欺骗、欺诈。

⑩额：牌匾，此处名词作动词用，指为其题门上匾额。

⑪怀葛：无怀氏、葛天氏的并称。二者皆为传说中上古帝王名。古人以为其世风俗淳朴，百姓无忧无虑。

【赏读】

　　史震林少负才学，但至三十岁仍未中举，遂离家远游。漫游十年中，结识了不少奇人异士，才女佳人。在游历至安徽黄山时，遇到一位爱松成痴的老人。

　　文章生动地勾勒出"松痴老人"的形象，凝练的白描手法，使读者能够身临其境，心感其情，恍若自己就是那位不避艰险于悬崖峭壁间跋涉寻访奇松的老者，饥来食干粮，渴来饮山泉，倦来静坐于松荫下，双唇品尝到了松叶的甘甜与碧苔的芳美。黄山中的奇松，植根于少土缺水的崖壁，被狂风塑造出清古奇秀的外形，高标傲世，是世外的隐者之树，同时又在爱它的人眼里，被赋予了亲切可靠的家居意象：可坐、可卧、可步、可跃、可梯、可桥、可栏。松树浓密的冠盖，为人提供慷慨的庇护。而传说中的灵兽，黄帝时就已存在山中的青猿，竟然会现身，为老人做迷路时的向导，给全文蒙上了淡淡的神异色彩。抛开是否真的有上古青猿不提，这样的传奇，让我们知道，老人爱松，也被这万古的山峦所接纳，被造化自然所钟爱。文章前半段写老人山中访松。后半段则写老人与松为伴的日常生活。饮酒作诗于松下，月夜松下散步、吹笛……与世无争而又诗意盎然的生活，老人的胸襟、气节、品格，也和这松树一样可敬可亲。"月夜著素袍，步松影，如鹤。喜吹笛，笛已，或抚琴。笛声琴韵与松籁相有无。"好一个清幽高绝之境！想见月下松影披离，白袍老者吹笛其下，天地间一片清明洞彻，物我两忘，更不知松为人的象征，或人是松的精魄？

  全文明白晓畅，多作动作描写，少虚词，少修饰，故摹状叙事逼真，富有强烈的画面感。比如末尾写老人因爱松而为人所诈："邀老人弗往，每诡言得异松，述虚状，绐老人。老人惊，遽曳杖往。"一个"惊"字，一个"遽"字，用笔简而意韵生动，活画出老人爱松之痴，天真烂漫之态可掬。在松痴老人的眼中，松不再是玩赏的对象，而是陪伴到人生之终老的至友良伴。在作者笔下，松与人互为表里，互相映照，传达出一种旷远高洁、静穆渊深的生命境界。

夏夜苦热 蒋 坦

　　夏夜苦热，秋芙约游理安①。甫出门，雷声殷殷，狂飙疾作。仆夫请回车，余以游兴方炽，强趣②之行。未及南屏③，而黑云四垂，山川瞑合。俄见白光如练，出独秀峰④顶，经天丈余，雨下如注，乃止大松树下。雨霁更行，觉竹风骚骚，万翠浓滴，两山如残妆美人，蹙黛垂眉，秀色可餐。余与秋芙且观且行，不知衣袂之既湿也。时月查开士⑤主讲理安寺席，留饭伊蒲⑥，并以所绘白莲画帧见贻。秋芙题诗其上，有"空到色香何有相，若离文字岂能禅"之句。茶话既洽，复由杨梅坞至石屋洞，洞中乱石排拱，几案俨然。秋芙安琴磬磴⑦，鼓《平沙落雁》之操，归云瀰然，涧水互答，此时相对，几忘我两人犹生尘世间也。俄而残暑渐收，暝烟四起，回车里许，已月上苏堤⑧杨柳梢矣。是日，屋漏床前，窗户皆湿，童仆以重门锁扃，未获入视。俟归，已蝶帐蚊橱，半为泽国，呼小婢以筥笼⑨熨之，五鼓始睡。

《秋灯琐忆》

【注释】

　　①理安：杭州名寺。位于九溪十八涧，古称涌泉禅寺，因寺内有与虎跑泉齐名的法雨泉，也称法雨寺。五代时，高僧伏虎禅师栖

居在此。吴越王为之建寺，而相传南宋时宋理宗来寺进香，得以改名理安寺。

②趣：催促。

③南屏：南屏山在杭州西湖南岸，为九曜山的分支。因地处杭州城之南，有石壁如屏障，故名南屏山。

④独秀峰：未详，疑为临安大明山之独秀峰。

⑤开士：菩萨的异名。以能自开觉，又可开他人生信心，故称。后用作对僧人的敬称。

⑥伊蒲："伊蒲馔"的简称，意为斋供，素食。

⑦磐磴：磐，纡回层叠的山石；磴，石头台阶。

⑧苏堤：北宋元祐五年（1090），时任杭州知府的苏轼疏浚西湖，以淤泥和葑草筑成联系西湖南北的长堤，后人遂以其姓命名该堤为苏堤。是西湖著名景点，与白堤、杨公堤并称为"西湖三堤"。

⑨筠笼：罩在火炉上的竹笼，烘衣或熏香用。

【赏读】

蒋坦与关秋芙，曾经拥有神仙眷侣般的幸福生活。在一次秋芙回娘家的别离中，蒋坦将他们相处的时光写了下来，是为《秋灯琐忆》。全文散漫随意，几乎完全由一个个生活片段组成，但充满浪漫的诗情与缱绻的爱意。还有，最让人难以忽视的，那时隐时现、挥之不去、笼罩于他们爱情之上的无常阴影——岁月与死亡，终会将他们分开。正如佛家所说："有情皆苦。"现在有多沉醉，将来就会有多痛苦。这种无常感，为全文抹上凄婉的色调，恰如关瑛表字所暗示的那样：秋天的芙蓉，艳丽依然，但西风紧，寒露重，属于她的时日已经不多了。

写此文的时候，两人已经结婚十余年，双双步入鬓染白霜的中年，秋芙长年患有肺病，身体极弱，加上家事杂务渐多，已经不能再像少年夫妻时那样诗朋酒侣,尽情作乐了。于是,快乐的回忆,就越发显得珍贵。比如,那一年的那一天,夫妻相携出游,是妻子提出的邀请。很寻常的一个夏日,事情本身却不算寻常,在那样封闭的、礼教森严的社会,在男子往往只将妻子当成传宗接代工具的年代,这样的行为是不多见的。两人兴致极高,眼看天色作变,黑云压城,狂风大作,夏日的雷暴就要来了,仍然坚持着出了门。结果电闪雷鸣,倾盆大雨,被逼得躲进了大松树下面。雨霁之后,一路山道上的风光描写,凝练优美:"竹风骚骚,万翠浓滴,两山如残妆美人,黡黛垂眉,秀色可餐。"是作者夫妻眼中之景,更在读者心目中勾画出景中有人、人与景相融的生动画面,仿佛可以闻到雨后清新的空气,看见从翠竹影里、山光深处缓缓行来的一对璧人,衣袂飘飘,笑语盈盈……

在理安寺听讲经、吃斋饭,与长老茶话并获赠白莲画帧之后,又在石屋洞鼓琴,秋芙擅琴,蒋坦是她最认真的听众与知音。这一天的游玩,到了"几忘我两人犹生尘世间也"的纤洁空灵境界。回程经过苏堤时已是月上柳梢头。到了家,才发现,家里漏雨了,家具床帐,半浸在水里。只好让婢女用竹笼烘干衣被,直到五更天才算睡下。在访僧、观画、说禅、鼓琴这些充满文人情趣的共同活动中,我们可以发现,蒋坦与秋芙这对夫妻在思想与品味上的默契。他们的爱情,有青梅竹马的基础,有男才女貌的般配,最重要的,是有精神上的互相理解与呼应,是尘世间难得的灵魂伴侣。不管在哪个时代,对于世间寻常男女,这都是非常幸运的事情。

在蒋坦写完《秋灯琐忆》后不久,秋芙就因病弃世了。

小螺庵病榻忆语(节选) 孙道乾[①]

小暑日,王眉叔学博(诒寿)自武林[②]归,以娱园主人画团扇相赠。题一绝云:"瑶阶碧净露华新,翠筱扶花报好春。依约未央前殿月,一枝红对锦袍人。"儿起坐桃笙[③]上,爱不释手。余曰:"儿将以此作少陵诗、摩诘画读乎?"曰:"非特愈病,且可为儿祓除不祥。"盖背乃眉叔试新得紫石砚,临玉板《兰亭》[④],故云。

儿嗜画,于闺阁中笔墨尤甚。初夏乞萱云女史画扇,两月始得,仿南田[⑤]法,作藤花钩鱼儿,急索锦匣藏枕畔。曰:"此可与也弗女史桃花扇并珍,一以浓艳胜,一以澹雅胜也。也弗画上,有仲昭女史题《忆王孙》一阕,一面心农兄小楷,此当留俟岘卿兄归赋长调[⑥]耳。"岘卿自刻《寄龛词》四卷,有《红情》《绿意》两词咏梅魂、柳影,儿尝喜读之。曰命题选调便佳,如此描写魂影,梅柳有知,当一齐俯首。

张姬爱儿如己出。姬病,儿侍奉汤药,无微不至。祷天愿持斋,冀速愈。已病,命以脂旨进,弗可,既满愿。或谓白鸽性禀金水,善治虚,将觅以入菜,儿坚却之。曰:"因求生而反戕生命,有是理乎?况诮同煮鹤,但愿学张曲江[⑦],不愿学韩玉汝[⑧]也。"

儿好墨成癖，知之者多所持赠。师曹文孺大令（寿铭）并赐以诗云："报与松烟三十笏⑨，蘸毫凭学卫夫人。"儿颇能品其佳者，以豹皮囊养之。适有飞丝入目者，欲乞少许，家人将辞以疾。儿闻之曰："此亦救急也。小钿箱中有青麟髓⑩一截，虽非方于鲁⑪手制，亦有熊胆，可磨用。"

儿以花露代茗，屈指计曰："已尝五种矣：玫瑰之香腻，枇杷之香幽，儿病肺非病肝，宜枇杷。闻枇杷花即款冬花，然乎？"余曰："款冬即《尔雅》：'菟奚颗冻。疏：药草也，非果属，本草生河北关中。十一二月花开如黄菊，未舒者良。世多以枇杷芯伪为之耳。'"又问卢橘究是枇杷否？琵琶何以本作枇杷？并论另编千文，枇杷二字，颇难破用。余虑其殚神，止之曰："儿絮絮不绝，欲为蜡兄⑫作谱乎？"

儿欲尝新莲子，市尚未登。先资政公茔后九曲池中花颇早，觅得数房，儿手剥嫩者先咮。余曰："天无弃物，不特房可涤砚，因留其蒂，簪刺之，令与柄通，纳淡巴菰⑬。"劝余噏⑭之曰："此名碧筒，方相称耳。"儿姑陈恭人，时遣人问疾，赐珍品，中有蘋婆果⑮，儿尤喜食之。曰："此佳人从燕赵远来，而色香味皆未变，胜闽乡玉女⑯多矣。笠翁赋此，以西子、杨妃并论，允哉。"

余庭前杂植花木，儿时时呼人浇灌，而于新得之寿星桃，尤汲汲⑰。曰："儿记《群芳谱》云：'树矮而花，能结大桃。'倘得活，将移植庵中作盆玩，亦足以豪也。"

润香侄（泽）种有并头莲一枝，花正开颇重，风吹将折，遂持赠儿，并配以秦心兰数箭，儿喜甚，以兰插胆瓶，手执莲花语余曰:"花香不宜近鼻,此则亭亭净植,想无碍。"余忽记旧梦,情景宛然。且心兰为儿字,非佳兆也。

《小螺庵病榻忆语》

【注释】

①孙道乾:字瘦梅,号葆园,生卒年不详,约亡于清光绪初年。会稽人,工诗赋,著有《九曲沤舫随笔》《贻研山房诗文集》等。祭悼亡女的《小螺庵病榻忆语》传诵一时,流传至今。

②武林:旧时杭州的别称。

③桃笙:桃枝竹编的竹席。

④玉板《兰亭》:王羲之《兰亭集序》书法拓本之一种。

⑤南田:即清代著名画家恽南田(1633~1690)。本名恽格,字寿平,号南田,又号云溪外史、白云外史,武进(今江苏常州)人。

⑥长调:长词之称,词调体式之一。明刻本《类编草堂诗余》以九十一字以上为"长调",五十九字至九十字为"中调",五十八字以内为"小令"。一般多沿用其说。

⑦张曲江:即张九龄(678~740),字子寿,一名博物,韶州曲江(今广东省韶关市)人。唐代著名诗人、宰相。卒谥文献。人称"张曲江"。有《张曲江集》。以举止温雅,风度不凡著称于世。

⑧韩玉汝:即韩缜(1019~1097),字玉汝,原籍灵寿(今属河北)人,徙雍丘(今河南杞县)。北宋政治人物。为韩绛、韩维之弟。官至尚书右仆射兼中书侍郎,谥庄敏,封崇国公。为政暴酷,知秦州时,秦人语曰:"宁逢乳虎,莫逢玉汝。"

⑨笏:此处作量词,指成锭的东西。

⑩青麟髓:墨锭制式之一种。《四库全书总目提要》"曹氏墨

林"条:"素功字圣臣,歙县人,岁贡生。工于制墨,所制紫玉光、天琛、苍龙珠、天瑞、豹囊、丛赏、青麟髓、千秋光……"

⑪方于鲁:明万历时著名墨工。生卒年不详。本名大潋,以字行,后改字建元。制墨与程君房齐名,世称"方程"。本为程君房家工人,得程君房墨法,制墨有独创。著《方氏墨谱》六卷,列墨三百八十五式,计分国宝、国华、博古、法宝、洪宝等六类。对后来的制墨业影响很大,清代一些制墨家,几乎全都沿袭其定名和形式。入清,方于鲁墨已成珍品。

⑫蜡兄:枇杷的别称。

⑬淡巴菰:即烟草。

⑭噙:同"吸"。

⑮蘋婆果:即苹果。明人张懋修《墨卿谈乘》记:"燕地果之佳者,称蘋婆,大者如瓯,其色初碧,后半赤乃熟,核如林禽,味甘脆轻浮。"

⑯闽乡玉女:荔枝的别称。《贵耳集》:"闽士赴科,吴人赴调,各以乡产自夸。闽曰'荔枝',吴曰'杨梅'。有题壁曰:'闽乡玉女含冰雪,吴郡星郎驾火云。'"

⑰汲汲:心情急切貌。

【赏读】

《小螺庵病榻忆语》是一篇悼亡之作。作者孙道乾,为绍兴乡绅,曾因慈善赈灾而受赠四品候补知府头衔。因时局不太平,避居家乡。人至中年,膝下唯有一位庶出的独生女,名芳祖,字心兰,号越畹。此女生来眉目如画,气质超群。十二岁能仿唐宋人诗,十五岁针黹花鸟人物,自出新意,一时闺阁不及;博识强记,力压族中须眉。父亲把她当儿子一般钟爱,每日便以教授其经史诗书为乐事。女儿也和婉孝顺。然而,十九岁上,还未及嫁人,孙芳祖就忽然一病夭亡了。

　　沉浸于痛苦中的父亲,将爱女生前生活的点点滴滴,用笔墨记述下来。不过是些闺中琐事,然而细节动人,语言平实,句句发自肺腑。其友人读后,作诗评价道:"墨痕和泪都成血,半为人悲半自悲。"这篇文章先在亲友间传播,后又刻印出版。通过父亲絮絮的回忆,我们看到那位一百多年前的少女,身兼才女的聪慧与淑女的温婉,又不时流露出女儿家的天真娇憨。看到她短短一生中绽放的才华,看到一颗善良的心,和心中对家人满满的爱恋。

　　我们还可以窥见,在传统江南士绅家庭中,有良好教育背景的女孩,日常生活是什么样的。并不是都像今天我们所想象的那样封闭、枯燥,以"女子无才便是德"为教条。孙芳祖不仅嗜好舞文弄墨,对文房四宝的赏鉴亦极有眼力与品位,对诗歌与绘画的感悟力不凡。博识强记,各种史实典故闲谈中随手拈来。她对许多事物都充满好奇,即使在病中,仍对枇杷这种水果的来历兴趣盎然,有一种格物致知的渴望。以花露代茶,以荷叶柄制烟筒,劝老父吸之;连吃苹果,都非一般女孩儿那样简单地说声"好吃",而是引经据典,予以诗意的议论。至于盆玩、瓶供等书斋艺术,也十分在行。

　　文中出现许多明清江南知识阶层的文化符号:紫石砚、玉板《兰亭》、青麟髓、方于鲁墨、南田绘法……已经远离传统文化的我们,对于这些符号所传达出来的高雅情趣,已经很陌生,但在当时,却自然而然地融入了这个少女的日常生活,构建出一个物质与文化上的洞天福地,使其远离尘垢,其短暂的一生,如亭亭一枝白莲吐芳。

　　病中的芳祖,仍沉醉于艺术与审美的各种乐趣中,仿佛不知死神会到来。不过,如果阅读完全文,我们将会和那位悲伤的父亲一起发现:她并非过于天真,只是她更愿意保持恬淡与乐观的态度,以免让亲人忧心。少女的善良与善解人意,是其才华之外,最引人痛惜的地方。为了母亲的病斋戒祈天，到自己生病了也不肯破戒。拒绝以白鸽入药，说："因求生而反戕生命，有是理乎？况诮同煮鹤，但愿学张曲江，不愿学韩玉汝也。"认为此事如焚琴煮鹤一样煞风景。并以张九龄与韩缜这样的历史人物举例，宁做有"好生之德"的人。好墨成癖，但别人为治病求墨，并不吝惜。在她身上，仁慈的心肠与优雅的气度并存。

《玉纪》①序 杜文澜②

江阴陈翁原心，善单剑，喜谈兵，而尤好玉成癖。落魄郢③北，往往不举火。蓄一哑妾，日闭置之。手一玉行市上，行且抚摩之。余初识于陈东屏司马座间，翁放言高论，详玉不去身之旨。忽探背出一拱璧④，大如盎⑤，云："此太公璜⑥也。曾游晴川阁，堕三层楼不死，以背有此璜，能轻身故，自此常负之，不须臾离。"余窃笑其痴。积与稔熟，复出所撰《阴符经注》《剑说》《玉纪》诸书，始知翁为奇人。当其时，天下晏安，翁无事事，辄抱玉自娱，贫困勿顾。迨粤匪陷武昌⑦日，翁客大冶⑧未归，其哑妾与玉与书，悉付浩劫。后十年，余来楚，觅翁不可得。访其凤好，亦落落如晨星。独李裴山郎中钞存《玉纪》数纸，似不全本。亟付刊，以传翁之孤诣。翁惜已亡，不及于用兵时一试，其排阖纵击⑨之技，乃并《阴符》《剑说》诸书而亡之，为可悲夫。

同治三年甲子十二月既望⑩，秀水杜文澜谨序。

《玉纪》

【注释】

①《玉纪》：玉器鉴赏著作，约成书于道光十九年（1839）春。无锡江阴人陈原心所撰。陈原心，即陈性（生卒年不详），字原心，

江阴人。著有《阴符经注》《剑说》等。《玉纪》是陈原心根据家传和自己收藏、赏鉴玉器的心得体会撰写的一部古玉专著。

②杜文澜（1815～1881）：字小舫，浙江秀水人。官至江苏道员，署两淮盐运使。工词，著有《采香词》《憩园词话》《曼陀罗华阁琐记》《古谣谚》《平定粤寇记略》《词律校勘记》等。

③郢：古代楚都为郢城（今湖北江陵县西北）。

④拱璧：大璧。

⑤盎：一种腹大口小的盆。

⑥太公璜：璜，半璧形的玉。相传姜太公于渭水边钓得玉璜。后世传说中其被赋予了神话色彩。

⑦粤匪陷武昌：1852～1856年，太平天国军队先后三次攻克武昌城，四次占领汉阳、汉口。

⑧大冶：县名，在今湖北。

⑨排阖纵击：即纵横捭阖，指外交和政治上的拉拢、分化等种种手段。

⑩既望：周历以每月十五、十六日至廿二、廿三日为既望。后称农历十五日为望，十六日为既望。

【赏读】

文章讲述了一个爱玉成癖的孤独奇人。善单剑，喜谈兵，蓄哑妾，每日手中抚摩着玉器，行走在市集上，已经足以让市人侧目。

作者与其相识于一次友人的宴席上。这位陈翁高谈阔论关于玉器的种种，并从背部摸出一块极大的玉璧，声称此为"太公璜"，就因为带着它，上次从晴川阁三楼摔下来都安然无恙，以此现身说法"玉"之神奇。璜为半璧之形，以陈翁之嗜玉，自不会将其形状都弄错。这个着重点出的戏剧化细节，主要是为展现其人爱玉之痴，和在他人眼中的怪诞。

随着交往的增多，作者对陈翁的态度，从窃笑之，渐渐变为理解，时间流逝，兵火浩劫中，人与玉与书俱亡，作者重来，连当年的旧相识，也没剩下几个了。这种怀念与感伤，在另一位友人保存的《玉纪》残篇中，得到了一些寄托。"亟付刊，以传翁之孤诣"——这大概是对亡友最好的悼念与致敬吧。

"君子比德于玉"，《礼记》有言。中国人对玉器的热爱有着悠久历史。《玉纪》是中国玉文化史上，关于古玉鉴定的一部重要著作。该书作者陈性，一个差点儿湮没无闻的名字，用心之痴，个性之奇，身世之悲，以及风雅传承的艰辛，都在短短三百余字的文章里，表现得淋漓尽致。